여러분의 합격을 응원하는
해커스소방의 특별 혜택!

FREE 소방학개론 특강

KB141397

해커스소방(fire.Hackers.com) 접속 후 로그인 ~~료강좌 → 소방 무료강의] 클릭하여 이용

 해커스소방 온라인 단과강의 20% 할인쿠폰

7EE2287D3EE72DUK

해커스소방(fire.Hackers.com) 접속 후 로그인 ▶ 상단의 [내강의실] 클릭 ▶
좌측의 [인강 → 결제관리 → 쿠폰 확인] 클릭 ▶ 위 쿠폰번호 입력 후 이용

* 등록 후 7일간 사용 가능(ID당 1회에 한해 등록 가능)

해커스소방 무제한 수강상품(패스) 5만원 할인쿠폰

7F7BAA994D29EF7A

해커스소방(fire.Hackers.com) 접속 후 로그인 ▶ 상단의 [내강의실] 클릭 ▶
좌측의 [인강 → 결제관리 → 쿠폰 확인] 클릭 ▶ 위 쿠폰번호 입력 후 이용

* 등록 후 7일간 사용 가능(ID당 1회에 한해 등록 가능)
* 특별 할인상품 적용 불가

쿠폰 이용 관련 문의 **1588-4055**

단기 합격을 위한
해커스소방 커리큘럼

입문
탄탄한 기본기와 핵심 개념 완성!
누구나 이해하기 쉬운 개념 설명과 풍부한 예시로 부담없이 쌩기초 다지기
TIP 베이스가 있다면 **기본 단계**부터!

▼

기본+심화
필수 개념 학습으로 이론 완성!
반드시 알아야 할 기본 개념과 문제풀이 전략을 학습하고
심화 개념 학습으로 고득점을 위한 응용력 다지기

▼

기출+예상
문제풀이
문제풀이로 집중 학습하고 실력 업그레이드!
기출문제의 유형과 출제 의도를 이해하고 최신 출제 경향을 반영한
예상문제를 풀어보며 본인의 취약영역을 파악 및 보완하기

▼

동형문제풀이
동형모의고사로 실전력 강화!
실제 시험과 같은 형태의 실전모의고사를 풀어보며 실전감각 극대화

▼

최종 마무리
시험 직전 실전 시뮬레이션!
각 과목별 시험에 출제되는 내용들을 최종 점검하며 실전 완성

PASS

단계별 교재 확인 및
수강신청은 여기서!
fire.Hackers.com

* 커리큘럼 및 세부 일정은 상이할 수 있으며,
자세한 사항은 해커스소방 사이트에서 확인하세요.

해커스소방

이영철
소방학개론

필기노트 + OX·빈칸문제

해커스소방

이영철

약력

서울시립대학교 방재공학 석사
서울시립대학교 재난과학과 박사수료
현 | 해커스소방 소방학개론, 소방관계법규 강의
현 | 서정대학교 소방안전관리과 겸임교수
현 | 서울시립대학교 소방방재학과 외래교수
현 | 세종사이버대학교 소방방재학과 외래교수
현 | 경희사이버대학교 재난방재과학과 외래교수
현 | 서울소방학교 외래교수
현 | 한국소방안전원 외래교수
현 | 한국장애인 고용공단 BK 심사단
현 | 법무법인 정률 화재조사 위원

저서

해커스소방 이영철 소방학개론 필기노트＋OX·빈칸문제
해커스소방 이영철 소방학개론 기본서
해커스소방 이영철 소방관계법규 기본서
해커스소방 이영철 소방학개론 단원별 기출문제집
해커스소방 이영철 소방학개론 단원별 실전문제집
해커스소방 이영철 소방학개론 실전동형모의고사

들어가며

소방공무원이라는 간절한 꿈을 가지고 이 책을 펼친 여러분들께,

어떻게 하면 그 꿈을 현실로 만드는 데 도움을 드릴 수 있을지 고민하였습니다.
소방학개론은 시험이 어렵게 나오든 쉽게 나오든 개념에 대한 이해가 제대로 잡혀 있으면 고득점할 수 있는
과목이기에 작은 가지들보다는 큰 뼈대에 집중하는 학습을 도울 수 있는 교재가 필요하다고 생각했습니다.
소방학개론을 한 번에 이해·정리·암기할 수 있도록 꼭 필요한 내용만을 담아 『해커스소방 이영철
소방학개론 필기노트 + OX · 빈칸문제』를 출간하게 되었습니다.

『해커스소방 이영철 소방학개론 필기노트 + OX · 빈칸문제』를 다음과 같이 학습하면, 시험에 최적화된 방향
으로 가속도가 붙을 것입니다.

**첫째, 기본서로 기본기를 탄탄하게 다진 후, 본 교재를 이용하여 핵심 키워드를 정리하면서 소방학개론의
큰 뼈대를 세우는 것에 집중합니다.**
소방학개론은 방대한 출제범위를 가지고 있는 과목으로, 모든 내용을 하나하나 깊이 있게 학습하기보다는
중요한 키워드를 선별하고 이를 중심으로 폭넓게 학습하는 것이 중요합니다. 따라서 핵심 키워드가 무엇
인지 확인하고, 이에 대한 기본적인 내용을 정확하게 학습하는 훈련을 해야 합니다.

둘째, 기출문제를 풀어보고, 자주 틀리는 키워드와 헷갈리는 내용을 교재에 정리하여 이론을 단권화합니다.
핵심 키워드에 내가 잘 모르는 부분에 대한 살을 붙여가며 학습의 폭을 넓히는 과정을 진행합니다. 이러한
과정을 반복하면 시험 직전까지 나만의 필기노트를 완성할 수 있으며 눈에 익숙해진 필기노트는 학습시간
을 단축하는 데에도 큰 도움을 줄 것입니다.

셋째, 개념에 대한 이해를 진행한 다음, 암기가 필요한 부분을 선별해야 합니다.
앞서 단권화한 필기노트에서 암기가 필요한 부분은 수시로 암기하여 시험 전까지 본인의 것으로 만들어야
합니다. 특히 빨간색 글자로 강조된 포인트나 녹색 글자로 표시된 함정으로 출제되기 쉬운 부분은 반복적
으로 체크하며 최대한 흔들리지 않는 지식으로 만들어야 합니다.

『해커스소방 이영철 소방학개론 필기노트 + OX · 빈칸문제』가 소방공무원 합격을 꿈꾸는 모든 수험생 여러
분에게 훌륭한 길잡이가 되기를 바랍니다.

이영철

1

시험에 꼭 나오는 핵심내용만을 선별하여 수록

불필요한 내용은 제외하고 시험에 꼭 나오는 내용만을 담아 소방학개론 내용을 한 권으로 정리하였습니다. 여기에 헷갈리는 개념, 자주 틀리는 개념이 있다면 표시를 하고, 필기를 덧붙여 나만의 필기노트를 만들어보세요. 한 권으로 정리한 필기노트는 언제 어디서든 쉽게 반복학습이 가능합니다.

2

핵심 키워드로 이론을 효과적으로 기억할 수 있도록 구성

시험에서 출제 포인트가 되고, 내용의 뼈대가 되는 '핵심 키워드'를 왼편에 따로 수록하였습니다. 이론을 학습한 다음, 내용을 가린 채 핵심 키워드만 보고 어떠한 내용인지 떠올리며 나의 학습 상태를 점검해보세요. 이는 학습한 내용이 오래도록 기억에 머무를 수 있게 도와줄 것입니다.

3

우선순위를 바탕으로 선별한 중요 기출지문 수록

기출문제 중 중요한 최신 선지만을 선별하여 '중요 기출지문 모음 zip'으로 수록하였습니다. 기출지문을 모두 같은 비중으로 학습하기보다 우선순위를 바탕으로 선별하여 학습하면 더 효율적인 학습이 가능합니다. 중요 기출지문 모음 zip으로 그 날의 학습 내용을 바로 확인해보세요. 기출지문과 연결되는 이론들을 떠올려보며 나의 취약점이 무엇인지 파악할 수 있습니다.

4

소방학개론 용어를 한 번에 정리한 부록 제공

직접 시험에 출제되는 중요한 용어나 이해를 돕는 어려운 용어들을 한 번에 학습할 수 있도록 이를 정리하여 부록으로 수록하였습니다. 전체 내용을 PART별로 학습한 후 부록을 활용하여 용어들만 따로 정리해보세요. 반복학습을 통해 정확한 정의를 숙지한다면, 연결되는 이론들도 정확하게 이해할 수 있습니다.

5

문제풀이를 통해 내용을 점검할 수 있는 OX·빈칸문제 수록

필기노트를 통해 학습한 내용이 어떻게 문제로 출제되는지 확인할 수 있도록 OX·빈칸문제를 별도로 수록하였습니다. OX·빈칸문제를 풀어보면서 각자 학습한 내용을 복습·점검해보세요. 문제풀이를 통해 각 단원별 학습 정도를 파악하고, 추가로 학습이 필요한 부분을 확인할 수 있습니다.

이영철 소방학개론 **필기노트**만의 **특별한 구성**

교재의 구성 요소

본문 내용의 주제와
출제 포인트를 확인할 수 있는
핵심 키워드

선생님이 친절하게
설명해주시는
학습tip이 담긴
영철쌤tip

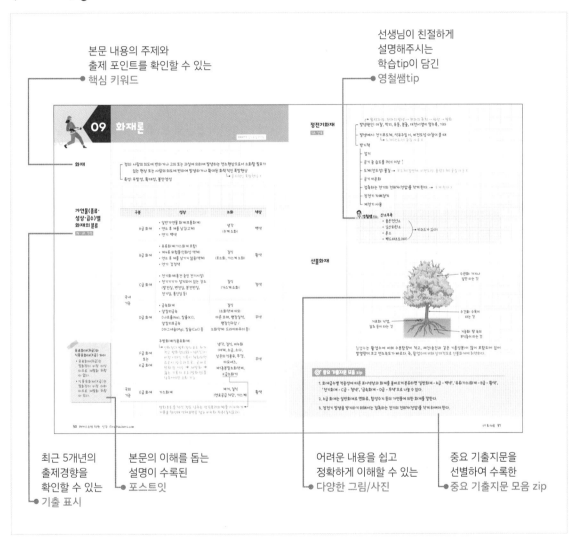

최근 5개년의
출제경향을
확인할 수 있는
기출 표시

본문의 이해를 돕는
설명이 수록된
포스트잇

어려운 내용을 쉽고
정확하게 이해할 수 있는
다양한 그림/사진

중요 기출지문을
선별하여 수록한
중요 기출지문 모음 zip

필기노트 이렇게 보자

검정글자	빨강글자	파랑글자	초록글자	★	영철쌤 tip	포스트잇
본문	강조	참고	함정	중요설명	학습tip	보충설명

목차

해커스소방 **fire.Hackers.com**

소방학개론

01 연소 관련 기초이론

기초개념

┌ 분자량: 공기의 평균 분자량은 28.9667g/mol이며, 약 29g/mol이다.

예 메탄(CH_4)의 증기비중 = $\dfrac{메탄의 분자량}{공기의 분자량}$ = $\dfrac{메탄의 분자량}{29}$ = $\dfrac{16}{29}$ = 0.55

├ → 증기비중이 1보다 크면 공기보다 무겁고 1보다 작으면 공기보다 가벼우므로
　　메탄은 공기보다 가볍다.

└ K(캘빈온도): 절대온도인 K(캘빈온도) = ℃ + 273.15 ≒ ℃ + 273이다.

기체법칙

┌ 보일의 법칙: 온도가 일정한 상태에서 기체의 압력과 부피는 반비례한다.

├ 샤를의 법칙: 압력이 일정한 상태에서 기체의 부피와 온도는 비례한다.

└ 게이뤼삭의 법칙: 부피가 일정한 상태에서 기체의 압력과 온도는 비례한다.

열전달

`22. 간부`

전도	• 물체 간의 직접적인 접촉을 통해서 열이 전달되는 현상 → *고정된 물질 - 대부분 고체* • 물질(매질)의 이동을 수반하지 않고 고온부에서 저온부로 연속적으로 전달되는 현상 • 자유전자이동, 분자 간의 진동, 분자 간의 충돌에 의해 열이 전달되는 현상 • 매개체(매질)가 존재함 • 열전도도: 고체 > 액체 > 기체 • 푸리에의 법칙: $q = -KA\dfrac{\Delta T}{\Delta L}$ • 열전도의 열이동률은 두께에 반비례함
대류	• 유동하는 유체, 기체 내에 일어나는 열전달 현상 • 매개체(매질)가 존재함(물, 공기, 가스 등) • 뉴턴의 냉각 법칙: $q = hA(T_w - T_\infty)$ • 자연대류(난로, 화로), 강제대류(온풍기, 감지기, 스프링클러헤드) 　☆ *감지기, 스프링클러헤드는 대류에 의해서 동작한다.*
복사	• 전자기파(파장의 형태)를 방출하는 현상 → *전자기파는 빛의 속도와 같다.* • 매개체(매질)가 없음(진공 내 열이동) • 스테판 - 볼츠만 법칙: $q = \sigma AT^4 = \varepsilon\sigma AT^4$ 　(복사에 대한 열이동량은 물체의 표면적에 비례하고, 절대온도 4승에 비례) • 플래시오버(Flash Over)에 영향을 줌

☆ • 건축물 화재발생 시 화재 초기의 주된 원인: 전도

　• 건축물 화재발생 시 화재 확대의 주된 원인: 복사

02 연소 개론

연소의 정의

19 · 21. 소방직,
21. 간부

1 **연소**: 물질이 격렬한 산화반응을 함으로써 열과 빛을 발생하는 현상(발열반응, 흡열반응 X)

☆ ・ 철은 산화반응을 하지만, 열과 빛이 발생하지 않고 녹슬기 때문에 연소가 아니다.
  ・ 질소 등은 산화반응은 하지만 발열반응이 아닌 흡열반응하기 때문에 연소가 아니다.

2 **연소반응식**: 탄화수소화합물(C_mH_n)은 연소하면 이산화탄소(CO_2)와 수증기(H_2O)가 생성된다.

- 메탄: $CH_4 + 2O_2 \rightarrow CO_2 + 2H_2O$
- 에탄: $C_2H_6 + 3.5O_2 \rightarrow 2CO_2 + 3H_2O$
- 프로판: $C_3H_8 + 5O_2 \rightarrow 3CO_2 + 4H_2O$
- 부탄: $C_4H_{10} + 6.5O_2 \rightarrow 4CO_2 + 5H_2O$

> 산소 1.5씩 증가

연소의 3요소와 4요소

19 · 22 · 23. 간부

- 연소의 3요소: 가연물, 산소, 점화원
- 연소의 4요소: 가연물, 산소, 점화원, 연쇄반응

1 **가연물**

1. 가연물질이 되기 위한 조건(가연성 물질)

- 산소와 친화력이 클 것, 즉 화학적 활성도(화학반응이 일어나기 쉽게 되어 있는 상태)가 클 것
- 반응열(연소열)이 클 것
- 비표면적(공기와의 접촉면적)이 클 것
- 열전도도(열전도율)가 작을 것 ⟶ 열전도도와 활성화에너지는 작고, 나머지는 다 클 것
- 활성화에너지가 작을 것
- 연쇄반응을 일으킬 수 있을 것
- 건조도가 높을수록(함수율이 작을수록)

2. 가연물질이 될 수 없는 조건(불연성 물질)

- 주기율표의 0(8, 18)족 원소: 헬륨(He), 네온(Ne), 아르곤(Ar), 크립톤(Kr), 크세논(Xe), 라돈(Rn) 등
- 반응종결 물질: 수증기(H_2O), 이산화탄소(CO_2), 오산화인(P_2O_5), 산화알루미늄(Al_2O_3), 산화안티몬(Sb_2O_3), 삼산화황(SO_3), 삼산화크롬(CrO_3), 규조토(SiO_2), 프레온 등
- 산화반응은 일어나지만 발열반응이 아닌 흡열반응하는 물질: 질소(N_2) 등
- 물질 자체가 연소하지 않는 물질: 돌, 흙 등

2 산소공급원

- 공기

- 산화제: 제1류 위험물(산화성 고체), 제6류 위험물(산화성 액체)

- 자기반응성 물질(제5류 위험물)

- 조(지)연성 물질: 산소(O_2), 이산화질소(NO_2), 산화질소(NO), 불소(F_2), 오존(O_3), 염소(Cl_2) 등

3 점화원(활성화에너지, 최소발화에너지) `23. 간부`

1. 화학적 에너지

- 연소열: 완전연소할 때 발생하는 열

- 자연발열: 외부로부터 열의 공급을 받지 않고 내부의 반응열의 축적만으로 온도가 상승하여 발화점에 도달하는 데 필요한 열

- 분해열: 분해할 때 발생하는 열(제5류 위험물, 아세틸렌)

- 용해열: 용해될 때 발생하는 열(진한 황산)

- 생성열: 발열반응에 의해 화합물이 생성될 때 발생하는 열

2. 전기적 에너지

- 저항열: 전기 저항 때문에 전기에너지의 일부가 열로 변화되어 발생하는 열(백열전구)

- 유도열: 자장(자기장, 자계)에 의해 발생하는 열

- 유전열: 절연물질에 누설전류가 흐를 때 발생하는 열

- 아크열: 스위치가 개폐할 때 발생하는 열

- 정전기열: 서로 다른 두 물질이 접촉하였다가 떨어질 때 발생하는 열

- 낙뢰에 의한 열(번개)

- 지락에 의한 열: 전기가 대지로 흐를 때 발생하는 열

3. 기계적 에너지

↳ 특히 고체

- 마찰열: 두 물질을 마주대고 마찰할 때 발생하는 열

- 마찰스파크열: 금속물체와 다른 고체물체의 충돌에 의해 발생하는 열

- 압축열: 단열 압축 시 발생하는 열(디젤엔진)

↳ 단열 팽창 시 발생하는 열 ✗

→ 잠열(융해열, 기화열), 역기전력, 절연저항증가, 단선, 단열팽창, 승압기 등은 점화 에너지가 아니다.

전류에 의한 열작용과 관계가 있는 법칙은 주울의 법칙

4 연쇄반응: 중간체(자유라디칼)를 형성하여 불꽃연소를 촉진한다.
↳ 수소기($H*$), 수산기($OH*$)

---

1. 연소 시 가연물의 구비조건으로 열축적이 용이하도록 열전도율이 작아야 한다.

2. 점화원의 형태에 따른 분류 중 전기적 열원에는 저항열, 유도열, 유전열, 아크열, 정전기열, 낙뢰열 등이 있다.

03 연소의 과정과 특성

인화점·연소점·발화점

19 · 20 · 24. 소방직
24. 간부

1 인화점

- 점화원에 의하여 불꽃이 일어날 수 있는 최저의 온도
- 점화원을 제거하면 연소가 중단된다.

2 연소점

- 점화원에 의해 지속적(자력)으로 불이 붙는 최저의 온도(증기발생속도 > 연소속도)
- 점화원을 제거하더라도 연소가 중단되지 않는다.
- 인화점보다 5 ~ 10℃ 정도 높은 온도로서 연소상태가 5초 이상 유지된다.

3 발화점

- 점화원의 접촉 없이 불이 붙는 최저의 온도
- 점화원을 제거하더라도 연소가 중단되지 않는다.
- 황린의 발화점은 34℃이다(발화점이 가장 낮다).
- 발화점이 낮아지는 조건: 가연성 물질이 되기 위한 조건과 똑같다.

> 직쇄탄화수소계열에서
> 탄소수가 증가할수록
> - 비점이 높아진다.
> - 인화점이 높아진다.
> - 발화점이 낮아진다.

CH_4: 메탄(메테인) C_2H_6: 에탄(에테인) C_3H_8: 프로판(프로페인) C_4H_{10}: 부탄(부테인) C_5H_{12}: 펜탄(펜테인)	탄소수	분자량	분자구조식	탄소 쇄 길이
	증가할수록	클수록	복잡할수록	길수록

★ 온도가 낮은 순서: 인화점 < 연소점 < 발화점

연소범위

└→ = 폭발범위,
　　가연범위

20 · 22 · 24. 소방직,
19 · 20 · 22 · 23 ·
24. 간부

1 정의: 공기 중 연소에 필요한 혼합가스의 농도

2 각 물질의 연소범위

─ 연소범위 1등: 아세틸렌 / 위험도 1등: 이황화탄소

└ 연소범위와 위험도 비교

　　─ 연소범위: 메탄 > 에탄 > 프로판 > 부탄

　　└ 위험도: 부탄 > 프로판 > 에탄 > 메탄

　　★일반적으로 연소범위가 넓을수록 위험도가 높지만, 반드시 위험도가 높은 것은 아니다.

가연물질명	하한계	상한계	위험도
아세틸렌	2.5	81	31.4
산화에틸렌	3	80	25.67
수소	4	75	17.75
메탄	5	15	2
에탄	3	12.5	3.16
프로판	2.1	9.5	3.52
부탄	1.8	8.4	3.67
(디에틸) 에테르	1.9	48	24.26
이황화탄소	1.2	44	35.7
가솔린	1.4	7.6	4.43

연소범위: 아세틸렌 > 산화에틸렌 > 수소 > 일산화탄소 > 에테르 > 이황화탄소 > 황화수소
　　　　　 > 시안화수소 > 암모니아

3 연소하한계 · 연소상한계

─ 연소하한계: 공기 중의 산소농도에 비해 가연성 기체가 적다.

└ 연소상한계: 공기 중의 산소농도에 비해 가연성 기체가 많다.

4 연소범위에 영향을 끼치는 요소

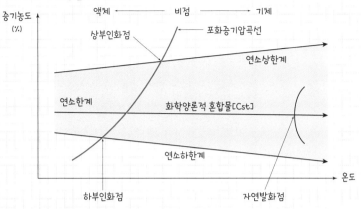

─ 혼합물에 대한 연소범위를 구하는 식[르샤트리에(Le Chatelier)의 법칙]

$$LFL = \frac{100}{\dfrac{V_1}{L_1} + \dfrac{V_2}{L_2} + \dfrac{V_3}{L_3} + \cdots\cdots + \dfrac{V_n}{L_n}}$$

- LFL: 연소하한계
- $V_1 + V_2 + V_3 + \cdots\cdots V_n = 100$ ······ 각 단독성분의 혼합가스 중 부피(V%)
- $L_1 + L_2 + L_3 + \cdots\cdots L_n$ ······ 각 단독성분의 연소하한계(V%)

예 ┌─ 혼합기체의 부피비율은 A기체 60%, B기체 30%, C기체 10%이다.
   ├─ 연소하한계는 A기체 3.0%, B기체 1.5%, C기체 1.0%이다.
   └─ 연소하한계는 $LFL = \dfrac{100}{\dfrac{V_1}{L_1} + \dfrac{V_2}{L_2} + \dfrac{V_3}{L_3} + \cdots\cdots + \dfrac{V_n}{L_n}} = \dfrac{100}{\dfrac{60}{3} + \dfrac{30}{1.5} + \dfrac{10}{1.0}} = 2$

─ 온도 증가: 연소범위가 넓어진다.

─ 압력 증가: 연소범위가 넓어진다(단, 일산화탄소는 제외).

─ 산소 증가: 연소범위가 넓어진다.

└ 불활성 가스: 연소범위가 좁아진다.
   → 연소범위는 물질이 연소하기 위한 물적 조건(가연물 + 산소)과 관련이 크다.

5 위험도

$$위험도 = \frac{연소상한계 - 연소하한계}{연소하한계} = \frac{연소범위}{연소하한계}$$

─ 온도, 열량, 연소열, 압력, 연소(폭발·가연)범위, 화학적 활성도, 화염전파속도가 클수록 위험도 증가

└ 표면장력, 증발열, 비열, 인화점, 발(착)화점, 점성, 비중, 비점, 융점, 열전도율, 활성화에너지가 작을수록 위험도 증가

$$가연성\ 기체의\ 최소산소농도(MOC) = 산소의\ 양론계수(\frac{산소몰수}{연소가스몰수}) \times 연소하한계(폭발하한계)$$

[예] ┌ 프로판가스의 최소산소농도(MOC) = 5 × 2.1 = 10.5%

├ 프로판가스의 산소몰수: $C_3H_8 + 5O_2 \rightarrow 3CO_2 + 4H_2O$

└ 프로판가스의 연소범위: 2.1 ~ 9.5%

[예] ┌ 메틸알코올가스(CH_3OH)의 최소산소농도(MOC) = 1.5 × 7 = 10.5%

├ 메틸알코올가스의 산소몰수: $CH_3OH + \frac{3}{2}O_2 \rightarrow CO_2 + 2H_2O$, $\frac{3}{2}O_2 = 1.5O_2$

└ 메틸알코올가스의 연소범위: 7 ~ 37%

물질별 산소몰수 · 연소범위 · 최소산소농도(MOC)

물질	산소몰수	연소범위	최소산소농도(MOC)
CH_4(메테인, 메탄)	$2O_2$	5 ~ 15	10%
C_2H_6(에테인, 에탄)	$3.5O_2$	3 ~ 12.5	10.5%
C_3H_8(프로페인, 프로판)	$5O_2$	2.1 ~ 9.5	10.5%
C_4H_{10}(부테인, 부탄)	$6.5O_2$	1.8 ~ 8.4	11.7%

┌ 산소몰수 1.5 증가

└ 산소몰수와 상관없이 최소산소농도값은 변하지 않는다.

┌ 온도 상승: 최소발화에너지(MIE)는 작아진다.

├ 압력 상승: 최소발화에너지(MIE)는 작아진다.

├ 농도 증가: 최소발화에너지(MIE)는 작아진다.
                          ↦ 불완전연소: 최소발화에너지(MIE)는 증가한다.

├ 완전연소(화학양론적): 최소발화에너지(MIE)는 작아진다.

├ 연소속도 증가: 최소발화에너지(MIE)는 작아진다.

├ 열전도율 낮음: 최소발화에너지(MIE)는 작아진다.

├ 상한계나 하한계: 최소발화에너지(MIE)는 증가한다.

└ 난류강도 커짐: 최소발화에너지(MIE)는 증가한다.

연소속도

19 · 21. 소방직

1 **정의**: 연소 시 화염이 미연소 혼합가스에 대하여 수직으로 이동하는 속도, 수평 X

— 연소속도 = 화염속도 − 미연소 가스의 이동속도(불이 붙지 않은 가스)

— 화염속도 = 연소속도 + 미연소 가스의 이동속도(불이 붙지 않은 가스)

2 **연소속도에 영향을 끼치는 요소**(비중량과는 관련없다)

— 온도 및 압력, 농도

— 가연성 물질과 산화제의 당량비(혼합물 조성)

— 난류

— 가연물의 종류

— 산소량

— 촉매의 존재 유무

— 억제제(불활성 가스) 첨가 유무

> **산소 증가**
> - 연소속도가 빨라진다.
> - 발화점은 낮아진다.
> - 화염의 온도는 높아진다.
> - 폭발범위는 넓어진다.
> - 점화에너지는 작아진다.

◎ 중요 기출지문 모음 zip

1. 인화점과 연소점의 차이는 외부 점화원을 제거했을 경우 화염 전파의 지속성 여부에 따라 구분된다.

2. 점화원을 제거해도 자력으로 연소를 지속할 수 있는 최저 온도를 연소점(fire point)이라고 한다.

3. 가연성 액체의 연소와 관련된 온도는 발화점, 연소점, 인화점 순으로 높다.

4. 연소속도에 영향을 미치는 요인에는 가연성 물질의 종류, 촉매의 존재 유무와 농도, 공기 중 산소량, 온도 및 압력,
   가연성 물질과 산화제의 당량비 등이 있다.

5. 표면장력, 증발열, 비열, 인화점, 발(착)화점, 점성, 비중, 비점, 융점, 열전도율, 활성화에너지가 작을수록
   위험성이 증가하므로 위험하다.

6. 열전도율이 낮아지면 최소발화에너지는 작아진다.

04 연소의 형태

**불꽃연소·
표면연소**

구분	불꽃연소	표면연소
같은 용어	유염연소, 발염연소, 표면화재 	무염연소, 작열연소, 심부화재
연소요소	연소의 4요소	연소의 3요소
불꽃(화염) 유무	불꽃(화염) ○	불꽃(화염) X
화염전파	화염전파 ○	화염전파 X
물질특성	고체, 액체, 기체	고체
연소가스	일반적으로 CO_2 ↑, CO ↓	일반적으로 CO_2 ↓, CO ↑
연소성질	일반적으로 완전연소되기 쉬움	일반적으로 불완전연소의 우려가 있음
연쇄반응 유무	연쇄반응 ○	연쇄반응 X
소화방법	물리적 소화 + 화학적 소화 ➜ 부촉매효과 ○	물리적 소화 ➜ 부촉매효과 X
연소속도 및 방출열량	• 연소속도는 빠름 • 시간당 방출열량이 많음	• 연소속도는 느림 • 시간당 방출열량이 적음
연소물질	• 가솔린 등 인화성 액체 • 메탄 등 가연성 기체 • 종이 등 가연성 고체 • 열가소성 합성수지류	• 숯, 코크스, 금속분, 목탄분 등 가연성 고체 • 열경화성 합성수지류
연기입자	작음	큼

1 가연성 기체 – 확산연소, 예혼합연소, 부분 예혼합연소, 폭발연소

1. 확산연소(불균질연소, 정상연소)

 ┌ 공기와 가연성 가스가 미리 혼합하지 않는다. 즉, 발화 직전에 혼합한다.

 ├ 화염면의 전파가 일어나지 않으며, 역화의 위험이 없다.

 ├ 연소속도는 예혼합연소보다 느리다.

 ├ 화염(불꽃)의 색깔은 황색이나 적색(적황색)이다.

 └ 적화식 버너(라이터 등) 등

2. 예혼합연소(균질연소, 비정상연소)

 ┌ 가연성 기체가 미리 산소와 혼합한 상태이다.

 ├ 화염면의 전파가 수반되어 역화를 일으킬 위험이 크다.

 ├ 연소속도는 확산연소보다 빠르다.

 ├ 화염(불꽃)의 색깔은 청색이나 백색이다.

 └ 분젠식 버너, 가솔린엔진(내연기관 연소실) 등

2 가연성 액체 – 증발연소, 분해연소

1. 증발연소

 ┌ 액체를 가열하면 액체표면에 발생하는 가연성 증기와 공기가 혼합된 상태에서 연소한다.

 └ 휘발유, 등유, 경유, 알코올, 아세톤 등

2. 분해연소

 ┌ 점도가 크고 비점이 높은 액체 가연물은 열분해하여 연소한다.

 └ 중유, 벙커C유, 타르유 등

3 가연성 고체 – 분해연소, 표면연소, 증발연소, 자기(내부)연소

1. 분해연소

 ┌ 고체 가연물은 열분해하여 연소, 즉 가연성 고체 ➜ 열분해 ➜ 가연성 가스 + 산소와 결합

 └ 목재, 석탄, 종이, 섬유, 플라스틱, 고무류, 합성수지류 등

2. 표면연소

 ┌ 가연성 고체 ➜ 열분해 ➜ 가연성 가스 + 산소와 결합, 즉 가연성 고체 + 산소와 결합

 └ 숯, 코크스, 목탄, 금속분 등

3. 증발연소

 ┌ 가연성 고체 ➜ 증발(가연성 증기) + 산소와 결합

 └ 초(양초, 파라핀), 유황, 나프탈렌, 요오드 등

★ • 가연성 액체와 가연성 고체의 공통
 적인 연소형태: 분해연소, 증발연소
• 고체 가연물인 표면연소, 증발연소는
 열분해하지 않는다.

4. 자기(내부)연소

┌ 가연성 고체(산소 포함) → 열분해 → 가연성 가스와 산소

└ 자체 내에 산소를 가지고 있어 산소 없이도 연소가 가능한 제5류 위험물[니트로셀룰로오스(NC),
   니트로글리세린(NG), 트리니트로톨루엔(TNT), 트리니트로페놀(TNP) 등]

4 **훈소**: 적열된 상태에서 불꽃을 내지 않고 서서히 타들어 가는 현상

├ 온도가 낮거나 산소 부족(산소분압 부족)으로 작열연소의 형태를 갖는다.

└ 온도가 증가하거나 산소가 증가하면 불꽃연소 형태로 변할 수 있다.
   └→ 불꽃연소가 되기 전까지가 훈소에 해당된다.

연소 시 발생하는 이상현상

22 · 24. 소방직,
20. 간부

1 **역화(백파이어, 플래시백, 라이트백) · 선화(리프팅)**

구분		역화(Back fire) [연료분출속도 < 연소속도]	선화(Lifting) [연료분출속도 > 연소속도]
원인	혼합 가스량 (1차 공기)	↓	↑
	압력	↓	↑
	염공 직경(관경)	↑	↓
	버너의 과열	상관 있음	상관 없음
	결과	불꽃이 염공 안쪽으로 들어감	불꽃이 염공 바깥쪽으로 공중부양함

☆ 역화는 염공 직경만 크고 나머지는 작고, 선화는 염공 직경만 작고 나머지는 크다.

2 **블로우 오프**: 선화 상태에서 주위 공기의 유동이
심하면 화염이 노즐에 정착하지
못하고 떨어져서 꺼지는 현상

> ☆ 불완전연소의 원인
> • 가스의 조성이 균일하지 못할 경우
> • 공기(산소)의 공급량이 부족할 경우
> • 주위온도가 너무 낮을 경우
> • 환기 또는 배기가 잘 되지 않을 경우
> • 노즐의 분무상태가 나쁠 경우
> • 공급연료(가연물)가 많아 상태가 불안정할 경우
> → 부정적 언어(부족, 나쁠, 불안정)는
>   불완전연소의 원인

정상연소 리프팅(선화) 백파이어(역화) 블로우 오프

3 **불완전연소**: 연소 시 가스와 공기의 혼합이 불충분하거나 연소온도가 낮은 경우 일산화탄소나
그을음(유리탄소)이 발생하는 연소 현상

영철쌤 tip 불완전연소 → 부정적인 언어(부족, 불안정 등)

완전연소	불완전연소
• 산소 충분	• 산소 불충분
• 이산화탄소, 수증기 발생	• 일산화탄소, 그을음, 훈소 발생
• 화염의 전파속도 최대	• 화염의 전파속도 감소
• 최소발화에너지(활성화에너지) 최소	• 최소발화에너지(활성화에너지) 증가
	• 백드래프트(BD) 발생

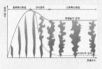

연료 노즐에서 흐름이 층류(laminar flow)일 때, 확산연소에서 화염 높이는 분출속도에 비례한다. "난류(turbulent flow) 아님"

④ **블로우 다운**: 퍼지 또는 방산이라고 하며, 불필요한 가스를 대기 중으로 배출하는 현상

⑤ **황염**: 불꽃의 끝이 적황색으로 되어 연소하는 현상(화학양론비에서 공기량이 적을 때 발생)

⑥ **주염**: 가연성 가스가 연소하면서 바람을 타고 흘러가는 현상

연소불꽃의 색상

연소불꽃의 색상	온도(℃)	연소불꽃의 색상	온도(℃)
담암적색	520	황적색	1,100
암적색	700	백적색	1,300
적색	850	휘백색	1,500 이상
휘적색	950		

☆ 온도가 가장 낮은 것: 담암적색, 온도가 가장 높은 것: 휘백색

◎ 중요 기출지문 모음 zip

1. 표면연소는 가연물이 공기와 접촉하여 열분해와 증발을 하지 않고 불꽃 없이 연소하는 현상으로 숯, 코크스, 목탄, 금속분 등이 해당된다. 즉, 화염이 없는 표면연소이다.

2. 선화란 연료가스의 분출속도가 연소속도보다 빠를 때 불꽃이 노즐에 정착되지 않고 떨어져서 연소하는 현상이다.

3. 역화는 연료의 연소속도가 분출속도보다 빠를 때 불꽃이 연료노즐 속으로 빨려 들어가 연료노즐 속에서 연소하는 현상이다.

4. 선화는 불꽃이 연료노즐 위에 들뜨는 것으로 연료노즐에서 연료기체의 연소속도가 분출속도보다 느릴 때 발생하는 현상이다.

5. 황염은 분출하는 기체연료와 공기의 화학양론비에서 공기량이 적을 때 발생한다.

05 자연발화

자연발화의 정의

21. 간부

인위적으로 외부에서 점화에너지를 부여하지 않았는데도 상온에서 물질이 공기 중 화학변화를 일으켜 오랜 시간에 걸쳐 열의 축적이 생겨 마침내 발화점에 도달하여 발화하는 현상이다.

구분	발생	방지법
열 축적	밀폐된 공간 열전도율↓, 증기압력↓, 휘발성↓ 분말	개방된 공간 열전도율↑, 증기압력↑, 휘발성↑ 괴상(덩어리)
열 발생속도 (발열량 X 반응속도)	온도↑, 수분↑ (고온다습) 발열량↑ 표면적↑	온도↓, 수분↓ (저온건조) 발열량↓ 표면적↓

자연발화의 종류

- 산화열(연소열): 산화열이 축적되어 발화하는 물질
  - 예 유지류가 젖어 있는 다공성 가연물, 원면, 금속분, 석탄분, 고무조각, 황철광, 기름걸레, 황린, 산화에틸렌 등

- 흡착열: 흡착열이 축적되어 발화하는 물질
  - 예 활성탄, 유연탄, 목탄(숯)분 등

- 분해열: 분해열이 축적되어 발화하는 물질
  - 예 제5류 위험물[트로셀룰로오스(질화면), 셀룰로이드류, 니트로글리세린 등], 아세틸렌, 산화에틸렌 등

- 미생물열(발효열): 미생물의 활동으로 발열하여 발화하는 물질
  - 예 먼지, 퇴비(거름), 비료, 곡물 등
    - → 저분자 물질에서 고분자 물질로 바뀌는 화학반응
- 중합열: 중합반응에서 발화하는 물질
  - 예 액화시안화수소, 산화에틸렌, 아크릴로니트릴 등

★ 산화에틸렌
산화열, 분해열, 중합열 다 발생

**자연발화의
방지책**

19. 간부

- 통풍, 환기, 저장방법을 고려하여 열축적 방지
- 저장실 및 주위의 온도를 낮게 유지
- 습도가 높은 곳은 피하기, 즉 저온건조
- 가능한 한 입자를 크게 하여 공기와의 접촉면적을 적게 유지
  - 황린은 자연발화방지를 위해 물 속에
    저장, 칼륨·나트륨은 자연발화방지를
    위해 석유 속에 저장

가연물의 구비조건 (잘 타는 조건)	자연발화 발생
건조	습도(수분)
가연물이 잘 타지 않는 조건	자연발화 방지
습도(수분)	건조

🎯 **중요 기출지문 모음 zip**

열축적이 용이할수록, 열전도율이 작을수록 자연발화가 쉽다.

06 폭발

**폭발의
공정별 분류**

물리적 폭발, 화학적 폭발, 핵폭발, 물리적 + 화학적 병립폭발

    ┌ 물리적 폭발: 화염을 동반하지 않는 폭발(양적변화, 상태변화에 따른 폭발)

    └ 화학적 폭발: 화염을 동반하는 폭발(질적변화, 화학반응에 따른 폭발)

**화염의 전파속도에
따른 분류** ↓

연소의 전파속도,
반응계의 연소속도,
충격파, 연소파

`23 · 24. 소방직,`
`23 · 24. 간부`

1 폭굉 · 폭연

구분	폭연	폭굉
화염전파속도	0.1~10m/s로서 음속 이하 [아음속(亞音速)]	1,000~3,000(3,500)m/s로서 음속 이상[초음속(超音速)]
화염전파에 필요한 에너지	열전달인 전도, 대류, 복사	충격파에 의한 압력
폭발압력	8배	10배 이상(통상적으로 20배 이상)
화재의 파급효과	크다.	작다.
충격파	발생하지 않는다.	발생한다.
파면에서 온도, 압력, 밀도	연소파를 수반하는 난류확산 (연속적)	충격파를 수반하는 불연속적
에너지 방출속도	물질 전달 속도에 기인한다.	물질 전달 속도에 기인하지 않고 아주 짧은 시간 내에 방출한다.

2 폭굉유도거리(DID)

1. 정의: 최초의 완만한 연소가 격렬한 폭굉으로 발전할 때까지의 거리

2. 폭굉유도거리가 짧아지는 요인

    ┌ 압력이 높을수록

    ├ 주위 온도가 높을수록

    ├ 점화원의 에너지가 강할수록

    ├ 연소속도가 큰 가스일수록

    ├ 관경이 작을수록(가늘수록)

    └ 관 속에 장애물이 있는 경우

> 폭연에서 폭굉으로 전이되는 과정:
> 착화 → 화염전파 → 압축파 →
> 충격파 → 폭굉파

★관경만 작고, 나머지는 다 클 것

1. 폭발 1등급

- 안전간격 기준: 0.6mm 이상
- 종류: 메탄, 에탄, 일산화탄소, 암모니아, 아세톤, LPG 등

2. 폭발 2등급

- 안전간격 기준: 0.4mm 이상 0.6mm 미만
- 종류: 에틸렌, 석탄가스 등

3. 폭발 3등급

- 안전간격 기준: 0.4mm 미만
- 종류: 아세틸렌, 이황화탄소, 수소 등

★ 안전간격이 작은 가스일수록 폭발하기 쉬운 위험한 가스로 취급한다.

물질원인 및 물질상태에 따른 분류

20·21·22. 소방직,
19·20·21·22·23
24. 간부

물질원인에 따른 분류 ─ 물리적 폭발 – LPG용기, 수증기, 압력밥솥

└ 화학적 폭발 – 산화, 분해, 중합, 촉매

물질상태에 따른 분류 ─ 기상폭발 ─ 가스폭발(산화)

├ 분해폭발: 다른 공기나 조연성 가스와 혼합되지 않더라도 일정한 조건이 충족되면 폭발

├ 중합폭발: 저분자물질에서 고분자물질로 변화하면서 폭발

├ 분무폭발(산화): 가연성 액체가 공기 중에 무상, 무적으로 부유한 상태에서 폭발 → 안개입자, mist

├ 분진폭발(산화): 가연성 고체가 공기 중에 미분말로 부유한 상태에서 폭발

├ 증기운폭발(UVCE, 산화): 대기 중(자유공간 중)에 가연성 가스를 유출하여 폭발

└ 박막폭굉(산화): 높은 에너지를 가진 충격파를 보내면 관 벽에 부착해 있던 윤활유가 무화(霧化)하여 폭발
→ 분무폭발과 비슷

└ 응상폭발 ─ 수증기폭발: 액상에서 기상으로 체적팽창하여 폭발

├ 증기폭발(BLEVE): 액화저장탱크 외부에 화재발생 시 탱크 내부의 증기압에 의한 탱크의 균열이나 파열로 폭발

└ 고체폭발 ─ 전선폭발: 알루미늄전선에 큰 전류가 흘러 폭발

└ 고상간전위폭발: 안티몬이 전이될 때 폭발

→ 기상폭발은 화학적 폭발에 속하고, 응상폭발은 물리적 폭발에 속한다.

→ 아세틸렌과 산화에틸렌은 분해폭발을 일으키기 쉬운 물질이다.

→ 분무폭발은 인화점 이하에서도 폭발이 가능하다.

분진폭발

1 정의: 미세한 가연성 분진입자가 공기 중에 부유하여 폭발범위를 형성하다가 점화에너지에 의해 착화되어 폭발하는 것

2 분진폭발의 물질

- 농산물 및 농산물 가공품류(쌀, 콩)
- 석탄, 목탄, 코크스, 활성탄 등(광산물류)
- 금속분류(알루미늄, 아연, 마그네슘, 철, 안티몬) → 금속분은 자열연소, 산화열에 의한 자연발화, 분진폭발
- 플라스틱류, 고무류, 섬유류

3 분진을 일으키지 않는 물질

- 석회석(탄산칼슘, $CaCO_3$), 생석회(산화칼슘, CaO), 소석회[$Ca(OH)_2$]
- 산화알루미늄(Al_2O_3), 시멘트가루, 대리석가루, 가성소다($NaOH$)
- 유리

4 분진폭발과 가스폭발 비교

구분	연소속도	폭발압력	연소대의 길이 (연소시간)	발생에너지	파괴력
가스폭발	○	○	–	–	–
분진폭발	–	–	○	○	○

- 분진폭발은 2차, 3차의 폭발로 이어지므로 연소시간이 길고, 발생에너지 및 파괴력이 크다.
- 분진폭발은 불완전연소를 일으키므로 일산화탄소 중독사의 위험성이 있다.
- 분진폭발이 가스폭발보다 최소 발화에너지가 크므로 착화는 더 어렵다.

5 분진의 폭발성에 영향을 미치는 인자

- 분진의 열분해가 용이할수록, 분진의 발열량이 클수록 폭발성이 크다.
- 휘발성분이 많을수록 폭발하기 쉽다(석탄분진).
- 분진의 표면적이 입자체적에 비해 커지면 폭발이 용이해진다(분진의 표면적 > 분진의 입자체적).
- 평균 입자경이 작고 밀도가 작을수록 폭발성이 크다.
- 평균입경이 동일한 분진일 경우 입자의 폭발성은 구상 < 침상 < 평편상(평면상)이다.
- 분진 속에 수분은 분진의 부유성을 억제하여 폭발을 방지한다.
  └→ 금수성(알루미늄, 아연, 마그네슘, 철분, 안티몬) 제외
- 산소와 반응성이 있는 분진의 경우 공기 중에 산화피막을 형성할 수 있으므로 공기 중의 노출시간이 길수록 폭발성이 감소한다.

블레비 (BLEVE)

1 **정의**: 비등액체팽창증기폭발이라고도 하며, 고압의 액화가스용기(탱크로리, 탱크 등) 등이 외부 화재에 의해 가열되면 탱크 내 액체가 비등하고 증기가 팽창하면서 물리적 폭발을 일으키는 현상

2 **폭발과정**

- 액화가스 저장탱크 → 외부화재 → 액화가스 저장탱크 내 유증기 발생 → 증기압력 → 탱크파열
- 외부화재 발생 → 액온 상승 → 압력 증가 → 연성 파괴 → 액격현상 → 취성 파괴 → 폭발
- 액화가스 저장탱크(액화저장) → 응상폭발 → 물리적 폭발 → 화학적 폭발로 전이

3 **특징**

- 액화가스 저장탱크에서 물리적 폭발이 순간적으로 화학적 폭발로 이어지는 현상이다.
  └→ 물리적 폭발 + 화학적 병립 폭발, 그러나 원인은 물리적 폭발이다.
- 액화가스 저장탱크에서 발생한다는 점에서 증기폭발(BLEVE)과 증기운폭발(UVCE)이 같다.
- 블레비의 규모는 파열 시 액체의 기화량과 탱크의 용량에 따라 차이가 있다.
- 직접 열을 받은 부분이 액화가스 저장탱크의 인장 강도를 초과할 경우 기상부에 면한 지점에서 파열하게 된다.

4 **방지책**

- 경사지게 하여 누설물이 체류하지 않도록 할 것
- 탱크외벽: 열전도도가 작은 것으로 단열할 것
- 탱크내벽: 열전도도가 큰 알루미늄합금박판으로 설치할 것
- 탱크외벽에 물(미)분무소화설비 설치할 것
- 탱크견고하게 제작할 것
- 감압밸브 설치할 것

> 액상, 기상의 동적평형 상태가 되면 저장탱크 균열을 방지할 수 있다 (열역학 제0법칙: 열평형법칙)

증기운폭발 (UVCE)

┌→ 밀폐된 공간 X

대기(자유공간) 중에 대량의 유출된 가스가 구름을 형성하여 떠다니다가 점화원과 접촉하여 순간적으로 폭발하는 화학적 폭발현상, 즉 밀폐공간 외에서 발생하는 화학적 폭발현상

화구 (Fire Ball)
20. 간부

1 **주원인**: 블레비와 증기운폭발이며, 큰 복사열을 방출하므로 주위의 인명 및 재산피해가 크다.

2 **대응절차**: 밸브나 배관에서 누출되는 가스가 연소하는 화염은 소화하지 않고 그 화염에 의해 가열되는 면을 냉각한다.

방폭
22. 간부

1 **정의**: 전기설비로 인한 화재 및 폭발을 방지하기 위한 안전설비

2 **방폭구조 종류**

- 내압 방폭구조: 전폐구조로 용기내부에서 폭발성 가스, 증기가 폭발했을 때 용기가 압력을
  (1종 장소) 견디는 구조 ➜ 가장 먼저 고안된 방폭
- 압력 방폭구조: 용기내부에 기체[불활성 기체(N_2, CO_2)]를 압입하여 내부압력을 유지함으로써
  (1종 장소) 폭발성 가스 침입을 방지하는 구조
- 유입 방폭구조: 전기불꽃, 아크, 고온이 발생하는 부분을 기름 속에 넣어(광물성 기름, 절연유)
  (1종 장소) 기름면 위의 폭발성 가스에 인화될 우려가 없도록 한 구조
- 안전증 방폭구조: 정상적인 상태에서 종합적으로 고장을 일으킬 확률이 0에 가까운 값을
  (2종 장소) 갖도록 하여 안전도를 증가한 구조
- 본질안전 방폭구조: 정상상태뿐만 아니라 사고 시(단락, 누전, 지락) 발생하는 전기불꽃 또는
  (0종 장소) 고온부에 대한 폭발성 가스에 점화될 위험이 없다는 점이 시험 및 기타
  방법에 의해 충분히 입증된 구조 ➜ 신뢰성이 가장 높음

🎯 중요 기출지문 모음 zip

1. 기상폭발에는 가스폭발, 분해폭발, 분무폭발, 분진폭발, 증기운폭발, 박막폭굉이 있다.

2. 액상, 기상의 동적평형상태가 되면 저장탱크균열을 방지할 수 있다.

3. 폭굉은 화염면에서 온도, 압력, 밀도의 변화가 불연속적으로 나타난다.

4. 파이어볼(Fire Ball)은 밸브나 배관에서 누출되는 가스가 연소하는 화염은 소화하지 않고, 그 화염에 의해서 가열되는 면을 냉각한다.

5. 아세틸렌과 산화에틸렌은 분해폭발을 일으키기 쉬운 물질이다.

오일오버 (Oil Over)	위험물저장탱크 내에 저장된 양이 내용적의 1/2 이하로 충전되어 있을 때 화재로 인하여 증기 압력이 상승하면서 저장탱크 내의 유류를 외부로 분출하면서 탱크가 파열되는 현상
보일오버 (Boil Over) `24. 소방직`	유류저장탱크 화재 중 열류층을 형성하여 화재진행과 더불어 열류층(열파침강)이 점차 탱크 바닥으로 도달하여 탱크 저부의 물 또는 물과 기름의 에멀젼이 수증기로 변함으로써 부피팽창에 의해 탱크 내의 유류가 갑작스럽게 탱크 밖으로 분출되어 화재를 확대시키는 현상
슬롭오버 (Slop Over)	물이 연소유의 뜨거운 표면에 들어갈 때 발생하는 오버플로우(Over Flow) 현상 → 유입될 때, 주수할 때
프로스오버 (Froth Over) `20. 간부`	화재 이외의 경우에도 물이 고점도 유류 아래에서 비등, 물과 기름이 거품 같은 상태로 탱크 밖으로 넘치는 현상

영철쌤 tip 보일오버, 슬롭오버, 프로스오버의 원인은 물!
오일오버의 원인은 증기압!
- 오일오버, 보일오버: 유류화재인 경우
- 슬롭오버: 유류화재인 경우와 유류화재가 아닌 경우
- 프로스오버: 유류화재가 아닌 경우
- 보일오버, 슬롭오버, 프로스오버는 경질유(가솔린, 경유, 등유 등)보다 중질유(중유, 벙커C유, 타르 등)에서 잘 발생

🎯 **중요 기출지문 모음 zip**

1. 프로스오버(Froth Over)는 점성이 큰 뜨거운 유류 표면 아래에서 물이 끓을 때 화재를 수반하지 않고 유류가 넘치는 현상이다.

2. 유류저장탱크 내 유류표면에 화재 발생 시 뜨거운 열류층이 형성되고 그 열파가 장시간에 걸쳐 바닥까지 전달되어 하부의 물이 비점 이상으로 가열되면서 부피가 팽창해 저장된 유류가 탱크 외부로 분출되는 현상을 보일오버(Boil-over)라 한다.

08 연소생성물

↳ 열, 화염, 연기, 연소가스(유독가스)로 구분

연소가스

19 · 23. 소방직,
20 · 21. 간부

1 화재 시 인명피해의 대부분은 연소가스(눈에 보이지 않는 기체)에 의하여 발생한다.

2 독성

— 최소허용노출농도(TLV - TWA): 정상인이 1일 8시간 또는 주 40시간 통상적인 작업을 수행함에 있어 건강상 나쁜 영향을 미치지 아니하는 정도의 공기 중 가스농도

— 반수치사농도(LC50): 성숙한 흰쥐 집단에 대해 대기 중에서 1시간 동안의 흡입실험(노출하는 시험)에 의해 14일 이내에 실험동물의 50%가 사망할 수 있는 가스농도

→ 수치가 낮을수록 독성이 강하고, 높을수록 독성이 약하다.

3 종류 및 특성

이산화탄소(CO_2)	• 최소허용노출농도는 5,000ppm이므로 독성가스가 아님 • 무색, 무취, 무미가스(감지할 수 없는 가스)로서 공기보다 무거움 • 완전연소 시(화재 시) 가장 많이 나옴 (농도 8% - 호흡곤란 / 농도 9% - 구토, 감정둔화, 실신) • 가스 자체의 독성은 거의 없으나, 다량으로 존재할 때 사람에 대하여 산소부족으로 호흡속도를 증가시킴으로써 유해가스의 흡입을 증가시켜 위험을 가중시킴 • 반응총 결물질로서 소화약제로 사용됨(질식소화)

일산화탄소(CO)	• 최소허용노출농도는 50ppm이므로 독성가스
	• 무색, 무취, 무미가스(감지할 수 없는 가스)
	• 불완전연소 시(화재 시) 가장 많이 나옴
	• 가장 유독한 연소가스는 아니지만 양에 있어 가장 많은 독성가스이므로 인체에 질식에 의한 해를 끼치는 영향이 가장 큼
	  (농도 0.2% - 위험 / 농도 0.4% - 사망)
	• 일산화탄소와 헤모글로빈의 결합력은 산소와 헤모글로빈의 결합력보다 210배 크기 때문에 산소운반을 방해하여 질식사시킴
	• 일산화탄소와 염소가 만나면 독성가스 1등인 포스겐이 생성됨
	  ($CO + Cl_2 = COCl_2$)

이산화황(SO_2) = 아황산가스	• 최소허용노출농도는 5ppm이므로 독성가스 • 황(S) 성분을 포함하는 유기화합물이 완전연소할 때 발생함 • 동물의 털, 고무, 나무 일부가 탈 때 생성됨 • 공기보다 무겁고 무색의 자극성 냄새를 가진 유독성 기체로 눈, 호흡기 등의 점막을 상하게 하고 질식사할 우려가 있음 • 12,000여 명의 목숨을 앗아간 런던 스모그 사건의 주범

황화수소(H₂S) = 유화수소	• 최소허용노출농도는 10ppm이므로 독성가스 • 황(S) 성분을 포함하는 유기화합물이 불완전연소할 때 발생함 • 동물의 털, 고무, 나무 일부가 탈 때 생성됨 • 마취성 가스(계란 썩는 냄새로 후각마비)
이산화질소(NO₂)	• 최소허용노출농도는 3ppm이므로 독성가스 • 질산셀룰로이즈, 폴리우레탄 등이 불완전연소할 때 발생함 • 자극적인 냄새를 가진 적갈색을 띠는 기체
시안화수소(HCN)	• 최소허용노출농도는 10ppm이므로 독성가스 • 공기보다 약간 가볍고 무색의 특이한 냄새를 가지는 가연성 가스로, 일명 청산가스라고도 함 • 질소(N) 성분을 포함하고 있는 합성수지, 동물의 털, 인조견(비단) 등의 섬 유가 불완전연소할 때 발생하며, 폴리우레탄 연소 시 많이 발생함 • 일산화탄소와 다르게 헤모글로빈과 결합하지 않고 세포에 의한 산소의 이동을 막아 순간적으로 호흡이 정지되는 가스
암모니아(NH₃)	• 최소허용노출농도는 25ppm이므로 독성가스 • 질소(N) 성분을 포함하고 있는 나일론, 나무, 실크, 아크릴, 플라스틱, 멜라민수지(열경화성수지) 등의 물질이 연소할 때 발생함 • 독성과 강한 자극성을 가진 무색의 기체이며 역한 냄새가 남 • 비료공장 또는 냉동시설의 냉매로 사용됨
염화수소(HCl)	• 최소허용노출농도는 5ppm이므로 독성가스 • 전선의 절연재 및 배관재료 등이 탈 때 발생함 • 금속을 부식시킬 뿐만 아니라 호흡기 계통도 부식시킴 • 폴리염화비닐(PVC) 연소 시 많이 발생함 • 물에 녹으면 염산이 됨
포스겐(COCl₂)	• 최소허용노출농도는 0.1ppm이므로 맹독성가스 • 독성이 매우 큰 무색의 기체로서 수지류 등이 탈 때 발생함 • 고온의 공기 및 습기 중 또는 적열된 금속화재 시 사염화탄소(CCl₄)와 만나면 포스겐(COCl₂)이 생성됨
염소(Cl)	• 최소허용노출농도는 1ppm이므로 독성가스 • 독성과 부식성이 있는 황록색 기체로 불쾌한 냄새가 남
아크롤레인 (CH₂CHCHO) = 아크릴알데히드	• 최소허용노출농도는 0.1ppm이므로 맹독성가스 • 석유제품, 유지류, 나무, 종이 등이 탈 때 생성됨 • 공기와 접촉하면 아크릴산이 됨
불화수소(HF)	• 최소허용노출농도는 3ppm이므로 독성가스 • 모래·유리를 부식시키는 성질이 있음
브롬화수소(HBr)	• 최소허용노출농도는 5ppm이므로 독성가스 • 방염수지류 등이 연소할 때 발생함 • 상온·상압에서 무색의 자극성 기체로 물에 잘 용해됨

15~25℃ ←   지구 표면의 단위면적 위에 덮인 공기층의 무게 때문에 생기는
대기의 압력. 1기압(atm)=760mmHg

4 연소성·저장성·독성에 따른 분류

1. 연소성에 따른 분류

    ┌ 가연성가스: 아세틸렌, 수소, 메탄, 프로판, 부탄 등 산소와 결합하여 연소하는 가스

    ├ 조연성가스: 산소, 염소, 불소 등 다른 가연성 물질이 잘 연소되도록 도와주는 가스

    └ 불연성가스: 질소, 네온, 아르곤 등 연소가 되지 않는 가스

2. 저장성에 따른 분류

    ┌ 압축가스: 비점이 낮기 때문에 <u>액화하기 어려운 가스</u>로서 산소, 수소, 질소 등이 해당
                              └→ 압축가스는 기체로 저장

    ├ 액화가스: 비점이 높기 때문에 <u>액화하기 쉬운 가스</u>로서 프로판, 부탄, 탄산가스(이산화탄소),
    │   염소, 암모니아 등이 해당   └→ 액화가스는 액체로 저장

    └ 용해가스: 용해하여 압축한 가스로서 아세틸렌 등이 해당

3. 독성에 따른 분류

    ┌ 독성가스: 인체에 유해한 가스로서 아크릴로레인, 포스겐, 일산화탄소, 시안화수소, 암모니아
    │   등이 해당

    └ 비독성가스: 인체에 유해하지 않은 가스로서 질소, 산소, 수소 등이 해당

연기

20·21·23. 소방직,
19·20. 간부

1 **정의:** 공기 중에 부유하고 있는 고체 또는 액체 미립자 및 재료가 열분해 혹은 연소했을 때 발생
하는 가스의 복잡한 혼합물로, 크기는 0.01 ~ 10㎛
                                     └→ 눈에 보임

2 **연기의 유해성:** 심리적 영향, 생리적 영향, 시계적(시각적) 영향

3 **연기농도 측정법**

1. 절대농도 측정법 ➜ 소규모 농도 측정

    ┌ 중량농도법: 단위체적당 입자상 물질의 무게로 측정(mg/m^3)

    └ 입자농도법: 단위체적당 연기 입자수로 측정(개/m^3)

2. 상대농도 측정법 ➜ 대규모 농도 측정

    ─ 투과율법(감광계수법): 감광계수로 표시한 연기의 농도와 가시거리는 반비례 관계

4 화재상황에 따른 감광계수 및 가시거리

감광계수(m⁻¹)	가시거리(m)	상황
0.1	20 ~ 30	연기감지기가 작동할 정도의 농도
0.3	5	건물 내부에 익숙한 사람이 피난에 지장을 느낄 정도의 농도
0.5	3	어두침침한 것을 느낄 정도의 농도
1.0	1 ~ 2	거의 앞이 보이지 않을 정도의 농도
10	0.2 ~ 0.5	화재 최성기 때의 연기농도 또는 유도등이 보이지 않을 정도의 농도
30	–	출화실에서 연기가 분출될 때의 농도

5 연기의 유동

1. 저층건물: 열, 대류이동, 화재의 압력

2. 고층건물

- 굴뚝효과 = 연돌효과(Stack Effect): 건축물 내부
  온도가 외부온도보다 높고 밀도가 낮을 때 압력차로
  인하여 상향 공기 흐름을 갖는다.

더운 공기는 위로,
차가운 공기는 아래로

- 온도에 의한 가스 팽창
- 부력
- 외부 바람의 영향(풍력)
- 건물 내에서의 강제적인 공기유동[HVAC – System(공기조화설비)]

굴뚝효과에 영향을 끼치는 요소
- 건물의 높이
- 외벽의 기밀성
- 건물의 층간 공기누설
- 건물 내·외 온도차
☆층의 바닥면적과는 상관없다.

3. 중성점(중성대, 중립면, 중립점)

온도가 0인 지대 X

- 건물의 내·외 압력이 같으면 공기는 정체한다. 즉, 압력이 0인 지대이다.
- 중성대 상층부는 열과 연기로부터 생존할 수 없는 지역이고,
  중성대 하층부는 신선한 공기에 의해 생존할 수 있는 지역이다.
- 불연속선은 중성대가 아니다.
  └▶ 실내천장 쪽 고온가스와 바닥 쪽 찬 공기의 경계선

4. 연기의 이동속도

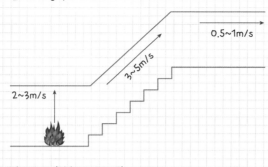

2~3m/s
3~5m/s
0.5~1m/s

- 수평방향: 0.5 ~ 1m/s
- 수직방향: 2 ~ 3m/s
- 계단, 경사로 등에서의
  수직방향: 3 ~ 5m/s
→ 수평방향 < 수직방향
  < 계단 등 수직방향
(인간의 보행속도: 1~1.2m/s)

5. 연기제어: 희석, 배기, 차단

화상

- 1도 화상(홍반성 화상, 표피화상): 환부가 빨갛게 되고 가벼운 부기와 통증을 수반하는 화상으로, 치료 시 흉터 없이 치료된다.

- 2도 화상(수포성 화상, 부분층화상): 부위가 분홍색을 띄고 물집(수포)이 생기는 화상으로, 물집이 터져 진물이 나고 감염의 위험이 있다.

- 3도 화상(괴사성 화상, 전층화상): 피부의 전체층이 죽어 궤양화하는 화상으로, 피부에 체액이 통하지 않아 화상부위는 건조하며 통증이 없다.

- 4도 화상(흑색화상, 증기화상): 고압전기 등으로 인하여 뼈까지 도달하는 화상이다.

◎ 중요 기출지문 모음 zip

1. 염화수소(HCl)는 열가소성 수지인 폴리염화비닐(PVC), 수지류 등이 연소할 때 발생되는 연소생성물로서 발생량은 적지만 유독성 가스이며, 독성의 허용농도는 5ppm이다.

2. 연기로 인한 빛의 감소를 나타내는 감광계수는 가시거리와 반비례한다.

3. 연기의 수직 이동속도는 수평 이동속도보다 빠르다.

4. 중성대 상부는 열과 연기로부터 생존이 어려운 지역이고 중성대 하부는 신선한 공기로 생존 가능성이 높은 지역이다.

09 화재론

화재

- 정의: 사람의 의도에 반하거나 고의 또는 과실에 의하여 발생하는 연소현상으로서 소화할 필요가 있는 현상 또는 사람의 의도에 반하여 발생하거나 확대된 화학적인 폭발현상
  → 물리적인 폭발현상 X
- 특성: 우발성, 확대성, 불안정성

가연물(종류·성상·급수)별 화재의 분류

23 · 24. 소방직,
19 · 21. 간부

구분		성상	소화
국내 기준	A급 화재	• 일반가연물 화재(보통화재) • 연소 후 재를 남김(고체) • 연기: 백색	냉각 (수계 소화)
	B급 화재	• 유류화재(가스화재 포함) • 제4류 위험물(인화성 액체) • 연소 후 재를 남기지 않음(액체) • 연기: 검정색	질식 (포소화, 가스계 소화)
	C급 화재	• 전기화재(통전 중인 전기시설) • 전기기기가 설치되어 있는 장소(발전실, 변전실, 분전반실, 전기실, 통신실 등)	질식 (가스계 소화)
	D급 화재	• 금속화재 • 알칼리금속[나트륨(Na), 칼륨(K)], 알칼리토금속[마그네슘(Mg), 칼슘(Ca)] 등	질식 (소화약제 이외: 마른 모래, 팽창질석, 팽창진주암 / 소화약제: 드라이파우더 등)
	F급 화재 또는 K급 화재	주방화재(식용유화재) → 인화점과 발화점의 온도 차가 적고 발화점(288~385℃)이 비점 이하인 기름이 차화되면 유온이 상승하므로, 곧바로 발화점 이상 → 재발화 → 끓는 기름의 온도(발화점)를 낮추어야만 소화 가능	냉각, 질식, 비누화 (야채, 소금, 소다, 상온의 식용유, 뚜껑, 마요네즈, 강화액, 제1종분말소화약제, K급소화기)
국외 기준	E급 화재	가스화재	제거, 질식 (연료공급 차단, 가스계)

유류화재(B급)와 식용유화재(K급) 차이
- 유류화재(B급)는 발화점이 비점 이상이므로 재발화(재점화) 위험이 없다.
- 식용유화재(K급)는 발화점이 비점 이하이므로 재발화(재점화) 위험이 있다.

발화온도를 30℃ 정도 낮추는 냉각효과와 방출 시 비누가 거품을 형성해 액체표면을 덮는 비누화 작용(질식효과)

정전기화재

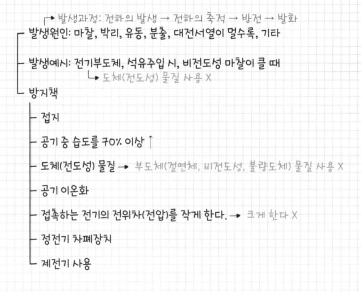

├ 발생원인: 마찰, 박리, 유동, 분출, 대전서열이 멀수록, 기타
  └→ 발생과정: 전하의 발생 → 전하의 축적 → 방전 → 발화

├ 발생예시: 전기부도체, 석유주입 시, 비전도성 마찰이 클 때
  └→ 도체(전도성) 물질 사용 X

└ 방지책

 ├ 접지

 ├ 공기 중 습도를 ㄱ0% 이상 ↑

 ├ 도체(전도성) 물질 → 부도체(절연체, 비전도성, 불량도체) 물질 사용 X

 ├ 공기 이온화

 ├ 접촉하는 전기의 전위차(전압)를 작게 한다. → 크게 한다 X

 ├ 정전기 차폐장치

 └ 제전기 사용

산불화재

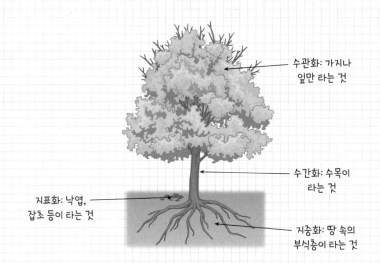

수관화: 가지나 잎만 타는 것

수간화: 수목이 타는 것

지표화: 낙엽, 잡초 등이 타는 것

지중화: 땅 속의 부식층이 타는 것

침엽수는 활엽수에 비해 수분함량이 적고, 레진(송진과 같은 기름성분)이 많이 포함되어 있어 발열량이 크고 연소속도가 빠르다. 즉, 활엽수에 비해 상대적으로 산불화재에 취약하다.

🎯 중요 기출지문 모음 zip

1. 주방화재의 가연물 중 하나인 식용유의 발화점은 비점보다 낮다.

2. A급 화재는 일반화재로 면화류, 합성수지 등의 가연물에 의한 화재를 말한다.

3. 정전기 발생을 방지하기 위해서는 접촉하는 전기의 전위차(전압)를 작게 하여야 한다.

ㄴ. 외출 시 전원이 차단된 콘센트에서 불이 난 경우는 A급화재(일반화재)에 해당된다.

10 화재소화

소화의 정의와 구분

1 **정의**: 연소의 3요소 또는 4요소 중 일부 또는 전부를 제거 또는 억제하여 연소현상을 중지하는 것

제거요소	가연물	산소	점화원	연쇄반응
소화방법	제거소화	질식소화	냉각소화	부촉매(억제)소화

2 **구분**

- 물리적 소화 ┬ 제거소화: 화염의 불안정화에 의한 소화(화염을 불어 끄는 소화)
- ├ 질식소화: 소화농도 한계에 의한 소화(혼합기의 조성변화에 의한 소화)
- └ 냉각소화: 연소에너지(열) 한계에 의한 소화
  - (열에너지를 흡수하는 매체를 화염 속에 투입하여 소화)
- 화학적 소화 ─ 억제소화(부촉매소화): 연쇄반응 중단에 의한 소화

소화의 원리와 방법

20 · 21 · 23. 소방직,
19 · 20 · 24. 간부

1 **제거소화**: 연소반응이 일어나고 있는 가연물과 그 주위의 가연물을 제거하여 연소반응을 중지
  - ↳ 가장 원시적인 방법
- 액체 연료탱크에서 화재가 발생하였을 경우 다른 빈 연료탱크로 연료를 이송하여 연료량 (배유, 드레인, 감량)을 줄이는 방법
- 가스화재 시 가스밸브 차단
- 전기화재 시 전원 차단
- 산림화재 시 불의 진행방향을 앞질러가서 벌목하여 화재전파를 차단하는 방법(산림화재 시 방화선 구축)
- 화염을 불어 가연성 가스를 날려 보내는 방법
  - 예 양초의 촛불을 입김으로 끄거나 유정(油井)화재를 질소 폭약폭발에 의한 폭풍으로 끈다.

2 **질식소화**: 산소농도를 15% 이하로 하여 연소를 중지하는 소화
- 불연성 기체(이산화탄소, 질소, 무상의 물 등)로 가연물을 덮는 방법
- 불연성 액체인 포(Foam)로 가연물을 덮는 방법
- 불연성 고체(마른 모래, 팽창질석, 팽창진주암 등)로 가연물을 덮는 방법
- 연소실을 완전히 밀폐하여 소화하는 방법

3 **냉각소화**: 열을 뺏어 온도를 낮춤으로써 연소물을 인화점 및 발화점 이하로 떨어뜨려 연소 중지

　├ 액체(물 등)를 사용하는 방법

　└ 가스계 소화약제에 의한 방법

　　└▶ 가스계 소화약제는 질식소화이지만, 냉각의 기능도 있다.

4 **희석소화**: 수용성 물질에 다량의 물을 넣어서 농도를 엷게 하는 소화

　　　　　　　　▶ 중유, 벙커C유, 타르 등

5 **유화소화**: 비중이 물보다 큰 비수용성 기름 화재 시에 물을 무상(안개모양)으로 방사하거나
　　　　포소화약제를 방사하여 유류 표면에 유화층(수막층)의 막을 형성시켜 공기의 접촉을
　　　　막아 소화

6 **피복소화**: 이산화탄소처럼 공기보다 무거운 물질로 가연물 주위를 덮어 산소의 공급을 차단시킴
　　　　으로써 소화

7 **타격소화**: 봉상주수로 가연물 파괴

　　└▶ A급 화재는 가능하나 B, C, D, K급 화재에는 적응성이 없다.

8 **부촉매소화(억제소화)**: 연쇄반응을 약화(라디칼 제거)시켜 연소를 중지하는 소화

　├ 부촉매소화의 소화약제: 할론, 할로겐화합물, 분말, 강화액, 고체에어졸소화약제

　└ 표면연소(무염연소)는 연쇄반응을 동반하는 연소가 아니므로 부촉매소화효과를 얻기 어렵다.

🎯 중요 기출지문 모음 zip

1. 유화소화는 비중이 물보다 큰 비수용성 유류화재 시 무상주수하여 소화하는 방법을 말한다.

2. 질식소화는 일반적으로 공기 중 산소 농도를 낮추어 소화하는 방법을 말한다.

3. 제거소화의 방법에는 전기화재 시 전원 차단, 가스화재 시 가스공급 차단, 산불화재 시 방화선(도로) 구축 등이 있다.

┌→ 연소속도, 연소시간

**환기량에 따른
분류**

19 · 23 · 24. 소방직

1 **환기지배형 화재(산소부족)**

— 연료량이 많고 통기량이 적은 경우(연료는 정상인데 환기가 부족한 상태)

— 연소속도가 느리고 연소시간이 길다.

— 내화구조건축물 화재(환기지배형 화재) → 저온 장시간 화재

2 **연료지배형 화재(연료부족)**

— 연료량에 비해 통기량이 충분한 경우(환기는 정상인데 연료가 부족한 상태)

— 연소속도가 빠르고 연소시간이 짧다.

— 목조건축물 화재(연료지배형 화재) → 고온 단시간 화재

→ 환기가 잘 되지 않으면 연료지배형 화재에서 환기지배형 화재로 바뀌며 연기 발생이 증가한다.

**환기파라미터
(환기인자)**

$$\text{연소속도의 식 } R = KA\sqrt{H}\,(\text{kg/min})$$

즉, 연소속도는 개구부면적과 높이 평방근(제곱근, 루트)의 곱($A\sqrt{H}$)에 비례한다.

내화건축물
실내화재성상
(환기지배형)

초기(화원, 발화기) → 성장기 → 최성기 → 감쇠기(쇠퇴기, 종기)
<연료지배형>   <연료지배형> <환기지배형>   <환기지배형>
일반적으로 플래시오버 이전은 연료지배형, 이후는 환기지배형

1 초기: 연료지배형
- 천장열류가 형성된다.
- 천장열류에 의해 감지기, 폐쇄형스프링클러헤드 동작

2 성장기: 연료지배형
- 온도가 급상승하는 구간
- 플래시오버(F.O)가 발생하는 단계
  (전실화재 전 단계)
- 화염의 전파는 전도 및 대류에 의존(열축적)
  → 좁은 의미의 대류 의존
- 고온상부층과 저온하부층 형성

> **천장제트흐름(Ceiling Jet Flow)**
> - 천장 하면을 따라 수평으로 흐르는 빠른 가스의 흐름
> - 스프링클러헤드, 감지기는 천장제트흐름 범위 내에 설치

3 플래시오버(F.O): 연료지배에서 환기지배로 넘어가는 분기점
- 복사열에 의해 실내 전체가 불길에 휩싸이는 현상
  → 폭발적인 착화(착시)현상, 순발연소, 전실화재
- 큰 화재로 넘어가는 분기점

4 최성기: 환기지배형
- 전실화재 후 단계
- 최고온도, 발열량(800 ~ 900℃), 발연량 최대(산소부족)
  <산소량 ↓ 연기량 ↑ / 산소량 ↑ 연기량 ↓>
  만약 연료지배형인 경우 발열량 최대, 발연량 최소
- 건축물 구조체 강도저하(콘크리트 폭열현상)   **영철쌤 tip** 유리 깨진다(무너진다).

5 감쇠기: 환기지배형
- 가연물의 80%가 소진된 시점
- 엄청난 가스와 고온이기 때문(훈소상태)
- 백드래프트 발생

초기(화원, 발화기) → 중기(성장기) → 최성기 → 감쇠기(쇠퇴기, 종기)
　〈연료지배형〉　　　〈연료지배형〉　　〈연료지배형〉　　　〈연료지배형〉

일반적으로 플래시오버 이전, 이후 연료지배형

1 **초기**: 연료지배형

└ 개구부에서 백색연기가 나오고, 훈소가 발생하기도 한다.

2 **성장기**: 연료지배형

├ 온도 급상승 구간

└ 개구부에서 세력이 강한 검은 연기가 분출된다.

3 **플래시오버(F.O)**: 연료지배형

├ 복사열에 의해 실내 전체가 불길에 휩싸이는 현상
　└→ 폭발적인 착화(착시)현상, 순발연소, 전실화재

└ 큰 화재로 넘어가는 분기점

4 **최성기**: 연료지배형

├ 연기량은 적어지고 화염의 분출이 강해지며 유리가 파손된다.

├ 실내 전체에 화염이 충만하여 연소가 최고조(최고온도)에 달한다.
　즉, 발열량 최대, 발연량 최소(산소량 ↑ 연기량 ↓)

├ 강렬한 복사열로 인해 인접 건축물로 연소가 확산된다.

└ 건축구조물이 낙하(도괴, 붕괴)할 수 있다. 즉, 대들보나 기둥이 내려앉는 시기이다.

5 **감쇠기**: 연료지배형

├ 대들보나 기둥이 무너져 떨어진다.

├ 연기는 흑색에서 백색으로 변한다.

├ 열 발산율은 증가하지 않는다.

└ 백드래프트가 발생하지 않는다.

> ☆ **연료지배형·환기지배형 화재의 발생장소**
> - 일반적으로 연료지배형 화재는 개방된 공간
>   (목조건물, 개방된 큰 창문 등)에서 발생
> - 일반적으로 환기지배형 화재는 밀폐된 공간
>   (내화구조건물, 지하층, 무창층 등)에서 발생

1 화재 진행단계 및 특징

목조건축물 화재 진행과정에서 발화(출화)를 기준으로 하여 화재 전기를 초기화재라 하고,
화재 후기를 본격화재라 한다.

화재원인 ~ 무염착화	• 연료지배형 화재의 성격을 띤다. • 연기나 훈소가 발생되기도 한다. • 화재원인의 종류와 발생하는 장소에 따라 차이가 있다. • 자연발화의 경우는 긴 시간을 요한다.
무염착화 ~ 발염착화	• 연료지배형 화재의 성격을 띤다. • 화재가 발생한 장소, 가연물의 종류, 바람의 상태(산소 공급조건) 등이 화재의 　진행(연소속도, 시간, 방향)을 좌우한다. • 바람 등 불어 넣어주면 불꽃이 발하여 착화한다.

발염착화
~
발화(출화)

• 연료지배형 화재의 성격을 띤다.
• 가재의 일부가 발화한 상태가 아니라 천장에 불이 붙는 시기이다.
• 목조건물의 천장까지 불이 번져 전체에 불기운(불기)이 도는 시기이다.
• 옥내출화와 옥외출화로 구분된다.

옥내출화	옥외출화
• 천장에 발염착화 • 불연천정인 경우 뒷면 판에 발 　염 착화 • 천장 속·벽 속 등에 발염착화	• 창·출입구에 발염착화 • 건축물 외부 가연재료에 발염 　착화 　- 가옥인 경우에는 벽·지붕에 　　발염착화 　- 가옥인 경우에는 추녀 밑에 발 　　염착화

발화 ~ 최성기(맹화)	• 연료지배형 화재의 성격을 띤다. • 천정, 대들보 등이 내려앉는 시기이며, 검은 연기가 개구부를 통해 분출된다. • 화염이 충만한 시기이므로 화염의 분출이 강해진다. • 플래쉬오버(Flash-over)가 발생하며 이때 실내온도는 800~900℃ 정도이다. • 대들보나 기둥이 내려앉고 이때 강한 복사열로 인해 실내온도는 1,300℃ 정도이다. • 무풍상태(0~3m/s)에서 출화에서 최성기까지가 약 4분에서 14분 정도 진행 　된다.
최성기(맹화) ~ 연소낙하(감쇠기)	• 연료지배형 화재의 성격을 띤다. • 지붕이나 벽체가 타서 떨어지고 곧바로 대들보나 기둥도 무너져 떨어진다(내 　려앉는다). • 최성기(맹화)부터 연소낙하(감쇠기) 또는 진화(소각)까지 약 6분에서 19분 정 　도 진행된다.

2 목조건축물의 화재 확대원인

- 접염연소: 열 접촉
- 복사연소: 복사에너지　　★(내화, 목조)건축물 화재성상에 중요한 인자: 복사
- 비화연소: 바람을 타고 불티가 날라감(불티, 바람, 가연물)

목재의 형태에 따른 연소형태

목재 형태 ＼ 발화속도	빠름	느림
건조 정도	수분이 적은 것	수분이 많은 것
내화성, 방화성	없는 것	있는 것
두께와 크기	얇고 가는 것	두껍고 큰 것
형상	사각인 것	둥근 것
표면	거친 것	매끄러운 것
기름, 페인트	칠한 것	칠하지 않은 것
색	검은색	백색

건축물 실내화재 이상현상

21 · 23 · 24. 소방직, 20. 간부

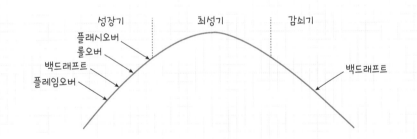

1 플레임오버(Flame Over): 호텔로비 화재에서 가연성 복도·계단·통로·건축물의 벽(통로상의 화재)을 따라 연소 확대 ➜ 비가연성 물질(불연성 물질)로 마감

　　★ 롤오버 발생 전에 발생

　　　　　　　　　　　　　　　　　　　　┌➤ 깃털모양, 파도처럼

2 롤오버(Roll Over): 화재의 선단 부분에서 산발적인 화염이 굽이쳐 흘러가는 현상

　★ 플래시오버보다 먼저 발생

3 플래시오버(Flash Over)

1. 정의: 복사열에 의한 실내의 가연물이 일시에 폭발하는 착화(착시)현상
   (전실화재, 순발연소, 순간적 연소)

2. 발생시기: 성장기, 성장기에서 최성기로 넘어가는 분기점

3. 징후 ┬ 고온의 연기가 발생하며, 롤오버 현상이 관찰된다.
   ├ 일정 공간 내에서의 전면적인 자유연소(불꽃연소)이다.
   ├ 일정 공간 내에서의 계속적인 열집적(다른 물질의 동시 가열)이다.
   └ 두껍고, 뜨거운 진한 연기가 아래로 쌓인다(연도강하).

4. 지연대책 ┬ 두께가 두꺼운 불연재료의 내장재 사용(천장 ➡ 벽 ➡ 바닥 순)
   ├ 열전도율이 큰 재료 사용
   ├ 가연물의 가구 등은 소형으로 분산배치, 수용물의 불연화
   └ 개구부를 아주 크게, 아주 작게 하여 산소량 조절

5. 소방전술 지연대책(3가지): 배연지연법, 공기차단법, 냉각지연법

6. 롤오버와 플래시오버 비교

구분	롤오버(Roll Over)	플래시오버(Flash Over)
복사열	열의 복사가 플래시오버에 비해 상대적으로 약함	열의 복사가 강함
확대범위	화염선단 부분이 주변 공간으로 확대됨	발화가 일순간 전체 공간으로 확대됨
확산 매개체	천장부 고온증기의 발화	공간 내 모든 가연물의 동시 발화

★화재진행에 영향을 미치는 요인: 구획실의 크기, 형태, 천장 높이

4 백드래프트(Back Draft)

1. 정의: 밀폐된 공간 → 산소 부족 → 고온의 가연성 가득(일산화탄소) → 문 개방 → 화학적 폭발현상

   ┌ 신선한 공기 유입

2. 발생시기: 성장기, 쇠퇴기(감쇠기, 종기)

3. 징후

건물의 외부에서 관찰할 수 있는 백드래프트(역화)의 징후	• 연기가 균열된 틈이나 작은 구멍을 통하여 빠져 나오고 틈 안으로 연기가 빨려 들어가는 현상이 발생된 경우(실 안에 산소가 부족하기 때문에 연기가 빨려 들어간다) • 화염은 보이지 않으나 창문과 문손잡이가 뜨거운 경우(고온) • 유리창의 안쪽으로 타르와 유사한 기름성분의 물질이 흘러내리는 경우 • 창문을 통해 보았을 때 건물 내에서 연기가 소용돌이 치고 있는 경우
건물의 내부에서 관찰할 수 있는 백드래프트(역화)의 징후	• 압력차이로 인해 공기가 내부로 빨려 들어가는 듯한 특이한 소리(휘파람소리와 유사)가 들리는 경우(산소가 문 틈사이로 들어오는 소리) • 연기가 건물 내로 되돌아가거나 맴도는 경우 • 훈소상태에 있는 뜨거운 화재인 경우 • 연기가 아주 빠르게 소용돌이치는 경우 • 산소공급의 감소로 약화된 불꽃이 관찰된 경우

4. 소방전술 예방대책(3가지)

   ┌→ 가장 효과적인 방법

   ┌ 배연법(지붕환기): 연소 중인 건물 지붕의 채광창을 개방하여 환기하는 것

   ├ 급냉법(담금질): 출입구를 개방하는 즉시 방수하여 급냉시키고 부가적으로 일산화탄소 농도를 폭발한계 이하로 떨어뜨려 폭발을 방지하는 것

   └ 측면공격법: 출입구가 개방되자마자 개구부 입구를 측면 공격하는 것

5. 원인과 결과

   ┌ 백드래프트의 원인: 산소유입
   │   ↕
   └ 백드래프트의 결과: 농연분출, 파이어볼(화구) 형성, 건물벽체 도괴, 화학적 폭발

   ☆ 구획실의 창문과 문손잡이의 온도로 백드래프트의 발생 가능성을 예측할 수 있다.

6. 플래시오버와 백드래프트 비고

구분	플래시오버(Flash Over)	백드래프트(Back Draft)
연소현상	자유연소상태(불꽃연소)	훈소상태(불완전연소)
산소량	상대적으로 산소공급 원활	산소부족
폭발성 유무	폭발이 아님	폭발현상이며, 그에 따른 충격파, 붕괴, 폭풍 발생(연기폭발)
원인	복사열	외부 유입 공기(산소)
발생시기	성장기, 성장기와 최성기 분기점	성장기, 종기(감쇠기)
환기량에 따른 분류	환기지배형 또는 연료지배형 화재에서 발생	환기지배형 화재에서 발생

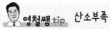 **영철쌤 tip** 산소부족
- 불완전연소
- 일산화탄소
- 훈소
- 백드래프트(BD)
→ 키워드가 있다!

화재변수

19 · 20 · 23. 소방직,
20 · 21. 간부

1 화재하중(화재지속시간)

1. 정의

— 바닥의 단위면적당 목재로 환산 시 등가 가연물의 중량(kg/m^2)

— 예상 최대가연물의 양

— 가연물의 총 발열량

— 화재의 위험성을 나타내는 척도

— 화재규모를 결정하는 요소

2. 크기

$$q = \frac{\sum G_t H_t}{H_o A} = \frac{\sum Q_t}{4,500A}$$

- q: 화재하중(kg/m²)
- A: 화재실의 바닥면적(m²)
- G_t: 가연물의 중량(kg)
- H_t: 가연물의 단위발열량(kcal/kg)
- $\sum Q_t$: 화재실 내 가연물의 전발열량(kcal)
- H_o: 목재의 단위발열량(kcal/kg)

즉, 가연물의 중량이나 가연물의 단위발열량을 감소시키거나 화재실의 바닥면적을 넓게 하면 화재하중은 감소한다. 화재하중의 크기(값)는 통상 최대값으로 한다.

3. 요소

- 가연물의 질량
- 가연물의 단위발열량
- 목재의 단위발열량
- 화재실의 바닥면적

2 화재강도(최고온도)

1. 정의: 단위시간당 축적되는 열의 양(kcal/hr)

2. 주요소

- 가연물의 발열량, 가연물의 연소속도, 비표면적, 산소공급, 단열성, 방열 등
- 단열성이 우수하거나 방열이 적으면 열축적이 용이하므로 화재강도가 증가한다.
- 가연물의 열방출률(화재실의 열방출율)이 클수록 화재강도가 증가한다.

3 화재가혹도(화재세기, 화재심도)

1. 정의: 건물에 손상을 주는 화세의 능력

2. 주요소

- 화재가혹도 = 최고온도(화재강도) × 화재지속시간(화재하중)
  - 질적 개념 → 최고온도(화재강도), 양적 개념 → 화재지속시간(화재하중)
- 화재강도가 크다는 것은 주수율(방사율)(L/m²·min)을 좌우하는 요소
- 화재하중이 크다는 것은 주수시간(방사시간)(min)을 결정하는 요소
- 온도인자(화재강도) = $\dfrac{A\sqrt{H}}{A_t}$ → 여기서 $A\sqrt{H}$: 환기 인자, A_t: 화재실(연소실)의 전 표면적
- 시간인자(화재하중) = $\dfrac{A_f}{A\sqrt{H}}$ → 여기서 $A\sqrt{H}$: 환기 인자, A_f: 화재실(연소실)의 바닥면적
- 개구부가 클수록 화재강도가 커지고, 개구부가 작을수록 지속시간이 길어져 화재하중이 커진다.
- 그 외 관련 인자: 화재강도, 화재하중, 개구부 크기, 가연물의 배열상태

4 화재저항

1. 정의: 화재에 대항하여 제 기능을 유지할 수 있는 능력(내력벽, 방화문, 방화셔터 등)

2. 내화구조: 화재 시 건물의 하중을 지지할 수 있고, 인접구역으로의 화재확대를 방지할 수 있으며, 재사용 가능
   - 철근콘크리트, 연와조, 석조 등
   - 주요 구조부(바닥, 내력벽, 지붕틀, 기둥, 보, 주계단)

3. 방화구조: 화재 시 건물의 하중을 지지할 수 없고, 인접구역으로의 화재확대를 방지할 수 있으며, 재사용 불가
   - 방화셔터, 방화문 등

방화문의 종류
- 60분+방화문: 연기·불꽃을 차단할 수 있는 시간이 60분 이상이고, 열을 차단할 수 있는 시간이 30분 이상인 방화문
- 60분 방화문: 연기·불꽃을 차단할 수 있는 시간이 60분 이상인 방화문
- 30분 방화문: 연기·불꽃을 차단할 수 있는 시간이 30분 이상 60분 미만인 방화문

🎯 중요 기출지문 모음 zip

1. 연료지배형 화재는 환기지배형 화재보다 산소 공급이 원활하고 연소속도가 빠르다.

2. 백드래프트는 불완전연소에 의해 발생된 일산화탄소가 가연물로 작용하여 폭발하는 현상이다.

3. 환기지배형 화재인 경우 최성기에는 실내 화염이 최고조에 도달하나 실내 산소 부족으로 연소속도가 느려진다.

4. 가연물의 비표면적이 클수록, 화재실의 열방출율이 클수록 화재강도는 증가한다.

5. 준불연성이나 불연성의 내장재를 사용할 경우 플래시오버 발생까지의 소요시간이 길어진다.

6. 화재가혹도는 환기요소($A\sqrt{H}$) 및 화재실이나 화재구획의 단열성에 영향을 받는다.

12 기타연소

섬유류 연소

천연섬유, 합성섬유

- 식물성 섬유: 면−발화점 400℃, 연소속도 빠름, 소화 어려움
- 동물성 섬유: 모−발화점 600℃, 연소속도 느림, 소화 쉬움

플라스틱 연소

열을 가하여 재가공이 가능한가에 따라 열가소성 수지와 열경화성 수지로 구분

1 열가소성 수지

- 정의: 여러 번 재가열하여 새로운 모양으로 재성형 가능
- 종류
  - 폴리에틸렌(PE; Polyethylene)
  - 폴리프로필렌(PP; Polypropylene)
  - 폴리스틸렌(PS; Polystyrene)
  - 폴리염화비닐(PVC; Polyvinyl chloride)
  - 염화비닐수지
  - 아크릴수지
  - 초산비닐수지

> **영철쌤 tip**
> '폴리닐(릴)'이 들어가면 열가소성 수지
> 단, 폴리우레탄 제외

2 열경화성 수지

- 정의: 재용융하면 다른 모양으로 재성형 불가능
- 종류
  - 페놀수지
  - 아미노 수지(Amino resin): 요소 수지, 멜라민 수지
  - 폴리우레탄(Polyurethane)
  - 에폭시 수지
  - 불포화폴리에스테르

13 건축방화계획

대응성격

대항성, 회피성, 도피성

피난행동 속도

- 연기 수평속도: 0.5 ~ 1(m/s)
- 연기 수직속도: 2 ~ 3(m/s)
- 연기 계단 등 수직속도: 3 ~ 5(m/s)
- 자유보행속도(인간의 보행속도): 1 ~ 1.2(m/s)
- 군집보행속도: 1(m/s)
- 군집유동계수: 1.33(인/m·s)

→ 피난행동의 속도를 결정하는 요소: 군집보행속도, 군집유동계수

→ 건물 내에서 연기의 속도는 수평방향속도(0.5 ~ 1m/s)가 자유보행속도(1 ~ 1.2m/s)보다 늦다.

→ 건물 내에서 연기의 속도는 수직방향속도(2 ~ 3m/s)가 자유보행속도(1 ~ 1.2m/s)보다 빠르다.

피난시설 계획 시 기본원칙

풀프루프(Fool Proof, 피난설비는 단순), 페일세이프(Fail Safe, 수단 실패 → 다른 수단)
★ 즉, 원시적인 방법이며 첨단화방법은 아니다.

구분	풀프루프(Fool Proof)	페일세이프(Fail Safe)
정의	동물과 같은 지능 상태에서도 그림과 색채를 이용하여 피난하는 방식	하나의 수단이 고장 등으로 실패하여도 다음 수단에 의하여 피난하는 방식
예시	• 소화설비, 경보기기 위치, 유도등, 유도표지에 쉬운 판별을 위한 색채를 사용함 • 피난방향으로 문을 열 수 있게 함 • 도어 노브는 회전식이 아닌 레버식으로 함 • 정전 시에도 피난구를 알 수 있도록 외광이 들어오는 위치에 도어를 설치함 • 피난계단의 위치를 적절하게 설계함 (귀소본능) • (전원)스위치의 높이를 적절하게 설계함 (바닥으로부터 0.8m 이상 1.5m 이하)	• 2방향 이상 피난경로를 설치 • 비상전원등을 확보 → 직렬화 X • 시스템의 여분 또는 병렬화를 확보 • 재해 초기부터 서브시스템 일부가 적극적으로 붕괴(이상사태의 전체파급 방지) • 화재 발생이나 확대 방지를 위한 안전율을 높여 설계

피난안전구획

- 1차안전구획(일시적인 안전도모): 복도
- 2차안전구획(장시간 피난대기): 복도에 연결된 계단(직통계단, 피난계단), 발코니, 특별계단의 부속실, 노대
- 3차안전구획(최성기에도 안정성 확보): 현관로비, 특별피난계단의 계단실

피난의 5가지 본능

- 귀소본능: 자신이 왔었던 길로 되돌아가려는 경향
- 퇴피(회피)본능: 반사적으로 위험으로부터 멀어지려는 경향
- 지광본능: 밝은 불빛을 따라 행동하는 경향
- 좌회본능: 왼쪽으로 돌게 되는 경향, 시계반대방향
  └→ 우회본능 ✕
- 추종본능: 최초로 행동을 함으로써 전체가 이끌려지는 경향

피난방향 및 피난로의 방향

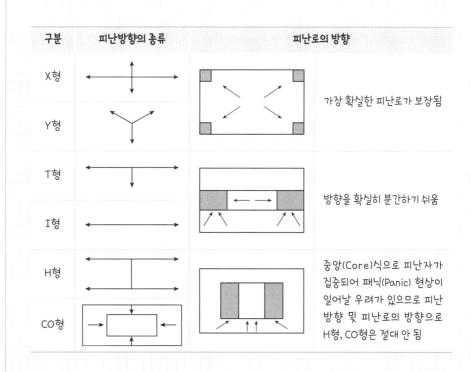

구분	피난방향의 종류	피난로의 방향
X형		가장 확실한 피난로가 보장됨
Y형		
T형		방향을 확실히 분간하기 쉬움
I형		
H형		중앙(Core)식으로 피난자가 집중되어 패닉(Panic) 현상이 일어날 우려가 있으므로 피난방향 및 피난로의 방향으로 H형, CO형은 절대 안 됨
CO형		

🎯 **중요 기출지문 모음 zip**

1. 건축물 피난계획은 어느 곳에서도 2개 이상의 방향으로 피난할 수 있으며, 그 말단은 화재로부터 안전한 장소이어야 한다.

2. 무의식 중에서 평상시 사용한 길 또는 원래 온 길을 가려 하는 본능은 귀소본능이다.

소화약제의
구비조건

- 가격이 저렴해야 한다.
- 소화성능이 우수해야 한다.
- 저장 안정성이 있어야 한다.
- 환경에 대한 오염이 적어야 한다.
- 인체에 대한 독성이 없어야 한다.
- 연소의 4요소 중 한 가지 이상을 제거할 수 있는 능력이 탁월해야 한다.

연소의 4요소	가연물	산소	점화원	연쇄반응
소화의 4요소	제거소화	질식소화	냉각소화	부촉매소화 (억제소화)

소화약제의
분류

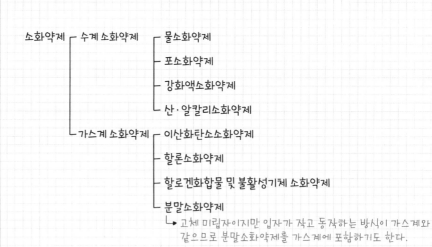

02 수계 소화약제

물소화약제

20 · 21 · 22 · 23. 소방직,
24. 간부

1 장단점

1. 장점

     ┌─ = 기화열

─ 열용량·비열 및 증발잠열이 커서 냉각효과가 우수하다.

─ 주변에서 구하기 쉽고 경제적이다.

─ 펌프, 파이프, 호스 등을 사용하여 운송이 용이하다.

2. 단점

─ 소화 작업 후 오염의 정도가 심하다. → 증거보존이 어려워 화재조사가 수월하지 않다.

─ 동결의 우려가 있어 추운 곳에서 사용할 수 없다.

─ 주로 일반화재(A급 화재)에 적용한다.

2 물의 특성

1. 물의 물리적 특성

─ 비열: 어떤 물질 1g의 온도를 1℃ 올리는 데 필요한 열량이다.

─ 잠열(숨은열): 온도변화는 없고 물질상태만 변화한다.

         융해열(용융열) − 80cal/g(고체 → 액체) 얼음 0℃ → 물 0℃

         기화열(증발열) − 539cal/g(액체 → 기체) 물 100℃ → 수증기 100℃
                         └→ 실험 데이터 값

─ 현열: 물질상태는 변화가 없고 온도만 변한다. 물 0℃ → 물 100℃

   ─ 0℃의 얼음 1g이 100℃의 수증기로 변할 때 열용량은 719cal이다.

   ─ 0℃의 물 1g이 100℃의 수증기로 변할 때 열용량은 639cal이다.

2. 물의 화학적 특성: 물은 수소 2원자와 산소 1원자로 이루어져 있으며, 이들 사이의 화학결합은
                  극성 공유 결합이다.
                   └→ • 공유 결합: 비금속 + 비금속
                      • 금속 결합: 금속 + 금속
                      • 이온 결합: 금속 + 비금속

> 물은 분자 내에서는 극성공유결합을, 분자 간에는 수소결합을 하여 소화약제로써의 효과가 뛰어나다.

3 **물소화약제의 주수방법** → 봉상(직상, 직사)주수, 적상(살수)주수, 무상(분무)주수

물의 주수형태	주된 소화	적응화재	적용설비[호스(노즐), 헤드]
봉상 (물의 모양: 막대기)	냉각	A급 화재	호스: 옥내·외소화전설비, 연결송수관설비
적상 [물의 모양: 물(빗)방울]	냉각	A급 화재	헤드: 스프링클러설비, 연결살수설비, 연소방지설비
무상 (물의 모양: 안개입자)	냉각, 질식, 유화, 희석	A, B, C급 화재	• 호스: 옥내·외소화전설비, 연결송수관설비 • 헤드: 물분무소화설비, 미분무소화설비

비수용성 수용성

─ 일반화재(A급 화재)일 때 물을 무상으로 사용할 경우 주된 소화: 냉각소화

─ 유류화재(B급 화재)일 때 물을 무상으로 사용할 경우 주된 소화: 질식소화

─ 봉상, 적상주수는 전도성이므로 C급 화재에 사용할 수 없다.

└ 무상주수는 비전도성이므로 C급 화재에 사용할 수 있다.

4 **첨가제**

1. 동결방지제(부동제, 부동액)

　┌ 유기물 계통: (에틸렌)글리콜, 글리세린

　└ 무기물 계통: 염화나트륨, 염화칼슘

2. 침투제(습윤제, 침윤제)

　┌ 물의 표면장력을 낮추어 침투성 강화

　├ 유수(Wet Water): 물 + 침투제(합성계면활성제)

　└ 속불화재(심부화재)

3. 증점제

　┌ 부착성(접착성)을 증가시키기 위한 첨가 물질

　├ Thick Water(Viscous Agent): 물 + 증점제

　└ 산불화재(많은 열이 발생하는 화재)

4. 유동성 보강제(Rapid Water)

　┌ 물의 마찰손실을 줄여 방사량 증가

　└ Rapid water: 물 + 유동제(폴리에틸렌 옥사이드)

강화액소화약제

1 **개요**: 알칼리금속염류의 수용액이며, 물의 동결을 방지하고 소화능력을 향상시키기 위해
물에 탄산칼륨(K_2CO_3)을 용해한 것으로 겨울철 및 한랭지역에서 사용
→ 물의 단점 보완

2 **특징**

- 비중: 1.3 ~ 1.4
- 응고점: 형식승인 및 제품검사의 기술기준상 응고점은 -20℃ 이하
- 사용온도범위: -20℃ 이상 ~ 40℃ 이하
- 강알칼리성으로 독성이 없고 장기 보관 시에도 분해, 침전, 노화가 일어나지 않는다.
- 한랭지역 및 겨울철에 사용 가능하다.
- 물 + 알칼리금속염류(탄산칼륨, 탄산나트륨, 황산칼륨, 인산암모늄) + 침투제 + 방염제
- 부촉매효과(K^+, Na^+, NH_4^+)가 있고 물보다 침투력이 뛰어나 재연소를 방지한다.
  └→ 액체 소화약제 중 유일하게 연쇄반응을 차단하는 부촉매효과(K^+, Na^+, NH_4^+, F^-, Cl^-, Br^-)
     가 있다.
- 무색 또는 황색으로 약간의 점성이 있는 알칼리금속염류의 수용액

3 **소화효과**

주수형태	주된 소화	적응화재
봉상	부촉매(억제), 냉각	A급 화재(B, K급 가능)
무상	부촉매(억제), 냉각, 질식	A, B, C급 화재(K급 가능)

산·알칼리 소화약제

탄산수소나트륨(알카리성액)과 황산(산성액)의 화학반응에 의해 생성된 이산화탄소가 압력원으로 작동하여 산·알칼리소화약제가 방사된다.

포소화약제

19 · 20 · 21 · 22 · 23 · 24.
소방직.
21 · 22 · 23 · 24. 간부

1 발포방법에 의한 분류

1. 화학포

┌ 화학반응: 산성액(황산알루미늄)과 알칼리성액(탄산수소나트륨)

├ 핵: 이산화탄소

└ 가장 먼저 보급되었으나 현재 생산하지 않는다.

2. 기계포

┌ 화학반응: 물과 약제(포원액)의 혼합액(포수용액)

└ 핵: 공기

3. 발포배율에 따른 포소화약제의 종류, 성분비

구분	포원액 농도	팽창비		종류
저발포	3% · 6%형	20 이하		• 비수용성 액체용 포소화약제 : 단백포, 불화단백포, 합성계면활성제포, 수성막포 • 수용성 액체용 포소화약제 : (내)알코올형포
고발포	1% · 1.5% · 2%형	제1종	80 이상 ~ 250 미만	비수용성 액체용 포소화약제 : 합성계면활성제포
		제2종	250 이상 ~ 500 미만	
		제3종	500 이상 ~ 1,000 미만	

물 97% + 포원액 3%를 섞어 사용하는 형

물 99% + 포원액 1%를 섞어 사용하는 형

┌ 팽창비 $= \dfrac{\text{발포 후 포의 체적(L)}}{\text{발포 전 포수용액의 체적(L)}} = \dfrac{\text{발포 후 포의 체적(L)}}{\dfrac{\text{포소화약제 체적(L)}}{\text{포원액의 농도}}}$

│ 즉, 팽창비란 최종 발생한 포 체적을 포 발생 전의 포 수용액의 체적으로 나눈 값을 말한다.

└ 저발포, 고발포 모두로 사용할 수 있는 약제: 합성계면활성제포

4. 기계포(공기포)소화약제 ┬ 단백계 ┬ (일반)단백포

　　　　　　　　　　　　　　│　　　　└ 불화단백포

　　　　　　　　　　　　　　└ 계면활성제계 ┬ 수성막포

　　　　　　　　　　　　　　　　　　　　　├ 합성계면활성제포

　　　　　　　　　　　　　　　　　　　　　└ (내)알코올포

종류	주성분	장점	단점
단백포	동·식물성 단백질을 가수분해(동물뿔, 발톱) + 안정제, 방부제, 부동액	• 내열성이 우수함 • 얼지 않음 • 인체에 무해함 • 가격이 저렴함	• 유동성이 작아 소화속도가 늦음 • 내유성이 약해 오염되기 쉬움 • 변질·부패 우려가 있음
불화 단백포	단백포 + 불소계계면활성제	• 내열성이 가장 우수함 • 표면하주입방식 (내유성 우수) • 장기보관이 가능함 • 얼지 않음 • 유동성이 좋아 소화속도가 빠름 • 분말소화약제와 동시 사용 가능함	• 가격이 비쌈 • 초내한용으로 사용하기 어려움
수성막포 (AFFF, Light water)	불소계 계면활성제 + 불소원자로 치환한 계면활성제	• 초기 소화속도가 빨라 소화력이 가장 우수함 • 내유성·유동성이 우수함 • 표면하주입방식 • 분말소화약제와 병용하여 소화 작업이 가능함 • 화학적으로 매우 안정되며 장기보존이 가능함 • 재연방지에 효과적임 • 인체에 무해함	• 내열성이 약해 윤화 현상 (Ring fire)이 있음 • 가격이 비쌈 • 부식성이 큼 ★ 윤화 현상(Ring fire): 탱크 윗면의 중앙부는 불이 꺼졌어도 탱크의 벽면을 따라(700~800℃) 환상으로 화염이 남아 연소가 지속되는 현상
합성계면활성제포	계면활성제 + 기포안정제	• 저발포에서 고발포까지 팽창비를 조정할 수 있어 유류화재, 일반 건물화재 등에 광범위하게 사용이 가능함 • 고발포의 경우 유동성이 좋아 단백포보다 소화속도가 빠름 • 유류화재, 일반화재에 공용으로 사용함 • 수명이 반영구적임	• 내열성과 내유성이 약해 윤화 현상(Ring fire)이 있음 • 방사거리가 짧음 • 저팽창포로 사용하는 경우 단백포보다 유류화재에 불리함
(내)알코올포	• 금속비누형: 단백포 + 기포안정제 (지방산복염 등) • 불화단백형: 단백포 + 계면활성제	수용성에 적합함	침전 우려로 바로 사용이 가능함

5. 질소소화 및 냉각소화

6. CDC분말 소화약제와 병용하여 소화 작업(불화단백포, 수성막포)하면 소화효과가 구~8배 증가

구. (반)표면하주입방식을 사용할 수 있는 포는 내유성이 우수한 불화단백포, 수성막포

2 공기포(기계포) 소화약제 혼합방식

1. 펌프 프로포셔너 방식(Pump Proportioner Type)

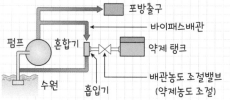

바이패스배관, 흡입기, 농도조절밸브 작용

2. 라인 프로포셔너 방식(Line Proportioner Type)

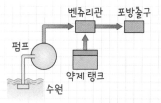

벤츄리관의 벤츄리작용
(혼합기의 흡입가능 높이가 낮음)

3. 프레져 프로포셔너 방식(Pressure Proportioner Type)

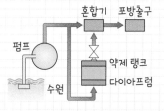

벤츄리관의 벤츄리작용과
펌프 가압수
(가장 많이 사용함)

4. 프레져 사이드 프로포셔너 방식(Pressure side Proportioner Type)

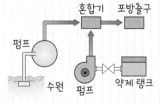

포소화약제 압입용 펌프

5. 압축공기포 믹싱챔버방식(Compressed Air Foam Mixing Chamber Type)

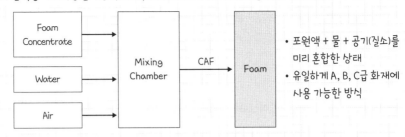

- 포원액 + 물 + 공기(질소)를 미리 혼합한 상태
- 유일하게 A, B, C급 화재에 사용 가능한 방식

영철쌤 tip

포소화약제는 B급 화재(유류화재)에 사용하고, A급 화재(일반화재)에도 가능하나, 감전의 우려가 있으므로 C급 화재(전기화재)에는 불가능하다.
C급 화재(전기화재)에도 사용 가능한 방식은 압축공기포 믹싱챔버방식이다.

위험물 탱크 (Tank)

CRT (Cone Roof Tank)	콘루프탱크 사용 [중질유사용]	Ⅰ형 방출구, Ⅱ형 방출구, Ⅲ형(표면하 주입식 방출구), Ⅳ형(반표면하 주입식 방출구)
FRT (Floating Roof Tank)	플루팅루프탱크 (부상식탱크) 사용 [경질유사용]	특형 포방출구

고정포 방출구

- Ⅰ형 방출구: 통계단(활강로, 미끄럼판) 등에 설치한 방출구 방식이고, 콘루프탱크[CRT(Cone Roof Tank)]에 사용된다.
- Ⅱ형 방출구: 반사판(디플렉터) 방출구 방식이고, 콘루프탱크[CRT(Cone Roof Tank)]에 사용된다.
- 특형 방출구: 플루팅루프탱크[FRT(Floating Roof Tank)]의 측면과 굽도리 판(방지턱)에 의하여 형성된 환상부분에 포를 방출하는 방식이다.

◎ 중요 기출지문 모음 zip

1. 물은 분무상으로 방사 시 B급 및 C급 화재에도 적응성이 있으며, 비열과 기화열이 커서 냉각소화효과가 우수하다.

2. 물에 침투제를 첨가하는 이유는 표면장력을 감소시켜 소화능력을 향상하기 위함이다.

3. 포소화설비 혼합방식 중 펌프와 발포기의 중간에 설치된 벤츄리관의 벤츄리작용과 펌프가압수의 소화약제 저장탱크의 압력에 의해서 포소화약제를 흡입·혼합하는 방식은 프레져 프로포셔너(Pressure Proportioner) 방식이다.

4. 플로팅루프탱크(floating roof tank)의 측면과 굽도리판에 의하여 형성된 환상부분에 포를 방출하여 소화작용을 하도록 된 포소화설비의 고정포 방출구는 특형 방출구이다.

5. 불화단백포 및 수성막포는 표면하주입방식에 사용할 수 있다.

03 가스계 소화약제

↳ 이산화탄소, 할론, 할로겐화합물, 불활성기체

이산화탄소 소화약제

`19 · 24. 소방직`

1 이산화탄소의 일반적인 성질

- 무색·무취·무미의 기체로서 독성이 없다.
- 공기 중에 약 0.03vol% 존재한다.
- 부식성이 없고 비중은 1.52(1.53)로 공기보다 무겁다.
- 액화보관
- 비전도성

2 소화효과

- 주된소화: 질식소화 → 적응화재: B, C급 화재
- 보조소화: 냉각, 피복소화 → 적응화재: A급 화재

☆ 가스계 소화약제 중 유일하게 피복소화하며, 부촉매효과는 없다.

3 장단점

장점	단점
• 전역방출방식(실이 밀폐인 경우)으로 할 때는 일반가연물화재(A급 화재)에도 적용 가능함	• 고압가스에 해당하여 저장·취급 시 주의를 요함
• 화재를 소화할 때는 피연소물질의 내부까지 침투함(피복소화)	• 소화약제의 방출 시 동상의 우려가 있음
• 피연소물질에 피해를 주지 않음(물과 비교)	• 저장용기에 충전하는 경우 고압을 필요로 함
• 증거보존이 가능 → 화재조사가 수월함	• 인체의 질식이 우려됨
• 소화약제의 구입비가 저렴함	• 소화약제의 방출 시 소리가 요란함
• 전기의 부도체(비전도성, 불량도체)	• 소화시간이 다른 소화약제에 비하여 김 (물리적 소화로서 주된 소화는 질식소화)
• 장시간 동안 저장해도 변질·부패·분해를 일으키지 않음	
• 자체압력으로 방출이 가능 → 외부동력원이 필요 없음	

4 설치 제외 장소

- 사람이 있는 장소(방재실, 제어실, 전시장 등 질식 우려 장소)
- 제3류 위험물(금수성 물질 및 자연발화성 물질)
- 제5류 위험물(자기반응성 물질)

5 소화농도 및 설계농도

- 소화농도 $= \dfrac{21 - O_2}{21} \times 100$
- 설계농도 = 최소 이론(소화)농도 × 1.2(표면화재)
  1.8(심부화재)

할론소화약제

1 명명법

- Halon 1 3 0 1
  C F Cl Br → C F$_3$ Br

- Halon 2 4 0 2
  C F Cl Br → C$_2$ F$_4$ Br$_2$

- Halon 1 2 1 1
  C F Cl Br → C F$_2$ Cl Br

- Halon 1 0 4 0
  C F Cl Br → C Cl$_4$

2 소화효과

- 주된소화: 부촉매(억제)소화 → 적응화재: B, C급 화재
- 보조소화: 질식, 냉각소화 → 적응화재: A급 화재

★화학적 소화이므로 소화시간이 짧고 가격이 비싸다.

1 정의

- 할로겐화합물 소화약제: 불소, 염소, 브롬 또는 요오드 중 1개 이상의 원소를 포함하는 유기화합물을
기본성분으로 하는 소화약제
  → 부촉매소화, 질식소화, 냉각소화(화학적 소화 + 물리적 소화)

- 불활성기체 소화약제: 헬륨, 네온, 아르곤 또는 질소가스 중 1개 이상의 원소를 기본성분으로
하는 소화약제
  → 질식소화, 냉각소화(물리적 소화)

☆ 이산화탄소, 불활성기체 소화약제는 부촉매(억제)효과가 없다.

2 기본구성

1. 할로겐화합물 소화약제 기본구성: 브롬(Br)만 없으면 된다.

소화약제	화학식
하이드로클로로플루오로카본혼화제 (이하 'HCFC BLEND A'라 한다)	• HCFC – 123($CHCl_2CF_3$): 4.75% • HCFC – 22($CHClF_2$): 82% • HCFC – 124($CHClFCF_3$): 9.5% • $C_{10}H_{16}$: 3.75%
펜타플루오로에탄(이하 'HFC – 125'라 한다)	CHF_2CF_3
헵타플루오로프로판(이하 'HFC – 227ea'라 한다)	CF_3CHFCF_3
트리플루오로메탄(이하 'HFC – 23'라 한다)	CHF_3

2. 불활성기체 소화약제 기본구성: IG–OOO(N_2, Ar, CO_2)
   질, 아, 이

   ┌ IG – 01: Ar
   ├ IG – 100: N_2
   ├ IG – 541: N_2(52%), Ar(40%), CO_2(8%)
   └ IG – 55: N_2(50%), Ar(50%)

   > 질소(N)를 함유하지 않는
   > 불활성기체는 IG–01이다.

3 구비조건

- 할론의 최소소화농도에 해당하는 소화성능을 가져야 한다.
- 오존파괴지수(ODP) 및 지구온난화지수(GWP)가 적어야 한다.
- 대기 중에 잔존시간이 짧을수록 좋다. 즉, 대기잔존연수(ALT)가 짧을수록 좋다.
- 전기절연성이 커야 한다. → 비전도성
- 자체 증기압에 의한 방사가 가능하여야 한다.
- 사용 후 잔사가 없어야 한다.

4 설치 제외 장소

- 사람이 상주하는 곳으로서 최대허용설계농도를 초과하는 장소
  (HCFC BLEND A: 10%, HFC-227ea: 10.5%, IG-541: 43% 등)

- 제3류 위험물 및 제5류 위험물을 사용하는 장소

5 독성

- NOAEL: 농도가 증가할 때 아무런 악영향을 감지할 수 없는 최대 농도 → 증가, 최대

- LOAEL: 농도가 감소할 때 악영향을 감지할 수 있는 최소 농도 → 감소, 최소

분말소화약제

19 · 23. 소방직, 22. 간부

1 개요

- 고체미립자 소화약제

- 사용되는 분말의 입도는 10~75㎛이고, 최적의 소화효과를 나타내는 입도는 20~25㎛이다.

2 종류 및 특성

종별	주성분	화학식	표시색상	적응화재
제1종 분말	탄산수소나트륨 (중탄산나트륨)	$NaHCO_3$	백색	B, C, K급 화재
제2종 분말	탄산수소칼륨 (중탄산칼륨)	$KHCO_3$	담회색 (보라색)	B, C급 화재
제3종 분말	제1인산암모늄	$NH_4H_2PO_4$	담홍색 (황색)	A, B, C급 화재
제4종 분말	탄산수소칼륨 + 요소	$KHCO_3 + (NH_2)_2CO$	회색	B, C급 화재

1. 제1종 분말소화약제

$$2NaHCO_3 \xrightarrow[\Delta]{270℃} Na_2CO_3 + CO_2 \uparrow + H_2O \uparrow - 30.3kcal$$

탄산수소나트륨	탄산나트륨	이산화탄소	수증기	- Q
(중탄산나트륨)	Na^+ 나트륨이온			
	<부촉매효과, 비누화효과>	<질식>		<냉각효과>

┌→ 비누거품
├ 비누화작용에 의해 식용유화재 소화 가능
└ 가격이 저렴

2. 제2종 분말소화약제

$$2KHCO_3 \xrightarrow[\Delta]{190℃} K_2CO_3 + CO_2 \uparrow + H_2O \uparrow - 29.82kcal$$

탄산수소칼륨	탄산칼륨	이산화탄소	수증기	- Q
(중탄산칼륨)	K^+ 칼륨이온			
	<부촉매효과>	<질식>		<냉각효과>

1종에 비해 2배의 소화효과

3. 제3종 분말소화약제

$$NH_4H_2PO_4 \xrightarrow[\Delta]{360℃} HPO_3 + NH_3 \uparrow + H_2O \uparrow - 76.95kcal$$

제1인산암모늄	메타인산	암모니아	수증기	- Q
		NH_4^+		
	<방진효과>	<부촉매효과>	<질식>	<냉각효과>

├ A급, B급, C급 화재에 적용 가능
├ 방습처리제: 실리콘유
└ 제3종 분말소화약제를 A급 화재(나무 등)에 적용할 수 있는 이유
    ├ 메탄인산(HPO_3)의 방진작용(유리상의 피막)
    └ 올소인산(H_3PO_4)에 의한 섬유소의 탈수·탄화작용
→ 생성물에 CO_2 없음

ㄴ. 제4종 분말소화약제

$$2KHCO_3 + (NH_2)_2CO \longrightarrow K_2CO_3 + 2NH_3 + 2CO_2 \uparrow - Qkcal$$

탄산수소칼륨	요소	탄산칼륨	암모니아	이산화탄소
		K^+	NH_4^+	
		<부촉매효과>	<질식>	<냉각>

- ┌ 소화성능이 가장 우수
- └ 가격이 비쌈
- → 생성물에 H_2O 없음

★ 분말소화약제(1종 ~ 4종)는 복사열(방사열) 차단효과도 있다.

◎ 중요 기출지문 모음 zip

1. 이산화탄소소화약제는 표면화재에 소화효과가 뛰어나며 심부화재에도 소화효과가 있다.

2. 이산화탄소 소화약제는 질식소화 효과와 기화열 흡수에 의한 냉각효과가 있다.

3. 질소를 포함하지 않은 약제는 IG-01이다.

4. 3종 분말소화약제는 열분해 반응에서 CO_2가 생성되지 않는다.

5. 할로겐화합물 소화약제는 대기 중에 잔존하는 시간이 길수록 오래 머물기 때문에 잔존시간이 짧을수록 좋다.
   즉, 대기잔존연수(ALT ; Atmosphere Life Time)가 짧을수록 좋다.

정의

22. 간부

산화성 고체라 함은 고체[액체(1atm 및 20℃에서 액상인 것 또는 20℃ 초과 40℃ 이하에서 액상인 것) 또는 기체(1atm 및 20℃에서 기상인 것) 외의 것]로서 산화력의 잠재적인 위험성 또는 충격에 대한 민감성을 판단하기 위하여 소방청장이 정하여 고시하는 시험에서 고시로 정하는 성질과 상태를 나타내는 것을 말한다.

지정수량 및 품명

지정수량	위험등급	구분
50kg	Ⅰ	아염소산염류, 염소산염류, 과염소산염류, 무기과산화물(알칼리금속과산화물)
300kg	Ⅱ	브롬산염류, 요드산염류, 질산염류
1,000kg	Ⅲ	과망간산염류, 중크롬산염류

위험물
- 정의: 인화성 또는 발화성 등의 성질을 가지는 것으로서 대통령령으로 정하는 물품
- 비중 및 조해성
  - 1류, 6류: 대부분 물보다 무겁고 물에 잘 녹는다.
  - 2류, 3류, 5류: 대부분 물보다 무겁고 물에 잘 녹지 않는다.
  - 4류: 대부분 물보다 가볍고 물에 잘 녹지 않는다.

일반적인 성질

23. 소방직

- 산소를 다량으로 함유한 강력한 산화제이며, 분해하여 산소(O_2)를 방출한다.
- 자신은 불연성 물질로서, 다른 가연물의 연소를 돕는 조(지)연성 물질이다.
- 대부분 무기화합물(대부분 무색의 결정이나 백색의 분말 상태)이다.
- 물보다 무겁고 물에 녹는다(조해성).
- 무기과산화물(알칼리금속과산화물)은 물과 반응하여 산소(O_2)를 발생하고 발열한다.

**저장·취급
및 소화대책**

21 · 24. 소방직

1 저장 및 취급

└ 충격, 타격, 가열 주의

└ 용기: 밀전밀봉 / 용기 저장장소: 통풍이 잘 되는 곳

2 소화대책

```
┌──────────────────┐  ┌──────────┐
│ 용기 저장장소       │  │ 용기       │
│ (통풍이 잘 되는 곳)  │  │ (밀전, 밀봉) │
└──────────────────┘  └──────────┘
        ┌──────────────────────────┐
        │      ┌──────────┐          │
        │      │ 제1류 위험물 │          │
        │      └──────────┘          │
        └──────────────────────────┘
```

└ 주수(물)소화(무기과산화물 제외): 주수에 의한 냉각소화

└ 질식소화 ┌ 무기과산화물(알칼리금속과산화물): 과산화칼륨, 과산화나트륨, 과산화마그네슘,
                  과산화칼슘, 과산화바륨 ➔ 금수성 물질

            └ 마른 모래, 팽창질석, 팽창진주암, 금속화재용 분말소화기(드라이파우더)

🎯 **중요 기출지문 모음 zip**

1. 제1류 위험물은 강력한 산화제이며, 다른 가연물의 연소를 돕는 지연성 물질이다.

2. 무기과산화물은 물 주수를 통한 냉각소화가 적합하지 않다.

3. 아염소산나트륨은 불연성, 조해성, 수용성이며, 무색 또는 백색의 결정성 분말 형태이다.

정의

가연성 고체라 함은 고체로서 화염에 의한 발화의 위험성 또는 인화의 위험성을 판단하기 위하여 고시로 정하는 시험에서 고시로 정하는 성질과 상태를 나타내는 것을 말한다.

지정수량 및 품명

19. 소방직

지정수량	위험등급	품명
100kg	II	황화인, 적린, 유황
500kg	III	철분, 마그네슘, 금속분[알루미늄분(Al), 아연분(Zn), 안티몬분(Sb)]
1,000kg	III	인화성 고체(락카퍼티, 고무풀, 고형알코올, 메타알데히드, 제3부틸알코올)

★제2류 위험물은 위험 I등급이 없다.

일반적인 성질

- 비교적 낮은 온도에서 착화하기 쉬운 이연성, 속연성 물질이다.
- 산소를 함유하고 있지 않은 강한 환원성 물질이고, 대부분 물보다 무겁고 물에 녹지 않는다.
- 연소열이 크고 연소온도가 높으며, 연소생성물은 유독한 것이 많다.

저장·취급 및 소화대책

23 · 24. 소방직

1 저장 및 취급

- 점화원으로부터 멀리하고 가열을 피할 것
- 산화제와 접촉을 피할 것(제1류 위험물, 제6류 위험물)
- 철분, 마그네슘, 금속분류는 산 또는 물과의 접촉을 피할 것(가연성 가스인 수소가스 발생)
- 용기: 밀전밀봉 / 용기 저장장소: 통풍이 잘 되는 곳

2 소화대책

- 적린, 유황: 주수에 의한 냉각소화
  - ┌→ 금속분은 분진폭발로 이어지므로 소화 작업 시 충분히 안전거리를 확보할 것
- 철분, 마그네슘, 금속분, 황화인: 마른 모래, 팽창질석, 팽창진주암, 금속화재용 분말소화기 (드라이파우더)에 의한 질식소화
- 인화성 고체: 석유류 화재와 같이 포에 의한 질식소화(냉각소화도 가능)

☆ ・ 1류: 산소[O], 수소[X], 수용성, 산화성
   ・ 2류: 산소[X], 수소[O], 비수용성, 환원성

🎯 중요 기출지문 모음 zip

1. 제2류 위험물은 산소와 결합이 용이하여 산화되기 쉬운 강력한 환원성 물질이다.

2. 마그네슘은 끓는 물과 접촉 시 수소가스를 발생시킨다.

3. 유황은 물을 이용한 냉각소화한다.

03 제3류 위험물(자연발화성 물질 및 금수성 물질)

정의

자연발화성 물질 및 금수성 물질이라 함은 고체 또는 액체로서 공기 중에서 발화의 위험이 있거나 물과 접촉하여 발화하거나 가연성 가스를 발생하는 위험성이 있는 것을 말한다.

지정수량 및 품명

19. 소방직, 20. 간부

구분	지정수량	위험등급	품명
금수성, 자연발화성	10kg	I	칼륨, 나트륨, 알킬알루미늄, 알킬리튬
자연발화성	20kg	I	황린
금수성, 자연발화성	50kg	II	알칼리금속(K, Na 제외) 및 알칼리토금속, 유기금속화합물(알킬알루미늄 및 알킬리튬 제외)
금수성	300kg	III	금속의 수소화물(금속수소화합물), 금속의 인화물(금속인화합물)[인화칼슘(Ca_3P_2)]
			칼슘 또는 알루미늄의 탄화물[탄화칼슘(CaC_2), 탄화알루미늄(Al_4C_3)]

☆ 황화린은 제2류 위험물, 황린은 제3류 위험물이다.

일반적인 성질

23. 소방직, 24간부

- 무기화합물과 유기화합물로 구성된다.
- 칼륨, 나트륨, 알킬알루미늄, 알킬리튬은 물보다 가볍고, 나머지 품명은 물보다 무겁다.
- 칼륨과 나트륨은 은백색의 광택이 있는 경금속으로, 칼로 잘 잘리는 연하고 무른 금속이다.
- 황린을 제외하고 모두 물과 반응하여 화학적으로 활성화된다.

☆ 황린을 제외하고는 주수소화 금지, 즉 황린은 주수소화 가능

☆ 황린의 특징
- 산화열에 의해 액화되면서 자연발화
- 백색 또는 담황색 고체로서 유독성 물질
- 발화점이 가장 낮다(34℃).
- pH9 물 속 저장[자연발화 억제, 유독성인 오산화인 (백색 연기)과 가연성·유독성인 포스핀가스 발생 억제]

물과 반응할 때 발생하는 가스

22 · 23. 소방직

- (금속)칼륨[K], (금속)나트륨[Na] + 물[H_2O] → 수소가스[H_2] ↑

  [석유류 = 기름(등유, 경유, 파라핀유, 벤젠)속에 저장]

  [대부분 저장방법 및 취급방법은 밀봉·밀전인데 칼륨, 나트륨은 석유 속 저장]

- 알칼리금속[K, Na 제외], 알칼리토금속 + 물[H_2O] → 수소가스[H_2] ↑

  제3류 위험물은 금수성물질로서 대부분 물과 반응 시 H_2 ↑ (수소)가스 발생

- 트리에틸알루미늄[$(C_2H_5)_3Al$] + 물[H_2O] → 에탄가스[C_2H_6] ↑

  [알킬알루미늄, 알킬리튬은 벤젠, 톨루엔, 헥산 등 탄화수소 용제 속에 넣고 불활성기체로 봉입하여 저장]

- 금속인화합물인 인화칼슘(인화석회)[Ca_3P_2] + 물[H_2O] 또는 묽은산

  → 포스핀가스 = 인화수소[PH_3] ↑

- 탄화칼슘(카바이트)[CaC_2] + 물[H_2O] → 수산화칼슘[$Ca(OH)_2$]과 아세틸렌가스[C_2H_2] ↑ 발생

  [탄화칼슘(카바이트) 아세톤에 저장 또는 질소가스 등 불연성가스 봉입]

  $$CaC_2 + 2H_2O \rightarrow Ca(OH)_2 + C_2H_2 + Q ↑$$

- 탄화알루미늄[Al_4C_3] + 물[H_2O] → 수산화알루미늄[$Al(OH)_3$]과 메탄가스[CH_4] 발생

  $$Al_4C_3 + 12H_2O \rightarrow 4Al(OH)_3 + 3CH_4 + Q ↑$$

저장·취급 및 소화대책

24. 소방직

1 저장 및 취급

- 용기의 파손 및 부식을 막고 공기 또는 수분의 접촉을 방지할 것
- 칼륨 및 나트륨은 석유류에 저장 / 황린은 물 속에 저장
- 탄화칼슘(카바이트) + 물 → 연소범위 1등인 아세틸렌가스 발생
  ↳ 아세톤에 저장 또는 질소가스 등 불연성 가스 봉입

2 소화대책

- 황린: 주수에 의한 냉각소화
- 황린 이외: 마른 모래, 팽창질석, 팽창진주암, 금속화재용 분말소화기(드라이파우더)의 질식소화
  ↳ 주수소화 엄금

🎯 중요 기출지문 모음 zip

1. 황린은 공기 중 상온에 노출되면 액화되면서 자연발화를 일으키며, 물을 이용한 냉각소화한다.

2. 이산화탄소, 할로겐화합물, 분말소화약제는 일반적으로 제3류 위험물의 소화방법에는 사용하지 않는다.

3. 탄화알루미늄이 물과 반응하면 메탄가스가 발생하며, 소화는 건조사, 팽창질석을 이용한 질식소화한다.

정의

인화성 액체란 액체(제3석유류, 제4석유류 및 동식물류에 있어서는 1atm과 20℃에서 액상인 것에 한한다)로서 인화의 위험성이 있는 것을 말한다.

지정수량 및 품명

19 · 22. 소방직.
19 · 23. 간부

→ 제4류 위험물(인화성 액체)의 구분은 인화점에 따른 분류이다.

→ 지정수량: 질량이 아닌 부피로 표현(비수용성만 외우면 수용성은 2배)

구분	지정수량	위험등급	품명	
특수인화물 인화점 -20℃ ↓ 비점 40℃ ↓ / 발화점 100℃ ↓	50L	Ⅰ	이소프렌, 디에틸에테르, 아세트알데히드, 산화프로필렌, 이황화탄소(비수용성)	
제1석유류 인화점 21℃ 미만	200L	Ⅱ	가솔린, 벤젠, 톨루엔(비수용성)	
	400L		시안화수소, 아세톤, 피리딘(수용성)	
알코올류	400L	Ⅱ	메틸알코올, 에틸알코올, 프로필알코올	
제2석유류 21 ~ 70℃ 미만	1,000L	Ⅲ	등유, 경유, 클로로벤젠(비수용성)	
	2,000L		의산, 초산, 히드라진(수용성)	
제3석유류 70 ~ 200℃ 미만	2,000L	Ⅲ	중유, 클레오소트유(타르유), 니트로벤젠(비수용성)	
	4,000L		에틸렌글리콜, 글리세린(수용성)	
제4석유류 200 ~ 250℃ 미만	6,000L	Ⅲ	윤활유(기어유, 실린더유)(비수용성)	
동식물유 인화점 250℃ 미만	10,000L	Ⅲ	건성유	요오드값 130 이상
			반건성유	요오드값 100 ~ 130 미만
			불건성유	요오드값 100 이하

아세톤은 수용성이므로 (내)알코올포 소화약제로 소화한다.

제4류 위험물
(인화성액체) 인화점

ㄱ 아세톤 - 영하 18℃

ㄴ 글리세린
　- 영상 160℃

ㄷ 이황화탄소
　- 영하 30℃

ㄹ 메틸알코올
　- 영상 11℃

ㅁ 디에틸에테르
　- 영하 45℃

인화점이 낮은 것부터
높은 순: ㅁ - ㄷ - ㄱ
- ㄹ - ㄴ

일반적인 성질

20 · 22. 소방직

- 유기화합물
- 물보다 가볍고(이황화탄소 제외) 물에 녹지 않는 것이 많다.
- 대부분 증기비중은 공기보다 무겁다. (시안화수소 제외)
- 연소하한계가 낮아 적은 양으로도 화재의 위험이 있다.

이황화탄소 특징
- 위험도 1등
- 연소범위: 1.2 ~ 44%
- 발화점: 100℃
  ↳ 제4류 위험물(인화성 액체) 또는 석유류 화재에서 발화점이 가장 낮다.
- 연소 시 유독성인 아황산가스(이산화황) 발생
- 비중 1.26 → 물보다 무겁다 → 물 속(수조) 저장
  물 속(수조) 저장: 황린, 이황화탄소 ↵

저장·취급 및 소화대책

24. 소방직

1 **저장 및 취급**

- 용기는 밀전하여 통풍이 잘 되는 찬 곳에 저장할 것
- 인화점 이상 가열하여 취급하지 말 것
- 비전도성(부도체)이므로 정전기에 주의할 것
- 증기는 높은 곳으로 배출할 것

2 **소화대책**

- 포에 의한 질식소화(수용성은 알코올포)
- 가스계, 무상주수(질식소화)도 가능(수용성은 희석소화 가능)

☆ • 황린: 물 속 저장(냉각소화)
  • 이황화탄소: 물 속 저장(질식소화)

🎯 중요 기출지문 모음 zip

1. 제4류 위험물인 알코올 및 아세톤은 수용성이므로 내알코올포를 사용하여 소화한다.

2. 경유, 휘발유는 포소화약제를 이용한 질식소화한다.

3. 제4류 위험물 중 제1석유류는 인화점이 낮고, 증기는 공기와 약간 혼합되어도 연소의 우려가 있으므로 화재 위험성이 있다.

05 제5류 위험물(자기반응성 물질)

PART 3 위험물의 종류별 특성과 소화방법

정의

자기반응성 물질이란 고체 또는 액체로서 폭발의 위험성 또는 가열분해의 격렬함을 판단하기 위하여 고시로 정하는 시험에서 고시로 정하는 성질과 상태를 나타내는 것을 말한다.

지정수량 및 품명

19 · 22. 소방직,
19 · 23. 간부

지정수량	위험등급	구분
10kg	I	유기과산화물, 질산에스테르류
200kg	II	니트로화합물, 니트로소화합물, 아조화합물, 디아조화합물, 히드라진유도체
100kg	II	히드록실아민, 히드록실아민염류

☆ • 제1류 위험물: 무기과산화물, ~염류
  • 제5류 위험물: 유기과산화물, 히드록실아민염류
  • 제4류 위험물: 클로로벤젠, 니트로벤젠, 히드라진

일반적인 성질

┌→ 분해열에 의한 자연발화
— 산소 없이도 연소, 폭발이 가능하고, 연소속도가 빠르다.

— 모두 물보다 무겁고 물에 잘 녹지 않는다.

— 강산화제, 강산류와 접촉하면 위험성이 크다.

— 분해열에 의해 단시간에 폭발한다.

└ 분해열에 의한 자연발화는 장시간에 걸쳐 발생한다.

> • 제3류 위험물(황린, 칼륨, 나트륨 등)의 자연발화는 단시간에 걸쳐 발생
> • 제5류 위험물(유기질소화합물)의 자연발화는 장시간에 걸쳐 발생

저장·취급 및 소화대책

1 저장 및 취급

- 엄금, 가열, 충격, 타격, 마찰 등을 피할 것

- 통풍이 양호하고 찬 곳에 저장할 것

- 가급적 소분하여 저장할 것

2 소화대책

- 다량의 물로 냉각소화

- 충분한 안전거리, 엄폐물을 이용하여 접근, 무인방수포

- 밀폐공간: 공기호흡기를 착용하여 유독가스에 질식되는 일이 없도록 한다.
  - ➥ 제5류 위험물은 질식소화는 안 되지만, 사람은 질식할 수 있다.

◎ 중요 기출지문 모음 zip

1. 제5류 위험물은 물질 자체에 산소가 함유되어 있어 외부로부터 산소공급이 없어도 점화원만 있으면 연소·폭발이 가능하다.

2. 제5류 위험물로 인한 화재 초기에는 다량의 물로 냉각소화하는 것이 효과적이다.

06 제6류 위험물(산화성 액체)

정의

산화성 액체란 액체로서 산화력의 잠재적인 위험성을 판단하기 위하여 고시로 정하는 성질과 상태를 나타내는 것을 말한다.

지정수량 및 품명
19 · 24. 소방직

지정수량	위험등급	품명
300kg	I	과염소산, 과산화수소, 질산

→ 비중: 1.49 이상

→ 농도: 36%(W%) 이상

일반적인 성질
21. 간부

- 산소를 다량으로 함유한 강력한 산화제이며, 분해하여 산소(O_2)를 방출한다.
- 자신은 불연성 물질로서, 다른 가연물의 연소를 돕는 조(지)연성 물질이다.
- 대부분 무기화합물이며 물보다 무겁고 물에 녹는다(조해성).
- 제6류 위험물(과산화수소 제외) + 물, 염기 → 발열반응(주수소화 금지)
- 과산화수소는 물과 반응하지 않는다.

저장·취급 및 소화대책

1 저장 및 취급

├ 염기 및 습기·물과의 접촉을 피할 것

├ 고체의 산화제와 고체의 산화제 간의 접촉을 피할 것 └→ 제1류 위험물

├ 통풍이 양호한 찬 곳에 저장할 것

└ 용기는 내산성의 것을 사용할 것

> **유별을 달리하는 위험물의 혼재기준**
>
> | 1류 | 6류 | | → 혼재 가능 |
> | 2류 | 5류 | 4류 | → 혼재 가능 |
> | 3류 | 4류 | | → 혼재 가능 |

2 소화대책

├ 과염소산, 질산: 마른 모래, 팽창질석, 팽창진주암, 드라이파우더

└ 과산화수소: 화재의 양과 관계없이 다량의 물로 희석소화

🎯 **중요 기출지문 모음 zip**

1. 제6류 위험물은 불연성 물질로 산소공급원의 역할을 하며, 비중이 1보다 크고 물에 잘 녹는다.

2. 제6류 위험물은 산화성 액체로, 그 종류에는 질산 등이 있다.

3. 제6류 위험물인 과염소산의 지정수량은 300kg이며, 위험 Ⅰ 등급에 해당된다.

01 소방의 화재조사에 관한 법률

화재조사권자 및 조사시기

- 화재조사권자: 소방관서장(소방청장, 소방본부장, 소방서장)
- 화재조사시기: 소방관서장(소방청장, 소방본부장, 소방서장)은 화재발생사실을 알게 될 때부터

화재조사범위

22. 소방직

화재조사에 관한 법률상 화재조사범위

- 화재원인에 관한 사항
- 화재로 인한 인명·재산피해상황
- 대응활동에 관한 사항
  - 예 소방대의 대응활동, 관계기관의 대응활동
- 소방시설 등의 설치·관리 및 작동 여부에 관한 사항
- 화재발생건축물과 구조물, 화재유형별 화재위험성 등에 관한 사항
  - 예 화재 위험성, 화재위험 유발요인, 화재확산 요인 등
- 그 밖에 대통령령으로 정하는 사항

화재조사

- 화재조사를 하기 위하여 소방관서장(소방청장, 소방본부장, 소방서장)은 강제조사를 할 수 있다 (강제조사권).
  - 관계인에게 ① 보고 및 자료제출 명령권
  - 화재조사관 ② 출입 조사권(화재조사)
    - ③ 관계인에게 질문권
- 수사기관에 체포된 사람에 대한 조사: 화재조사를 위하여 필요한 경우에는 수사에 지장을 주지 아니하는 범위에서 그 피의자 또는 압수된 증거물에 대한 조사를 할 수 있다.
- 소방공무원, 경찰공무원, 관계기관 등과 서로 협력하여야 한다.

용어의 정의

19. 간부

감식	화재원인의 판정을 위하여 전문적인 지식, 기술 및 경험을 활용하여 주로 시각에 의한 종합적인 판단으로 구체적인 사실관계를 명확하게 규명하는 것
감정	화재와 관계되는 물건의 형상, 구조, 재질, 성분, 성질 등 이와 관련된 모든 현상에 대하여 과학적 방법에 의한 필요한 실험을 행하고 그 결과를 근거로 화재원인을 밝히는 자료를 얻는 것
발화	열원에 의하여 가연물질에 지속적으로 불이 붙는 현상
발화열원	발화의 최초 원인이 된 불꽃 또는 열
발화지점	열원과 가연물이 상호작용하여 화재가 시작된 지점
발화장소	화재가 발생한 장소
최초 착화물	발화열원에 의해 불이 붙고 이 물질을 통해 제어하기 힘든 화세로 발전한 가연물
발화요인	발화열원에 의하여 발화로 이어진 연소 현상에 영향을 준 인적·물적·자연적인 요인
발화 관련 기기	발화에 관련된 불꽃 또는 열을 발생시킨 기기 또는 장치나 제품
동력원	발화 관련 기기나 제품을 작동 또는 연소시킬 때 사용되어진 연료 또는 에너지
연소확대물	연소가 확대되는 데 있어 결정적 영향을 미친 가연물
재구입비	화재 당시의 피해물과 같거나 비슷한 것을 재건축(설계 감리비를 포함한다) 또는 재취득하는 데 필요한 금액
내용연수	고정자산을 경제적으로 사용할 수 있는 연수(예 분말소화기 내용연수: 10년)
손해율	피해물의 종류, 손상 상태 및 정도에 따라 피해액을 적정화시키는 일정한 비율
잔가율	화재 당시에 피해물의 재구입비에 대한 현재가의 비율
최종 잔가율	피해물의 경제적 내용연수가 다한 경우 잔존하는 가치의 재구입비에 대한 비율
화재현장	화재가 발생하여 소방대 및 관계자 등에 의해 소화활동이 행하여지고 있는 장소

접수	119종합상황실에(이하 '상황실'이라 한다)에서 유·무선 전화 또는 다매체를 통하여 화재 등의 신고를 받는 것
출동	화재를 접수하고 119상황실로부터 출동지령을 받아 소방대가 소방서 차고에서 출발하는 것
도착	출동지령을 받고 출동한 소방대가 현장에 도착하는 것
선착대	화재현장에 가장 먼저 도착한 소방대
초진	소방대의 소화활동으로 화재확대의 위험이 현저하게 줄어들거나 없어진 상태
잔불정리	화재를 진압한 후 잔불을 점검하고 처리하는 것(이 단계에서는 열에 의한 수증기나 화염 없이 연기만 발생하는 연소현상이 포함될 수 있음)
완진	소방대에 의한 소화활동의 필요성이 사라진 것
철수	진화가 끝난 후 소방대가 현장에서 복귀하는 것
재발화감시	화재를 진화한 후 화재가 재발되지 않도록 감시조를 편성하여 일정시간 동안 감시하는 것

화재조사

1 **화재조사권자**: 소방본부장, 소방서장

2 **조사원칙**: 물적 증거를 바탕으로 과학적인 방법을 통하여 진행

화재건수

24. 간부

┌ 발화열원, 발화요인 X
- 1건의 화재: 1개의 발화지점으로부터 확대된 것으로 발화부터 진화까지를 말한다.
- 각각 별건의 화재: 동일범이 아닌 각기 다른 사람에 의한 방화, 불장난은 동일 대상물에서 발화했더라도 각각 별건의 화재로 한다.
- 동일 소방대상물의 발화점이 2개소 이상 있는 다음의 화재는 1건의 화재로 한다.
  - 누전점이 동일한 누전에 의한 화재
  - 지진, 낙뢰 등 자연현상에 의한 다발화재
- 관할구역이 2개소 이상 걸친 화재: 화재범위가 2 이상의 관할구역에 걸친 화재에 대해서는 발화지점이 속한 소방서에서 1건의 화재로 한다.

화재의 소실정도에 따른 구분

23. 소방직

↱ 입체면적에 대한 비율

- 전소화재: 건물의 70% 이상이 소실되었거나 또는 그 미만이라도 잔존부분을 보수하여도 재사용이 불가능한 것 ★화재가혹도가 크다는 것은 전소화재를 의미한다.
- 반소화재: 건물의 30% 이상 70% 미만이 소실된 것
- 부분소화재: 전소, 반소화재에 해당되지 아니하는 것(건물의 30% 미만이 소실된 것)

소실면적의 산정

20. 간부

건물의 소실면적 산정은 소실 바닥면적으로 산정한다.
↳ 전소화재의 소실정도: 입체면적
소실면적 산정: 소실 바닥면적

사상 및 부상

- 사상자: 사망한 사람과 부상당한 사람
  (화재현장에서 부상을 당한 후 72시간 이내에 사망한 경우는 당해 화재로 인한 사망)
- 부상정도: 의사진단을 기초로 하여, ┬ 중상: 3주 이상의 입원치료
  └ 경상: 중상 이외의 부상
  (입원치료를 필요로 하지 않는 것도 포함)

화재조사의 특징

현장성, 신속성, 정밀과학성, 보존성, 안정성, 강제성, 프리즘식
↳ 경제성, 창조성 X

균열흔

목재가 갈라진 흔적으로,

- 완소흔: 약 700 ~ 800℃, 부푼 모양이 삼각형 또는 사각형의 형태
- 강소흔: 약 900℃, 부푼 형태는 반원형
- 열소흔: 약 1,100℃, 부푼 형태는 구형

화재패턴

- V형 패턴: 일반적인 화재패턴
- 역 V형 패턴: 가연성(인화성) 액체의 연소형태로서 불기둥이 천장에 도달하지 않을 때 발생
- 모래시계형 패턴: 가연성(인화성) 액체의 연소형태로서 천장이 낮아서 천장에 불기둥이 도달하면서 발생
- U형 패턴: 복사열의 영향을 크게 받아 확대되는 연소형태

🎯 중요 기출지문 모음 zip

1. 건물의 소실면적 산정은 소실 바닥면적으로 산정한다.

2. 건물 등 자산에 대한 최종잔가율은 건물·부대설비·구축물·가재도구는 20%로 하며, 그 이외의 자산은 10%로 정한다.

3. 발화일시의 결정은 관계인등의 화재발견 상황통보(인지)시간 및 화재발생 건물의 구조, 재질 상태와 화기취급 등의 상황을 종합적으로 검토하여 결정한다. 다만, 자체진화 등 사후인지 화재로 그 결정이 곤란한 경우에는 발화시간을 추정할 수 있다.

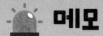

재난의 분류 및 특성

19·20·23. 소방직

1 재난의 분류

1. 존스(Jones)의 재해분류: 자연재해, 준자연재해, 인위재해로 삼분(三分)

재해					
자연재해				준자연재해	인위재해
지구물리학적 재해			생물학적 재해	스모그현상, 온난화현상, 사막화현상, 염수화현상, 눈사태, 산성화, 홍수, 토양 침식 등	공해, 광화학연무, 폭동, 교통사고, 폭발사고, 태업, 전쟁 등
지질학적 재해	지형학적 재해	기상학적 재해	세균질병, 유독식물, 유독동물		
지진, 화산, 쓰나미 등	산사태, 염수토양 등	안개, 눈, 해일, 번개, 토네이도, 폭풍, 태풍, 가뭄, 이상기온 등			

2. 아네스(Anesth)의 재해분류: 자연재해, 인위재해로 이분(二分)

대분류	세분류	재해의 종류
자연재해	기후성 재해	태풍
	지진성 재해	지진, 화산폭발, 해일
인위재해	사고성 재해	• 교통사고(자동차, 철도, 항공, 선박사고) • 산업사고(건축물 붕괴) • 폭발사고(갱도, 가스, 화학, 폭발물) • 화재사고 • 생물학적 재해(박테리아, 바이러스, 독혈증) • 화학적 재해(부식성 물질, 유독 물질) • 방사능재해
	계획적 재해	테러, 폭동, 전쟁

• 지진에 의하여 해안이 밀려들어오는 현상(큰 파도): 쓰나미(지진해일)
• 폭풍에 의하여 해안이 밀려들어오는 현상: 해일

3. 현행법상의 재난분류: 자연재난, 사회재난으로 이분(二分)

자연재난	태풍, 홍수, 호우(豪雨), 강풍, 풍랑, 해일(海溢), 대설, 한파, 낙뢰, 가뭄, 폭염, 지진, 황사(黃砂), 조류(藻類) 대발생, 조수(潮水), 화산활동, 「우주개발진흥법」에 따른 자연우주물체의 추락·충돌, 그 밖에 이에 준하는 자연현상으로 인하여 발생하는 재해
사회재난 (4가지)	• 화재·붕괴·폭발·교통사고(항공사고 및 해상사고를 포함한다)·화생방사고·환경오염사고·다중운집인파사고 등으로 인하여 발생하는 대통령령으로 정하는 규모 이상의 피해 • 에너지, 정보통신, 교통수송, 보건의료 등 국가핵심기반에 마비를 주는 재난 • 감염병 또는 가축전염병 확산 등으로 인한 피해 • 미세먼지 등으로 인한 피해 • 인공우주물체의 추락·충돌 등으로 인한 피해

↳ 사회재난에는 전쟁 X

☆ • 황사: 자연재난, 미세먼지: 사회재난
   • 황사 및 미세먼지 재난 시 재난관리주관기관: 환경부

☆ • 교통사고: 대통령령이 정하는 규모 이상의 피해를 주는 재난
   • 교통수송: 국가핵심기반에 마비를 주는 재난

2 **재난의 특성**: 불확실성, 누적성, 상호작용성(복잡성), 인지성

**자연재난·
사회재난 비교**

구분	자연재난	사회(인위)재난
예측 가능성	• 어느 정도의 사전예측 가능 • 어느 정도의 경고 가능	• 사전예측이 거의 불가능 • 피난의 여지가 거의 없음
발생 규모	넓은 지역(광범위한 지역)에서 발생	국소지역에서 발생
발생 기간	비교적 장기적이며, 완만함	비교적 단기적이며, 급격함 (예외: 장기적으로 코로나바이러스 19 등)
통제 인식성	통제 불가능한 것으로 인식	통제 가능한 것으로 인식

재난관리 단계

예방 ⟶ 대비 ⟶ 대응 ⟶ 복구

재난 발생 전 ⟷ 재난 발생 후

1 예방

1. 정의: 재난을 사전에 예방하고, 재난 발생 가능성을 감소시키며, 발생 가능한 재난의 피해를
   최소화시키기 위한 활동

2. 활동내역

 ┌ 재난과 관련된 각종 법규의 마련
 ├ 위험지역을 표시한 위험지도의 작성
 ├ 수해상습지구의 설정과 수해방지시설의 공사
 ├ 안전기준의 설정
 ├ 재해위약지구의 개발제한
 └ 재난 · 재해보험가입

2 대비

1. 정의: 예방 및 완화단계의 제반활동에도 불구하고 재난발생확률이 높아진 경우를 대비하는 장치

2. 활동내역

 ┌ 재난상황계획 수립(위기관리 매뉴얼 등)
 ├ 대응자원에 대한 보강작업
 ├ 비상연락망과 통신망을 정비하여 유사시 활용할 수 있는 경보시스템 구축
 └ 일반 국민에 대한 홍보 및 대응요원에 대한 훈련

3 대응

1. 정의: 일단 재해가 발생한 경우로서 인명 및 재산피해를 최소화하고 재해의 확산을 방지하며,
   순조롭게 복구가 이루어질 수 있도록 활동하는 단계

         └ 복구 X

2. 활동내역

 ┌ 재난관리계획 실행
 ├ 재난안전대책본부의 활동 개시
 └ 긴급 대피계획의 실천, 긴급 의약품 조달, 생필품 공급, 피난처 제공, 이재민 수용 및 보호, 후송,
  탐색 및 구조의 활동

4 복구

1. 정의: 재해로 인한 피해지역을 재해 이전의 상태로 회복시키는 활동

2. 활동내역

- 방역
- 재난으로 발생한 폐기물, 위험물의 제거
- 실업자에 대한 직업소개
- 임시주민시설 마련
- 주택과 시설의 원상회복 등 지역의 개발사업과 연계시킨 복구활동
- 장·단기 복구계획 수립, 피해자 보상 및 배상관리, 복구 우선순위 결정, 피해상황 집계

재난관리 방식

22. 소방직

구분	분산관리 방식	통합관리 방식
성격	유형별 관리	통합적 관리
관련부처(기관)의 수	다수 부처(기관)	소수 부처(기관)
책임성	책임의 분산	과도한 책임(부담)
활동범위	특정 재난	모든 재난
정보의 전달 (지휘체계)	다양화	단일화(일원화)
제도적 장치 (관리체계)	복잡	보다 간편
장점	• 한 부처가 지속적으로 담당하여 전문성이 있음 • 업무의 과다 방지	• 자원 동원과 신속한 대응성 확보 • 가용자원(인적자원)의 효과적 활용 가능
단점	• 각 부처 간 업무 중복, 연계미흡 • 복잡한 재난에 대한 대처능력에 한계 • 재원 마련과 배분의 복잡성	• 종합관리체계 구축의 어려움 (전문성이 떨어짐) • 업무와 책임이 과도함

재난발생의 불확실성과 위험

23 · 24. 소방직,
21. 간부

하인리히 법칙	1 : 29 : 300(하인리히의 도미노 이론의 5단계) • 1단계: 사회적 또는 가정적(유전적) 결함 • 2단계: 개인적 결함 • 3단계: 불안전한 상태 또는 거동(불안전한 행동) • 4단계: 사고 • 5단계: 재난(재해)
프랭크 버드 법칙	1 : 10 : 30 : 600(버드의 수정도미노이론) • 1단계: 제어부족(관리부재) • 2단계: 기본원인(기원) • 3단계: 직접원인(징후) • 4단계: 사고(접촉) • 5단계: 재해, 상해(손실)

재해 발생을 방지하기 위해 제거해야
하는 단계로는 하인리히의 도미노이론
에서는 불안전한 행동 및 상태이며 버
드의 수정도미노이론에서는 기본원인
에 해당된다.

◎ 중요 기출지문 모음 zip

1. 재해 발생을 방지하기 위해 제거해야 하는 단계로는 하인리히의 도미노이론에서는 불안전한 행동 및 상태이며 버드의
   수정도미노이론에서는 기본원인에 해당된다.

2. 하인리히의 도미노 이론의 5단계 중 사고의 직접 원인이 되는 3번째 단계는 불완전한 행동이다.

3. 통합관리방식은 자원동원과 신속한 대응성 확보 및 가용자원(인적자원)을 효과적으로 활용할 수 있다는 장점이 있다.

4. 재난 및 안전관리기본법에서는 재난을 크게 자연재난과 사회(인위)재난으로 분류하고 있다.

02 재난 및 안전관리 기본법의 개설

목적 및 기본이념

1 목적

- 재난으로부터 국토보존, 생명·신체·재산보호
- 국가와 지방자치단체의 재난 및 안전관리체제 확립
- 재난의 예방·대비·대응·복구와 안전문화활동

2 기본이념: 재난의 피해를 최소화하여 일상으로 회복할 수 있도록 지원하는 것이 국가와 지방자치단체의 기본적 의무

용어의 정의

19 · 20 · 21 · 22. 간부

재난	국민의 생명·신체·재산과 국가에 피해를 주거나 줄 수 있는 것
해외재난	대한민국의 영역 밖에서 정부차원의 대처가 필요한 재난
재난관리	예방, 대비, 대응, 복구
안전관리	사람의 생명, 신체, 재산의 안전을 확보하기 위하여 하는 모든 활동
안전기준	기술적 기준을 체계화한 것
재난관리책임기관	재난관리업무를 하는 기관 • 중앙행정기관, 지방자치단체 • 지방행정기관, 공공기관, 공공단체, 중요시설의 관리기관
재난관리주관기관	재난유형별로 예방·대비·대응·복구 등의 업무를 주관하는 관계 중앙행정기관 • 행정안전부: 정부중요시설 사고, 공동구재난, 내륙에서 발생한 유도선 등의 수난 사고, 풍수해·지진·화산·낙뢰·가뭄·한파·폭염 등 • 보건복지부: 보건의료 사고 • 보건복지부 질병관리청: 감염병 재난 • 환경부: 수질분야 대규모 환경오염 사고, 식용수 사고, 유해화학물질 유출 사고, 조류(藻類) 대발생(녹조), 황사, 댐의 사고, 미세먼지 • 소방청: 화재·위험물 사고, 다중 밀집시설 대형화재
긴급구조기관	• 소방청, 소방본부, 소방서 • 해양경찰청, 지방해양경찰청, 해양경찰서
긴급구조지원기관	인력, 시설, 장비, 운영체계 등 긴급구조능력을 보유한 기관

국가재난관리기준	모든 유형의 재난에 공통적으로 활용할 수 있도록 행정안전부장관이 고시
안전문화활동	안전교육, 안전훈련, 홍보 등을 통하여 안전한 사회를 만들어가기 위한 활동
안전취약계층	어린이, 노인, 장애인, 저소득층 등 재난에 취약한 사람
재난관리정보	재난상황정보, 동원 가능 자원정보, 시설물정보, 지리정보
재난안전의무보험	피해를 보상하기 위한 보험 또는 공제로서 가입을 강제하는 보험 또는 공제
재난안전통신망	재난관리책임기관·긴급구조기관 및 긴급구조지원기관이 구축·운영하는 통신망
국가핵심기반	• 에너지, 정보통신, 교통수송, 보건의료 등 국가경제 • 국민의 안전·건강 및 정부의 핵심기능에 중대한 영향을 미칠 수 있는 시설 • 정보기술시스템, 자산 등
재난안전데이터	정보처리능력을 갖춘 장치를 통하여 생성 또는 처리가 가능한 형태로 존재하는 재난 및 안전관리에 관한 정형 또는 비정형의 모든 자료

☆ • 재난 및 안전관리 업무의 총괄·조정: 행정안전부장관
　 • 소방법 제정: 1958년 3월 11일, 재난 및 안전관리 기본법 제정: 2004년 3월 11일

재난관리주관기관	재난 및 사고유형
교육부	학교 및 학교시설에서 발생한 사고
과학기술정보통신부	• 우주전파 재난 • 위성항법장치(GPS) 전파혼신 • 정보통신 사고 • 자연우주물체의 추락·충돌
외교부	해외에서 발생한 재난
법무부	법무시설에서 발생한 사고
국방부	국방시설에서 발생한 사고
행정안전부	• 정부중요시설 사고 • 공동구(共同溝) 재난(국토교통부가 관장하는 공동구는 제외한다) • 내륙에서 발생한 유도선 등의 수난 사고 • 풍수해(조수는 제외)·지진·화산·낙뢰·가뭄·한파·폭염으로 인한 재난 및 사고로서 다른 재난관리주관기관에 속하지 않는 재난 및 사고
문화체육관광부	경기장 및 공연장에서 발생한 사고
농림축산식품부	가축 질병, 저수지 사고
산업통상자원부	• 가스 수급 및 누출 사고 • 원유수급 사고 • 원자력안전 사고(파업에 따른 가동중단으로 한정한다) • 전력 사고 • 전력생산용 댐의 사고
보건복지부	보건의료 사고
보건복지부 질병관리청	감염병 재난
환경부	• 수질분야 대규모 환경오염 사고 • 식용수 사고 • 유해화학물질 유출 사고 • 조류(藻類) 대발생(녹조에 한정한다) • 황사 • 환경부가 관장하는 댐의 사고 • 미세먼지
고용노동부	사업장에서 발생한 대규모 인적 사고

국토교통부	• 국토교통부가 관장하는 공동구 재난 • 고속철도 사고 • 도로터널 사고 • 육상화물운송 사고 • 도시철도사고(지하철) • 항공기 사고 • 항공운송 마비 및 항행안전시설 장애 • 다중밀집건축물 붕괴 대형사고로서 다른 재난관리주관기관에 속하지 아니하는 재난 및 사고
해양수산부	• 조류 대발생(적조에 한정한다) • 조수(潮水) • 해양 분야 환경오염 사고 • 해양 선박 사고
금융위원회	금융 전산 및 시설 사고
원자력안전위원회	• 원자력안전 사고(파업에 따른 가동중단은 제외한다) • 인접국가 방사능 누출 사고
소방청	• 화재 · 위험물 사고 • 다중 밀집시설 대형화재
문화재청	문화재 시설 사고
산림청	산불, 산사태
해양경찰청	해양에서 발생한 유도선 등의 수난 사고

◎ 중요 기출지문 모음 zip

저수지 사고 시 재난관리주관기관은 농림축산식품부이다.

안전관리위원회

```
                       ┌ (안전정책)조정위원회 ─┬ 실무위원회
         ┌ 중앙(안전관리)위원회 ─┤              └ 중앙민관협력위원회
         │            └ 중앙재난방송협의회
안전관리위원회 ┤
         │            ┌ 시·도(안전관리)위원회 ─ (안전정책)실무조정위원회
         └ 지역(안전관리)위원회 ┼ 시·군·구(안전관리)위원회 ─ (안전정책)실무조정위원회
                      ├ 지역재난방송협의회
                      └ 지역민관협력위원회
```

**중앙위원회·
조정위원회·
실무위원회**

19. 소방직

[1] 목적 및 구성

구분		중앙위원회	조정위원회	실무위원회
목적		재난 및 안전관리에 관한 사항 심의	• 중앙위원회에 상정될 안건을 사전에 검토 • 중앙위원회 심의 외에 관한 사항 심의 (단독심의)	조정위원회의 업무를 효율적으로 처리하기 위하여 설치
구성	소속	국무총리실 소속의 행정위원회	중앙위원회	조정위원회
	위원장	국무총리	행정안전부장관	재난안전관리 본부장
	간사	행정안전부장관	재난안전관리 본부장	X

2 심의사항

중앙안전관리위원회 심의 기능	안전정책조정위원회 심의 기능
1. 재난 및 안전관리에 관한 중요 정책에 관한 사항 심의 2. 국가안전관리기본계획에 관한 사항심의 2의2. 제10조의2에 따른 재난 및 안전관리 사업 관련 중기사업계획서, 투자우선순위 의견 및 예산요구서에 관한 사항 3. 중앙행정기관의 장이 수립·시행하는 계획, 점검·검사, 교육·훈련, 평가 등 재난 및 안전관리업무의 조정에 관한 사항 심의 3의2. 안전기준관리에 관한 사항 4. 재난사태의 선포에 관한 사항 심의 5. 특별재난지역의 선포에 관한 사항 심의 6. 재난이나 그 밖의 각종 사고가 발생하거나 발생할 우려가 있는 경우 이를 수습하기 위한 관계 기관 간 협력에 관한 중요 사항 심의 6의2. 재난안전의무보험의 관리·운용 등에 관한 사항 7. 중앙행정기관의 장이 시행하는 대통령령으로 정하는 재난 및 사고의 예방사업 추진에 관한 사항심의 8. 「재난안전산업 진흥법」에 따른 기본계획에 관한 사항 9. 그 밖에 위원장이 회의에 부치는 사항 심의	1. 중앙위원회에 상정될 안건을 사전에 검토 2. 제9조 제1항 제3호, 제6호 및 제구호의 사항에 대한 사전 조정 3. 집행계획의 심의 4. 국가핵심기반의 지정에 관한 사항의 심의 5. 재난 및 안전관리기술 종합계획의 심의 6. 그 밖에 중앙위원회가 위임한 사항
	실무위원회 심의 기능
	1. 재난 및 안전관리를 위하여 관계중앙행정기관의 장이 수립하는 대책 2. 재난 발생 시 관계중앙행정기관의 장이 수행하는 재난의 수습에 관하여 협의·조정이 필요한 사항 3. 그 밖의 실무위원장이 회의에 부치는 사항

★회의가 열리는 것도 과반수(1/2), 통과하는 것도 과반수(1/2)이다.

직무를 수행할 수 없을 때 대행 순서

1 중앙위원회 위원장

중앙위원회 위원장 '국무총리' → 중앙위원회 위원장 '행정안전부장관' → 중앙위원회 위원장 '중앙행정기관의 장 순'

2 중앙위원회 간사

중앙위원회 간사 '행정안전부장관' → 중앙위원회 간사 '재난안전관리본부장'
↳ 행정안전부의 재난안전관리 업무를 담당하는 본부장

중앙재난방송 협의회·중앙 민관협력위원회

구분		중앙재난방송협의회	중앙민관협력위원회
목적		재난방송이 원활히 수행되도록 하기 위함	민관협력관계를 원활히 하기 위함
구성	소속	중앙위원회	조정위원회
	위원장	과학기술정보통신부장관이 지명하는 사람	공동위원장 • 재난안전관리본부장 • 행정안전부장관이 지명하는 사람

지역안전관리 위원회

1 목적 및 구성

구분		시·도안전관리위원회	시·군·구안전관리위원회
목적		지역별 재난 및 안전관리에 관한 사항을 심의·조정하기 위함	
구성	소속	시·도	시·군·구
	위원장	시·도지사	시장·군수·구청장
	운영	조례	조례

2 심의사항

시·도안전관리위원회	시·군·구안전관리위원회

- 해당 지역의 재난 및 안전관리정책에 관한 사항
- 시·도 및 시·군·구 안전관리계획에 관한 사항
- 재난사태의 선포에 관한 사항(시·군·구위원회는 제외)
- 해당 지역을 관할하는 재난관리 책임기관(중앙행정기관과 상급지방자치단체는 제외)이 수행하는 재난 및 안전관리업무의 추진에 관한 사항
- 재난이나 그 밖의 각종 사고가 발생하거나 발생할 우려가 있는 경우 수습하기 위한 관계 기관 간 협력에 관한 사항
- 다른 법령이나 조례에 따라 해당 위원회의 권한에 속하는 사항
- 위원회의 위원장이 회의에 부치는 사항

중앙
재난안전대책본부

1 목적: 대규모 재난의 대응·복구(수습) 등에 관한 사항을 총괄·조정하고 필요한 조치를 하기
위하여 설치한다.

2 구성 및 담당자

1. 소속: 행정안전부

2. 본부장: 행정안전부장관

    ├ 해외재난: 외교부장관

    ├ 방사능재난: 중앙방사능방재대책본부장(원자력안전위원회 위원장)

    └ 범정부적 차원의 통합대응: 국무총리

        ├ 차장: 행정안전부장관, 외교부장관, 원자력안전위원회 위원장

        └ 공동차장: 행정안전부장관, 외교부장관, 원자력안전위원회 위원장 + 중앙행정기관의 장

3 중앙재난안전대책본부장 권한: 업무 총괄, 회의 소집

중앙사고수습본부

1 목적: 재난관리주관기관의 장이 재난이 발생하거나 발생할 우려가 있는 경우 재난상황을
효율적으로 관리하고 재난을 수습하기 위하여 설치한다.

2 구성 및 담당자

    ├ 설치·운영권자: 재난관리주관기관의 장

    └ 수습본부장: 재난관리주관기관의 장

지역
재난안전대책본부
·통합지원본부

구분		시·도재난안전대책본부	시·군·구재난안전대책본부
목적		관할 구역에서 재난의 수습 등에 관한 사항을 총괄·조정하고 필요한 조치를 하기 위함	
구성	소속	시·도	시·군·구
	위원장	시·도지사	시장·군수·구청장
	운영	조례	조례

구분	통합지원본부
설치·운영권자	시장·군수·구청장
장	관할 시·군·구의 부단체장(부시장, 부군수, 부구청장)
구성 및 운영	조례

안전대책본부 지휘체계

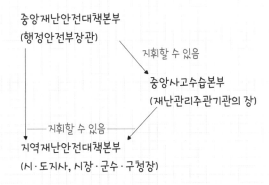

중앙재난안전대책본부
(행정안전부장관)

지휘할 수 있음

중앙사고수습본부
(재난관리주관기관의 장)

—— 지휘할 수 있음 ——
지역재난안전대책본부
(시·도지사, 시장·군수·구청장)

재난안전상황실

1 **목적**: 행정안전부장관, 시·도지사, 시장·군수·구청장이 재난정보의 수집·전파, 상황관리, 재난 발생 시 초동조치, 지휘 등의 업무를 수행하기 위하여 설치한다.

2 **설치 및 운영**

┌ 중앙재난안전상황실: 행정안전부장관
├ 시·도별 재난안전상황실: 시·도지사
└ 시·군·구재난안전상황실: 시장·군수·구청장

영철쌤 tip
• 재난안전상황실: 소방은 없다.
• 119종합상황실: 소방은 있다.
즉, 소방은 재난안전상황실이 없지만, 119종합상황실은 있다.

안전관리계획

안전관리계획

22. 간부

1 국가안전관리계획

구분	국가안전관리기본계획	집행계획
기간	5년	1년 – 매년 10월 31일까지 작성
수립지침	국무총리	-
작성	국무총리	관계중앙행정기관의 장
심의	중앙위원회	조정위원회
승인	-	국무총리
확정	국무총리	관계중앙행정기관의 장

☆재난 및 안전관리기술개발 종합계획 및 국가안전관리기본계획
- 행정안전부장관은 재난 및 안전관리에 관한 과학기술의 진흥을 위하여 5년마다 관계중앙행정기관의 재난 및 안전관리기술개발에 관한 계획을 종합하여 조정위원회의 심의와 「국가과학기술자문회의법」에 따른 국가과학기술자문회의의 심의를 거쳐 재난 및 안전관리기술개발 종합계획을 수립하여야 한다.
- 국무총리는 관계 중앙행정기관의 장이 제출한 기본계획을 종합하여 국가안전관리기본계획을 중앙안전관리위원회의 심의를 거쳐 5년마다 수립해야 한다.

2 시·도/시·군·구 안전관리계획
— 시·도 안전관리계획: 행정안전부장관이 수립하여 시·도지사에게 통보
— 시·군·구안전관리계획: 시·도지사가 수립하여 시장·군수·구청장에게 통보

◎ 중요 기출지문 모음 zip

1. 중앙안전관리위원회는 국무총리 소속으로 국무총리가 위원장이다.

2. 안전정책조정위원회는 중앙위원회에 상정될 안건을 사전에 검토하며, 안전정책조정위원회 위원장은 행정안전부장관이 된다.

04 재난의 예방·대비·대응·복구

재난의 예방

`19 · 21. 간부`

예방에 관한 활동내역

1. 재난관리책임기관의 장의 재난예방조치
2. 국가핵심기반의 지정 및 관리 등
3. 특정관리대상지역의 지정 및 관리 등
4. 지방자치단체에 대한 지원
5. 재난방지시설의 관리
6. 재난안전분야 종사자 교육
7. 재난예방을 위한 긴급안전점검 등
8. 재난예방을 위한 안전조치
9. 안전취약계층에 대한 안전환경지원
10. 정부합동 안전점검
11. 재난안전분야 제도개선
12. 집중안전점검기간 운영 등
13. 안전관리전문기관에 대한 자료 요구 등
14. 재난관리체계 등에 대한 평가 등
15. 재난관리 실태 공시 등

1 재난관리책임기관 장의 재난예방조치

2 국가핵심기반의 지정 및 관리 등

1. 지정기준 ┬ 다른 국가핵심기반 등에 미치는 연쇄효과

└ 둘 이상의 중앙행정기관의 공동대응 필요성

└ 국가안전보장과 경제 · 사회에 미치는 피해 규모 및 범위

└ 재난의 발생 가능성 또는 그 복구의 용이성

2. 지정 및 취소권자: 조정위원회 심의를 거친 후, 관계 중앙행정기관의 장

특정관리대상지역의 지정 및 관리 등

1. 지정 및 해제권자: 중앙행정기관의 장 또는 지방자치단체의 장

2. 조치권자: 재난관리책임기관의 장

3. 안전점검(5등급) ┬ A등급(우수), B등급(양호), C등급(보통): 반기별 1회 이상
　　　　　　　　　├ D등급(미흡): 월 1회 이상
　　　　　　　　　└ E등급(불량): 월 2회 이상

재난방지시설의 관리·점검자: 재난관리책임기관의 장

재난안전분야 종사자 교육: 행정안전부장관이 실시하고, 6개월 이내 신규교육을 받아야 하며
　　　　　　　　　　　　　　신규교육을 받은 후 2년마다 정기교육을 받아야 한다.

재난예방을 위한 긴급안전점검 등
　├ 실시권자: 행정안전부장관 또는 재난관리책임기관의 장(행정기관)
　└ 실시자: 소속공무원

재난예방을 위한 안전조치
　├ 명령권자: 행정안전부장관 또는 재난관리책임기관의 장(행정기관)
　├ 실시자: 소속공무원
　└ 소유자, 관리자, 점유자 등의 안전조치명령 ┬ 정밀안전진단(시설)
　　　　　　　　　　　　　　　　　　　　　├ 보수, 보강 등 정비
　　　　　　　　　　　　　　　　　　　　　└ 재난을 발생시킬 위험요인 제거

정부합동 안전점검
　├ 실시권자: 행정안전부장관
　└ 단장: 행정안전부장관이 지명

재난관리체계 등에 대한 평가 등
　├ 재난관리체계 등에 대한 평가 등의 실시권자: 행정안전부장관
　├ 공공기관에 대한 재난관리체계 등에 대한 평가 등의 실시권자: 관할 중앙행정기관의 장
　└ 시·군·구에 대한 재난관리체계 등에 대한 평가 등의 실시권자: 시·도지사

재난관리 실태 공시 등: 시장·군수·구청장은 매년 1회 이상 관할지역 주민에게 공시

영철쌤 tip 주체들을 한 번에 정리하면 좋다!

- 재난관리책임기관
  - 가목: 중앙행정기관, 지방자치단체
  - 나목: 가목 외
- 재난관리주관기관: 관계 중앙행정기관
- 국가핵심기반
  - 심의: 조정위원회
  - 지정: 관계 중앙행정기관의 장
- 특정관리대상지역
  - 지정: 중앙행정기관의 장 또는 지방자치단체의 장
  - 관리: 재난관리책임기관의 장
- 재난방지시설관리: 재난관리책임기관의 장
- 재난예방을 위한 긴급안전점검 실시: 행정안전부장관 또는 재난관리책임기관의 장 (행정기관만을 말한다)
- 재난예방을 위한 안전조치 명령: 행정안전부장관 또는 재난관리책임기관의 장 (행정기관만을 말한다)

재난의 대비

`20 · 22 · 23. 소방직,`
`19 · 21 · 23. 간부`

대비에 관한 활동 내역

1. 재난관리자원의 관리(재난관리자원공동활용시스템 포함)

2. 재난현장 긴급통신수단의 마련

3. 국가재난관리기준의 제정 · 운영 등

4. 기능별 재난대응 활동계획의 작성 · 활용

5. 재난분야 위기관리 매뉴얼 작성 · 운용(위기관리 표준매뉴얼, 위기대응 실무매뉴얼, 현장조치 행동매뉴얼)

6. 다중이용시설 등의 위기상황 매뉴얼 작성 · 관리 및 훈련

7. 안전기준의 등록 및 심의 등

8. 재난안전통신망의 구축

9. 재난대비훈련 기본계획 수립

10. 재난대비훈련실시(훈련주관기관, 훈련참여기관)

1 **재난관리자원의 관리(재난관리자원공동활용시스템 포함)**

— 재난관리자원: 물적, 인적자원

— 재난관리자원 관리자: 재난관리책임기관의 장

— 재난관리자원공동활용시스템 구축 · 운영권자: 행정안전부장관

2 **재난현장 긴급통신수단의 마련**: 재난관리책임기관의 장

3 국가재난관리기준의 제정·운영 등: 행정안전부장관

4 기능별 재난대응 활동계획의 작성·활용: 재난관리책임기관의 장

5 재난분야 위기관리 매뉴얼 작성·운용(위기관리 표준, 위기대응 실무, 현장조치 행동)

구분	작성·운용자	내용
위기관리 매뉴얼	재난관리책임기관의 장	–
위기관리 표준매뉴얼	재난관리주관기관의 장	국가적 차원에서 관리가 필요한 재난에 대하여 재난관리 체계와 관계 기관의 임무와 역할을 규정한 문서
위기대응 실무매뉴얼	재난관리주관기관의 장과 관계 기관의 장	실제 재난대응에 필요한 조치사항 및 절차를 규정한 문서
현장조치 행동매뉴얼	위기대응 실무매뉴얼을 작성한 기관의 장이 지정한 기관의 장	재난현장에서 임무를 직접 수행하는 기관의 행동조치 절차를 구체적으로 수록한 문서

6 다중이용시설 등의 위기상황 매뉴얼 작성·관리·훈련
- 작성·관리: 소유자, 관리자, 점유자(관계인)
- 훈련: 관계인(소유자, 관리자, 점유자)은 연 1회 이상

7 재난안전통신망의 구축·운영권자: 행정안전부장관

8 재난대비훈련실시(훈련주관기관, 훈련참여기관): 소관 분야별로 연 1회 이상 실시

훈련주관기관 및 장	훈련참여기관
• 행정안전부: 행정안전부장관 • 중앙행정기관: 중앙행정기관의 장 • 시·도: 시·도지사 • 시·군·구: 시장·군수·구청장 • 긴급구조기관: 긴급구조기관의 장	• 재난관리책임기관 • 긴급구조지원기관 • 군부대 등 관련 기관

⤷ 소방청장, 소방본부장, 소방서장

재난의 대응

19 · 20 · 21 · 23. 소방직,
20 · 22 · 24. 간부

대응에 관한 활동 내역

응급조치 등에 대한 활동 내역	긴급구조에 대한 활동 내역
• 재난사태선포 • 응급조치 • 위기경보발령 등 • 재난 예보 · 경보체계 구축 · 운영 • 동원명령 등 • 대피명령 • 위험구역의 설정 • 강제대피조치 • 통행제한 등 • 응원요청 • 응급부담 • 시 · 도지사가 실시하는 응급조치 등 • 재난관리책임기관의 장의 응급조치 • 지역통제단장의 응급조치 등	• 긴급구조(긴급구조기관, 긴급구조지원기관) • 긴급구조통제단 운영(중앙 · 지역) • 긴급구조지휘대 운영 • 통제선 설치 • 긴급대응협력관 지정 · 운영 • 현장지휘소 • 긴급구조활동에 대한 평가 • 긴급구조대응계획의 수립 · 시행(기본계획, 　기능별 긴급구조대응계획, 재난유형별 　긴급구조대응계획) • 긴급구조에 관한 교육 • 긴급구조지휘대의 구성 및 기능 • 긴급구조관련 특수번호 전화서비스의 　통합 · 연계 • 재난대비능력보강 • 현장응급의료소 • 해상에서의 긴급구조 • 항공기 등 조난사고 시의 긴급구조 등

1 재난사태선포

선포권자 · 해제권자	행정안전부장관(단, 시 · 도지사)
심의 · 승인권자	중앙위원회(단, 시 · 도위원회)
조치권자	행정안전부장관(중앙대책본부장), 지방자치단체의 장(시 · 도지사, 시장 · 군수 · 구청장)
조치사항	• 재난경보 발령, 재난관리자원의 동원, 위험구역 설정, 대피명령, 응급 　지원 등 법에 따른 응급조치 • 해당 지역 소속공무원의 비상소집 • 해당 지역 이동 자제 권고 ⟶ 금지 X • 휴업, 휴원, 휴교 처분의 요청 ⟶ 권고 X • 재난예방에 필요한 조치 ⟶ 재난대응 X

2 응급조치권자

— 지역통제단장: 시·도긴급구조통제단장(消防本部長), 시·군·구긴급구조통제단장(消防署長)

— 시장·군수·구청장

시장·군수·구청장의 응급조치사항	• 경보발령, 전달, 피난 권고 또는 지시 • 안전조치 • 진화·수방·지진방재, 그 밖의 응급조치와 구호 • 피해시설의 응급복구 및 방역, 방범, 질서유지 • 긴급수송 및 구조 수단의 확보 • 급수 수단의 확보, 긴급피난처 및 구호품 등 재난관리자원의 확보 • 현장지휘통신체계의 확보 • 재난 발생을 예방하거나 줄이기 위하여 필요한 사항
지역통제단장의 응급조치사항	• 진화 • 긴급수송 및 구조 수단의 확보 • 현장지휘통신체계의 확보

3 위기경보발령 등

— 발령권자: 재난관리주관기관의 장(국가적 차원: 행정안전부장관)

— 구분: 관심 ➡ 주의 ➡ 경계 ➡ 심각

4 재난예보·경보체계 구축, 운영 등: 재난관리책임기관의 장

5 동원명령 등

조치권자	중앙대책본부장, 시장·군수·구청장
조치사항	• 민방위대의 동원 • 재난관리책임기관의 장에 대한 필요한 조치의 요청 • 국방부장관에 대한 군부대 지원요청

6 대피명령

명령권자	시장·군수·구청장, 지역통제단장
조치사항	• 해당 지역 주민 • 그 지역 안에 있는 사람 • 선박, 자동차 ➡ 이 경우 미리 대피장소를 지정할 수 있다.

7 위험구역 설정

조치권자	시장·군수·구청장, 지역통제단장
조치사항	• 위험구역에 출입하는 행위의 금지·제한 • 위험구역에서의 퇴거·대피

8 강제대피조치

조치권자	시장·군수·구청장, 지역통제단장
조치사항	• 그 지역의 주민 또는 위험구역 안의 주민을 강제로 대피·퇴거시키거나 선박·자동차 등을 견인 • 그 안에 있는 사람을 강제로 대피·퇴거시키거나 선박·자동차 등을 견인

9 통행제한

요청권자	시장·군수·구청장, 지역통제단장

10 응원요청

요청권자	시장·군수·구청장
조치사항	• 다른 시·군·구 • 관할 구역에 있는 군부대 • 관계 행정기관의 장 • 민간기관·단체의 장

11 응급부담

명령권자	시장·군수·구청장, 지역통제단장
조치사항	• 해당 재난현장에 있는 사람이나 인근에 거주하는 사람에게 응급조치에 종사하도록 명령 • 다른 사람의 토지·건축물·인공구조물, 그 밖의 소유물을 일시 사용할 수 있으며, 장애물을 변경하거나 제거할 수 있음

12 시·도지사가 실시 가능한 응급조치 사항

1. 동원명령

2. 대피명령

3. 위험구역설정

4. 강제대피조치

5. 통행제한

6. 응원요청

7. 응급부담

영철쌤 tip 주체들을 한 번에 정리하면 좋다!

재난사태 선포 및 해제권자	행정안전부장관(단, 시·도지사)
위기경보 발령권자	재난관리주관기관의 장
동원명령 등	중앙대책본부장, 시장·군수·구청장
응원	시장·군수·구청장
응급조치, 대피명령, 위험구역의 설정, 강제대피조치, 통행제한, 응급부담	시장·군수·구청장, 지역통제단장

13 긴급구조(긴급구조기관, 긴급구조지원기관)
↳ 소방청, 소방본부, 소방서, 해양경찰청, 지방해양경찰청, 해양경찰서

14 긴급구조통제단 운영(중앙, 지역)

─ 중앙(긴급구조)통제단 → 소방청 → 소방청장

└ 지역(긴급구조)통제단 ┌ 시·도통제단 → 소방본부 → 소방본부장

　　　　　　　　　　　└ 시·군·구통제단 → 소방서 → 소방서장

1. 중앙통제단

목적	긴급구조의 총괄·조정, 긴급구조기관 및 긴급구조지원기관이 하는 긴급구조활동의 역할 분담과 지휘·통제
구성	• 소속: 소방청 • 단장: 소방청장 • 부단장: 소방청 차장 • 부서 구성: 대응계획부, 현장지휘부, 자원지원부
기능	• 국가 긴급구조대책의 총괄·조정 • 긴급구조활동의 지휘·통제 • 긴급구조지원기관 간의 역할분담 등 긴급구조를 위한 현장활동계획의 수립 • 긴급구조대응계획의 집행 → 수립 X　　　　　　　　집행 X • 중앙통제단장이 필요하다고 인정하는 사항

2. 지역통제단

구분	시·도긴급구조통제단	시·군·구긴급구조통제단
목적	지역별 긴급구조의 총괄·조정, 긴급구조기관 및 긴급구조지원기관이 하는 긴급구조활동의 역할 분담과 지휘·통제	
소속	시·도의 소방본부	시·군·구의 소방서
단장	소방본부장	소방서장

15 긴급구조지휘대 **운영**

1. 구성

- 현장지휘요원
- 자원지원요원
- 통신지원요원
- 안전관리요원
- 상황조사요원
- 구급지휘요원

2. 구분(설치·운영)

- 소방서현장지휘대: 소방서별로 설치·운영
- 방면현장지휘대: 2 ~ 4개 이하의 소방서별로 소방본부장이 1개 설치·운영
- 소방본부현장지휘대: 소방본부별로 설치·운영
- 권역현장지휘대: 2 ~ 4개 이하의 소방본부별로 소방청장이 1개 설치·운영

3. 기능

- 통제단이 가동되기 전, 재난 초기 시 현장지휘
- 주요 긴급구조지원기관과의 합동으로 현장지휘의 조정·통제
- 광범위한 지역에 걸친 재난 발생 시 전진지휘
- 화재 등 일상적 사고의 발생 시 현장지휘

4. 긴급구조지휘대에 해당하는 자는 통제단의 해당 부서에 배치한다.

긴급구조지휘대		통제단
현장지휘요원		현장지휘부
자원지원요원		자원지원부
통신지원요원	→	현장지휘부
안전관리요원		현장지휘부
상황조사요원		대응계획부
구급지휘요원		현장지휘부

16 긴급구조현장 지휘

1. 긴급구조현장 지휘자(현장지휘관)

- 시·군·구긴급구조통제단장 – 소방서장: 재난현장에서는 시·군·구긴급구조통제단장이 긴급구조활동 지휘
- 시·도긴급구조통제단장 – 소방본부장: 필요하다고 인정하면 직접 현장지휘
- 중앙통제단장 – 소방청장: 대규모 재난 발생, 그 밖에 필요하다고 인정하면 직접 현장지휘
- 통제단장의 사전명령에 따라 현장지휘를 하는 소방관서 선착대장 또는 긴급구조지휘대의 장

2. 재난현장 지휘사항

- 재난현장의 인명탐색, 구조
- 긴급구조기관 및 긴급구조지원기관의 긴급구조요원·긴급구조지원요원 및 재난관리자원의 배치와 운용
- 추가 재난의 방지를 위한 응급조치 → 응급처치 X
- 긴급구조지원기관 및 자원봉사자 등에 대한 임무 부여
- 사상자의 응급처치 및 의료기관으로의 이송
  ↳ 응급조치 X
- 긴급구조에 필요한 재난관리자원의 관리
- 현장접근 통제, 현장 주변 교통정리, 그 밖에 긴급구조활동에 필요한 사항

3. 현장지휘소의 설치·운영권자: 중앙통제단장(소방청장), 지역통제단장(소방본부장, 소방서장)

17 긴급구조대응계획의 수립(기본계획, 기능별 긴급구조대응계획, 재난유형별 긴급구조대응계획)

긴급구조기관의 장은 재난의 규모와 유형에 따른 긴급구조대응계획을 수립·시행한다.

기본계획	• 목적 및 적용범위　　• 기본방침과 절차　　• 운영책임에 관한 사항
기능별 긴급구조 대응계획	• 지휘통제: 긴급구조체제, 중앙통제단과 지역통제단의 운영체계 • 비상경고: 긴급대피, 상황 전파, 비상연락 • 대중정보: 비상방송시스템 가동 등 • 피해상황분석: 재난현장상황 및 피해정보의 수집·분석·보고 • 구조·진압: 인명 수색, 구조, 화재진압 • 응급의료: 응급의료서비스 제공 • 긴급오염통제: 오염 노출 통제, 긴급 감염병 방제 등 • 현장통제: 재난현장 접근 통제, 치안 유지 • 긴급복구: 긴급구조차량 접근 도로 복구 • 긴급구호: 긴급구조요원 및 긴급대피 수용주민에 대한 위기 상담, 　　　　　임시 의식주 제공 • 재난통신: 긴급구조기관 및 긴급구조지원기관 간 정보통신체계 운영
재난유형별 긴급구조대응계획	• 재난 발생 단계별 긴급구조 대응활동 • 재난유형별 대응 매뉴얼 • 비상경고 방송메시지 작성 등

18 긴급구조 교육(신규·정기)

┌ 신규교육: 해당 업무를 맡은 후 1년 이내

└ 정기교육: 신규교육을 받은 후 2년마다

19 화재출동 → 현장도착(선착대·후착대)

┌ 선착대 역할: 인명검색·구조, 소방용수시설점령, 포위부서

└ 후착대 역할: 중요임무지원, 비화경계, 수손방지

20 현장응급의료소

— 현장응급의료소의 설치·운영권자: 통제단장(중앙통제단장, 지역통제단장)

— 현장응급의료소의 소장: 지역을 관할하는 보건소장

— 현장응급의료소의 반: 소장 1명, 분류반, 응급처치반, 이송반

— 현장응급의료소의 편성: 응급의학전문의를 포함한 의사 3명, 간호사 4명 또는 1급응급구조사 4명, 지원요원 1명

통제단
- 중앙긴급구조통제단장: 소방청장
- 지역긴급구조통제단장 – 시·도 긴급구조통제단 단장: 소방본부장
  – 시·군·구 긴급구조통제단 단장: 소방서장

재난안전대책본부
- 중앙재난안전대책본부장: 행정안전부장관
- 지역재난안전대책본부장 – 시·도 재난안전대책본부장: 시·도지사
  – 시·군·구 재난안전대책본부장: 시장·군수·구청장

재난의 복구

21·23. 소방직,
24. 간부

복구에 관한 활동 내역
1. 재난피해 신고 및 조사
2. 재난복구계획의 수립·시행
3. 특별재난지역 선포 및 지원

1 재난피해 신고·조사

— 재난으로 피해를 입은 사람은 시장·군수·구청장에게 신고, 시장·군수·구청장은 피해상황을 조사한 후 중앙대책본부장에게 보고

— 재난관리책임기관의 장은 피해상황을 조사한 후 중앙대책본부장에게 통보

2 **특별재난지역 선포기준**

- 건의권자: 중앙대책본부장(행정안전부장관)
- 심의기구: 중앙위원회
- 선포권자: 대통령

구분	재난사태지역	특별재난지역
재난관리	대응	복구
심의	중앙위원회	중앙위원회
선포	행정안전부장관	대통령

🎯 중요 기출지문 모음 zip

1. 재난 및 안전관리 기본법상 재난관리 단계별 활동의 내용 중 예방단계에는 ① 재난에 대응할 조직의 구성 및 정비, ② 재난의 예측 및 예측정보 등의 제공·이용에 관한 체계의 구축, ③ 재난발생에 대비한 교육·훈련과 재난관리 예방에 관한 홍보, ④ 재난이 발생할 위험이 높은 분야에 대한 안전관리체계의 구축 및 안전관리규정의 제정 등이 포함된다.

2. 재난 및 안전관리 기본법상 재난관리책임기관의 장은 재난을 효율적으로 관리하기 위하여 재난유형에 따라 위기관리매뉴얼을 작성·운용하여야 한다. 위기관리 표준매뉴얼은 국가적 차원에서 관리가 필요한 재난에 대하여 재난관리체계와 관계기관의 임무와 역할을 규정한 문서이고, 현장조치 행동매뉴얼은 재난현장에서 임무를 직접 수행하는 기관의 행동조치 절차를 구체적으로 수록한 문서이다.

3. 행정안전부장관은 대통령령으로 정하는 재난이 발생하거나 발생할 우려가 있는 경우 사람의 생명·신체 및 재산에 미치는 중대한 영향이나 피해를 줄이기 위하여 긴급한 조치가 필요하다고 인정하면 중앙안전관리위원회의 심의를 거쳐 재난사태를 선포할 수 있다.

4. 재난 및 안전관리 기본법상 재난현장에서 시·군·구긴급구조통제단장의 긴급구조현장지휘사항에는 ① 재난현장에서 인명의 탐색·구조, ② 추가 재난의 방지를 위한 응급조치, ③ 사상자의 응급처치 및 의료기관으로의 이송, ④ 긴급구조에 필요한 재난관리자원의 관리 등이 있다.

5. 재난 및 안전관리 기본법상 재난관리단계별 조치사항으로 특별재난지역의 선포는 복구단계의 조치사항이다.

6. 국가재난관리기준의 제정·운용, 재난안전통신망의 구축·운영은 재난관리단계의 대비에 해당한다.

05 안전문화진흥

주체 정리

- 안전정보통합관리시스템의 구축·운영: 행정안전부장관
- 안전문화활동에 관한 총괄·조정업무: 행정안전부장관
- 안전정보 공동이용 협의회의 설치·운영: 행정안전부장관
- 안전관리헌장 제정·고시자: 국무총리

국민안전의 날 등

- 국민안전의 날: 매년 4월 16일
- 안전점검의 날: 매월 4일
- 방재의 날: 매년 5월 25일
- 소방의 날: 매년 11월 9일
- 의용소방대의 날: 매년 3월 19일

06 보칙 및 벌칙

보칙

1 재난관리기금의 적립

- 지방자치단체는 매년 재난관리기금을 적립

- 재난관리기금의 매년도 최저 적립액은 최근 3년 동안의 수입결산액의 평균 연액의 100분의 1에 해당하는 금액

예 보통세의 수입결산액의 평균이 10,000,000(천 만원)이라면

재난관리기금 최저 적립액 = $10,000,000 \times \dfrac{1}{100}$ = 100,000 (십 만원) 적립

2 재난원인조사

정부합동재난원인조사단 편성·실시권자	행정안전부장관
보고	재난원인조사결과를 조정위원회에 보고
조사단원	재난원인조사단의 단장을 포함한 50명 이내의 조사단원으로 편성

3 안전책임관: 국가기관과 지방자치단체장은 안전책임관 및 담당직원을 소속공무원 중에서 임명

4 재난안전의무보험 총합정보시스템의 구축·운영: 행정안전부장관

벌칙

1 3년 이하의 징역 또는 3,000만원 이하의 벌금: 안전조치명령을 이행하지 아니한 자

2 2년 이하의 징역 또는 2,000만원 이하의 벌금
: 재난예방·대비·대응 이외의 목적으로 정보를 사용하거나 업무가 종료되었음에도 해당 정보를 파기하지 아니한 자

3 300만원 이하의 과태료

- 보험 또는 공제에 가입하지 아니한 자

- 재난취약시설보험 등의 가입에 관한 계약체결을 거부한 보험사업자

소화설비

└▸ 물과 그밖의
소화약제를 사용

1. 소화기구 ┬ 소화기

├ 간이소화용구(에어로졸식, 투척용, 소공간용, **소화약제 외의 것**)
│   └▸ 마른 모래, 팽창질석, 팽창진주암
└ 자동확산소화기

2. 자동소화장치 ┬ 주거용 주방

├ 상업용 주방

├ 캐비닛형

├ 가스

├ 분말

└ 고체에어로졸

3. 옥내소화전설비

4. 스프링클러설비 등 ┬ 스프링클러설비

├ 간이스프링클러설비

└ 화재조기진압용 스프링클러설비

5. 물분무등 소화설비 ┬ 물분무소화설비

질식소화가   ├ 미분무소화설비
가능한 설비
├ 포소화설비

├ 이산화탄소소화설비

├ 할론소화설비

├ 할로겐화합물 및 불활성기체 소화설비

├ 분말소화설비

├ 강화액소화설비

└ 고체에어로졸소화설비

→ 옥내 · 외소화전, 스프링클러설비는 물분무등 소화설비 X

6. 옥외소화전설비

경보설비
↳ 화재발생사실을 통보

1. 단독경보형 감지기

2. 비상경보설비(비상벨설비, 자동식사이렌설비)

3. 시각경보기

4. 자동화재탐지설비

5. 비상방송설비

6. 자동화재속보설비

7. 통합감시시설

8. 누전경보기

9. 가스누설경보기

10. 화재알림설비

피난구조설비
↳ 피난하는 설비

1. 피난기구 ┬ 피난사다리
　　　　　├ 구조대
　　　　　├ 완강기
　　　　　└ 소방청장이 정하여 고시하는 화재안전기준(공기안전매트, 미끄럼대, 승강식피난기 등)

2. 인명구조기구 ┬ 방열복, 방화복
　　　　　　├ 공기호흡기
　　　　　　└ 인공소생기

3. 유도등 ┬ 피난유도선
　　　　├ 피난구유도등
　　　　├ 통로유도등(복도, 거실, 계단)
　　　　├ 객석유도등
　　　　└ 유도표지(피난, 통로)

4. 비상조명등 및 휴대용비상조명등

소화용수설비
↳ 물을 공급, 저장

1. 상수도소화용수설비
2. 소화수조, 저수조, 그 밖의 소화용수설비
      ↳ 급수탑

소화활동설비
↳ 화재를 진압,
  인명구조활동

1. 제연설비
2. 연결송수관설비
3. 연결살수설비
4. 비상콘센트설비
5. 무선통신보조설비
6. 연소방지설비
★ • 소화설비: 초기소화설비
   • 소화활동설비: 본격소화설비

🎯 중요 기출지문 모음 zip

1. 화재를 진압하거나 인명구조활동을 위하여 사용하는 설비는 소화활동설비에 해당된다.

2. 제연설비, 무선통신보조설비, 연소방지설비는 소화활동설비에 속한다.

소화기

23. 간부

─ 사람이 수동으로 조작

─ 소형 및 대형소화기

구분	소형소화기	대형소화기
능력단위	1단위 이상이고 대형소화기의 능력단위 미만	운반대와 바퀴가 설치되어 있고 능력단위가 A급 10단위 이상, B급 20단위 이상
설치기준	각 층마다 설치, 보행거리 20m 이내	각 층마다 설치, 보행거리 30m 이내

─ 소형분말소화기 1대의 능력단위: A3, B5, C

─ 대형소화기의 소화약제 충전량

종류	소화약제 충전량
물·포(화학포)	80L
강화액	60L
포(기계포)	20L
이산화탄소	50kg
할론(할로겐)	30kg
분말	20kg

─ 소방기구의 능력단위기준

위락시설	해당 용도의 바닥면적 30m²마다 능력단위 1단위 이상
공연장, 집회장, 관람장, 문화재, 장례식장, 의료시설	해당 용도의 바닥면적 50m²마다 능력단위 1단위 이상
근린생활시설, 판매시설, 운수시설, 숙박시설, 노유자시설, 전시장, 공동주택, 업무시설, 방송통신시설, 공장, 창고시설, 항공기 및 자동차 관련 시설 및 관광휴게시설	해당 용도의 바닥면적 100m²마다 능력단위 1단위 이상

| 간이소화용구 | 에어로졸식소화용구, 투척용소화용구, 소공간용소화용구, 소화약제 외의 것(마른 모래, 팽창질석, 팽창진주암) |

1. 대형소화기의 능력단위는 A급 10단위 이상, B급 20단위 이상이다.

2. 판매시설은 소화기구의 능력단위를 바닥면적 100 제곱미터마다 1단위 이상으로 한다.

수계 소화설비
(옥내소화전설비, 옥외소화전설비, 스프링클러설비)

옥내소화전설비

22. 소방직.

20 · 21 · 23. 간부

1 개요: 건축물 내에 설치하는 고정식 물소화설비

┌► 음향장치 X, 솔레노이드밸브 X

2 구성: 수원, 가압송수장치, 제어반(감시 · 동력), 옥내소화전함, 기동용수압개폐장치, 릴리프밸브, 물올림장치 등

└► 펌프가 수원의 수위보다 높은 곳에 있을 때만 구성요소에 포함

3 용어의 정의

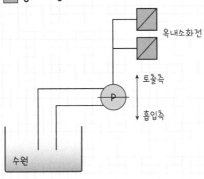

옥내소화전

토출측

흡입측

수원

• 압력계
  : 펌프 토출측에 설치

• 진공계 · 연성계
  : 펌프 흡입측에 설치

고가수조	자연낙차의 압력으로 급수하는 수조
압력수조	압력으로 급수하는 수조
충압펌프	주펌프의 빈번한 기동 방지
정격토출량	펌프의 토출량(방수량)
정격토출압력	펌프의 토출측 압력(방수압)
진공계	대기압 이하의 압력
연성계	대기압 이상의 압력과 대기압 이하의 압력
체절운전	펌프 토출측의 개폐밸브를 닫은 상태에서 펌프 운전
기동용수압개폐장치	배관 내 압력변동을 검지하여 자동적으로 펌프를 기동 및 정지 (압력챔버, 기동용압력스위치)
급수배관	수원 및 옥외송수구로부터 옥내소화전방수구에 급수하는 배관
개폐표시형밸브	밸브의 개폐 여부를 외부에서 식별 가능한 밸브
가압수조	가압원인 압축공기 또는 불연성 고압기체에 따라 소방용수를 가압하는 수조

4 **가압송수장치방식**

— 고가수조방식: 자연낙차 압력으로 급수(전원 필요 없음)

— 펌프(지하)수조방식: 펌프의 토출압력으로 급수(전원 필요)

— 압력수조방식: 압력 이상으로 가압하여 그 압력으로 급수(전원 필요)

— 가압수조방식: 압축공기 또는 불연성 기체의 가압으로 급수(전원 필요 없음)

5 **수원 등**

방수압력	방수량	펌프토출량	수원의 양
0.17 ~ 0.7MPa	130L/min 이상	N(최대 2개) × 130L/min	N(최대 2개) × 2.6m³ (최대 5.2m³ 수원의 양 저장)

0.17 → 17m 낙차 압
0.7MPa → 70m 낙차 압

6 **옥내소화전함**

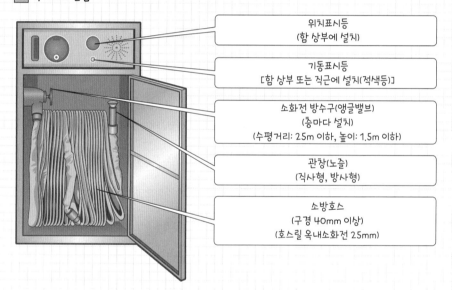

위치표시등
(함 상부에 설치)

기동표시등
[함 상부 또는 직근에 설치(적색등)]

소화전 방수구(앵글밸브)
(층마다 설치)
(수평거리: 25m 이하, 높이: 1.5m 이하)

관창(노즐)
(직사형, 방사형)

소방호스
(구경 40mm 이상)
(호스릴 옥내소화전 25mm)

★위치표시등: 항상 점등 상태, 기동표시등: 평소 소등, 펌프 기동 시 점등

7 부속장치 설계기준

1. 물올림장치: 수원의 수위가 펌프보다 낮은 경우 설치
   └→ 설치이유: 보충수 공급, 흡입측 배관에서 공동현상 발생 방지

2. 순환배관: 체절운전 시 수온의 상승 방지

3. 릴리프밸브: 과압을 방출

4. 펌프성능시험배관: 펌프의 성능을 시험하여 펌프의 성능곡선의 양부 및 펌프의 방수압(토출압) 및
   토출량(방수량)을 검사하는 배관
   └→ • 체절운전 시 정격토출압력의 140%를 초과하지 말 것
      • 정격토출량의 150%로 운전 시 정격토출압력의 65% 이상일 것

▼ 펌프성능시험곡선

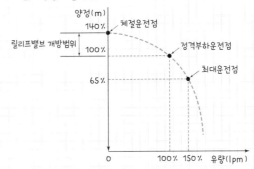

5. 기동용수압개폐장치(압력챔버 용량 100L 이상)

   ┌ 배관 내 설정압력 유지
   ├ 압력변화의 완충작용
   └ 압력변동에 따른 설비 보호

8 펌프의 이상현상

1. 공동현상(Cavitation): 펌프에 기포가 생성되는 현상으로 수원 위치가 펌프보다 낮을 때만 발생

발생원인	• 수원의 위치가 펌프보다 낮을 경우 • 유체가 고온일 경우(배관 내 온도가 높은 경우) • 펌프의 흡입압력이 액체의 증기압보다 낮을 경우 • 펌프의 흡입측 수두(양정)가 긴 경우 • 펌프의 흡입측 수두(양정)관경의 마찰손실이 큰 경우(펌프의 흡입관경이 작은 경우) • 펌프의 임펠러속도가 큰 경우(펌프의 회전속도가 큰 경우)
방지대책	• 수원의 위치가 펌프보다 높게 함 • 배관 내 온도를 낮게 함 • 펌프의 흡입압력이 액체의 증기압보다 높게 함 • 펌프의 흡입측 수두(양정)를 짧게 함 • 펌프의 흡입관경을 크게 함 • 펌프의 회전속도를 작게 함

2. 수격작용(water hammer)

    ┌ 펌프 운전 중 정전 등으로 펌프가 정지하는 경우나 밸브를 급 폐쇄하는 경우로서 운동에너지가
    │ 압력에너지로 변환되어 배관 내 벽면을 치는 현상
    └ 방지책

        ┌ 수격을 흡수하는 수격방지기를 설치한다.
        ├ 관로에 서지 탱크(surge tank)를 설치한다.
        ├ 플라이휠(flywheel)을 부착하여 펌프의 급격한 속도 변화를 억제한다.
        └ 관경을 크게 하여 유체의 유속을 감소시켜 압력변동치를 감소한다.

3. 맥동현상(surging): 압력과 토출량이 주기적으로 변동하고, 진동과 소음을 수반하는 현상

옥외소화전설비

1 개요: 외부에 고정된 설비로서 자체소화 또는 인접건물의 연소방지

2 수원 등

방수압력	방수량	펌프토출량	수원의 양
0.25 ~ 0.7MPa	350L/min 이상	N(최대 2개) × 350L/min	N(최대 2개) × 7m³ (최대 14m³ 수원의 양 저장)

스프링클러설비

19 · 20. 소방직,
19 · 21 · 22 · 24. 간부

1 개요: 천장, 반자, 벽 등에 설치되어 있는 헤드로 자동으로 적상주수하여 화재 진압

2 종류 등

설비종류	밸브류	배관(1차측/2차측)	헤드	감지기
습식설비	습식밸브 알람(체크)밸브	가압수/가압수	폐쇄형 헤드	X
건식설비	건식밸브 드라이밸브	가압수 /압축공기·질소가스	폐쇄형 헤드	X
준비작동식설비	준비작동식밸브 프리액션밸브	가압수 /저압·무압·대기압	폐쇄형 헤드	○ (교차회로방식)
일제살수식설비	일제개방밸브 델류지밸브	가압수/대기압	개방형 헤드	○ (교차회로방식)
부압식설비	준비작동식밸브 프리액션밸브	가압수/부압	폐쇄형 헤드	○ (교차회로방식 아님)

1. 개방형 헤드만 사용하는 스프링클러설비: 일제살수식 스프링클러설비

2. 감지기를 사용하는 스프링클러설비: 준비작동식, 일제살수식, 부압식 스프링클러설비

3. 교차회로방식의 감지기를 사용하는 스프링클러설비: 준비작동식, 일제살수식 스프링클러설비

4. 헤드와 감지기 둘 다 감열체가 있는 스프링클러설비: 준비작동식, 부압식 스프링클러설비

5. 전자밸브(SV), 수동기동장치(SVP)를 사용하는 스프링클러설비: 준비작동식, 일제살수식, 부압식 스프링클러설비

3 장단점

장점	단점
• 초기 화재 진압에 절대적임 • 경제적이고 소화 후 설비 복구가 용이함 • 오보 및 오동작이 적음 • 반영구적 • 완전자동으로 사람이 없는 야간에도 자동으로 화재를 제어함 • 조작이 쉽고 안전함	• 초기에 시설비용이 많이 듦 • 타 설비보다 시공이 비교적 복잡함 • 물로 인한 수손피해가 큼 • 유지관리에 유의해야 함

4 설비별 구성 및 장단점

1. 습식

구성	• 자동경보밸브(알람밸브) • 압력스위치, 탬퍼스위치 • 리타딩챔버, 지연장치가 내장된 압력스위치: 오동작 방지
장점	• 구조가 간단하고, 공사비가 저렴하며, 경제성이 높음 • 유지관리가 용이함 • 헤드 개방 시 즉시 살수함
단점	• 동결의 우려로 사용이 제한됨 • 헤드 오동작 시 수손의 피해가 큼 • 층고가 높을 경우 헤드 개방이 지연되어 초기 화재에 즉시 대처할 수 없음
작동순서	화재발생 → 폐쇄형 헤드 개방 → 알람밸브 개방 → 압력스위치 작동 → 수신반에 밸브개방확인등 점등 및 펌프기동 → 사이렌 경보

2. 건식

구성	• 건식 밸브(드라이밸브) • 압력스위치, 탬퍼스위치 • 공기압축기(에어 컴프레이셔) • 가속기(엑셀레이터), 공기배출기(익죠시터): 급속개방장치
장점	• 동결의 우려가 있는 장소에 사용 가능하며, 옥외에서도 사용 가능함 • 감지장치가 필요하지 않음
단점	• 살수 개시 시까지의 시간이 지연됨 • 화재 초기에는 압축공기가 방출되므로 화재를 촉진할 우려가 있음 • 공기 압축 및 신속한 개방을 위한 부대설비가 필요함
작동순서	화재발생 → 폐쇄형 헤드 개방 → 드라이밸브 개방 → 압력스위치 작동 → 수신반에 밸브개방확인등 점등 및 펌프기동 → 사이렌 경보

3. 준비작동식

구성	• 준비작동식 밸브(프리액션밸브) • 수동조작함(SVP) • 감지기 • 압력스위치, 탬퍼스위치, 솔레노이드밸브(전자밸브)
장점	• 동결의 우려가 있는 장소에 사용 가능함 • 헤드가 개방되기 전에 경보가 발생하므로 초기에 대응 조치가 가능함 • 평상시 헤드 파손 등으로 개방되어도 수손의 우려가 없음
단점	감지기 등을 별도로 설치해야 하고, 구조가 복잡하며, 시공비가 고가임
작동순서	화재발생 → 감지기(교차) 또는 수동기동장치 작동 → 수신반에 화재등, 지구등 점등 → 전자밸브 작동 → 프리액션밸브 개방 → 압력스위치 작동 → 수신반에 밸브기동등, 밸브개방확인등 점등 및 펌프기동 → 사이렌 경보

4. 일제살수식

구성	• 일제개방밸브(델류지밸브) • 수동조작함(SVP) • 감지기 • 압력스위치, 탬퍼스위치, 솔레노이드밸브(전자밸브)
장점	• 대형화재, 급속한 화재에도 신속하게 대처할 수 있음 • 층고가 높은 경우 적용할 수 있음
단점	• 대량의 급수 체계가 필요함 • 개방형인 관계로 오동작 시 수손 피해가 매우 큼 • 감지기 등을 별도로 설치해야 함
작동순서	화재발생 → 감지기(교차) 또는 수동기동장치 작동 → 수신반에 화재등, 지구등 점등 → 전자밸브 작동 → 델류지밸브 개방 → 압력스위치 작동 → 수신반에 밸브기동등, 밸브개방확인등 점등 및 펌프기동 → 사이렌 경보

5. 부압식

구성	• 준비작동식 밸브(프리액션밸브) • 감지기 • 수동조작함(SVP)	• 부압제어부, 진공펌프, 진공밸브 • 압력스위치, 탬퍼스위치 • 솔레노이드밸브(전자밸브)
장점	배관파손, 오동작 시 수손피해를 방지할 수 있음	
단점	동결의 우려가 있는 장소에는 사용이 제한되고, 구조가 복잡함	
작동순서	화재발생 → 감지기 작동 → 수신반에 화재등, 지구등 점등 → 부압 → 정압 → 프리액션밸브 개방 → 유수 발생 → 펌프기동 → 사이렌 경보	

5 헤드

- 구성: 프(후)레임, 반사판(디플렉타), 감열체
- 분류: 하향형 헤드(상방살수), 상향형 헤드(하방살수), 측벽형 헤드
  - → 반응시간지수(RTI): 기류의 온도, 속도, 작동시간에 대하여 스프링클러 헤드의 반응을 예상한 지수
- 감도에 따른 분류: 조기반응형(RTI 50 이하), 특수반응형(RTI 50 초과 80 이하), 표준반응형(RTI 80 초과 350 이하)

6 배관(수직, 수평, 교차, 가지, 신축)

— 교차배관: 가지배관에 급수하는 배관

— 가지배관: 스프링클러헤드가 설치되어 있는 배관(헤드 개수 8개 이하, 토너먼트방식 안 됨)

— 신축배관: 가지배관과 스프링클러헤드를 연결하는 배관

7 수원 등

방수압력	방수량	펌프토출량	수원의 양
0.1 ~ 1.2MPa	80L/min 이상	N × 80L/min	N × 1.6m³

옥내소화전·옥외소화전·스프링클러설비 비교

설비구분	방수압력(MPa)	방수량(L/min)	토출량(L/min)	저수량(m³)
옥내소화전	0.17 ~ 0.7	130	N × 130(N: 최대 2개)	N × 2.6
옥외소화전	0.25 ~ 0.7	350	N × 350(N: 최대 2개)	N × 7
스프링클러	0.1 ~ 1.2	80	N × 80	N × 1.6

🎯 **중요 기출지문 모음 zip**

1. 펌프의 공동현상 발생 방지대책에는 ① 펌프 흡입측 수두의 마찰손실을 줄이기, ② 흡입관의 길이를 짧게 하거나 배관의 굴곡부를 줄이기, ③ 펌프의 높이를 수원보다 낮게 설치하기, ④ 흡입관의 구경을 크게 하기 등이 있다.

2. 스프링클러설비 중 감지기와 연동하여 작동하는 것은 ① 준비작동식 스프링클러, ② 일제살수식 스프링클러, ③ 부압식 스프링클러이다.

3. 펌프의 성능은 체절운전 시 정격토출압력의 140%를 초과하지 않고, 정격토출량의, 150% 로 운전 시 정격토출압력의 65% 이상이 되어야 하며, 펌프의 성능을 시험할 수 있는 성능시험배관을 설치하여야 한다.

04 가스계 소화설비
(이산화탄소, 할론, 할로겐화합물, 불활성기체, 분말)

동작순서

화재발생 → 감지기(교차) 동시 작동 또는 수동기동장치 → 수신반에 화재등, 지구등 점등
→ 사이렌(음향장치) 경보 → t초 후 기동용솔레노이드밸브 작동(전자밸브 작동) → 약제 방출 → 압력
스위치 작동 → 수신반 신호 후 방출표시(확인)등 점등

구성

21·22. 소방직

감지기, 수동조작함, 사이렌, 방출표시등(방출확인등), 제어반, 기동용 솔레노이드, 선택밸브,
압력스위치 등

기구	설치위치	설치목적
수동조작함(RM) [기동스위치]	조작자 누르고 쉽게 피난할 수 있는 위치(실외 출입구 근처)	약제를 수동으로 기동
수동조작함(RM) [방출지연스위치]	기동스위치 근처에 설치	약제를 지연하기 위해서
음향경보장치 (사이렌)	실 안(방호구역 안)	약제가 방출되니 실외로 대피경보
방출표시등	실외 출입구 상부	약제가 방출되니 실내 진입금지

☆ • 기동용기의 가스는 선택밸브 및 저장용기를 개방시키는 역할을 한다.
　• 압력스위치는 방출표시등을 점등시키는 역할을 한다.

소화약제 방출방식

전역방출방식, 국소방출방식, 호스릴방식

저장용기

┌ 저장용기의 개방밸브 개방방식: 기계식, 전기식, 가스압력식
└ 저장용기의 온도 ┌ 이산화탄소, 할론, 분말소화약제의 저장용기: 온도가 40℃ 이하
　　　　　　　　　 └ 할로겐화합물 및 불활성기체의 저장용기: 온도가 55℃ 이하

◎ 중요 기출지문 모음 zip

1. 이산화탄소(CO_2) 소화설비는 화재감지기, 선택밸브, 방출표시등, 압력스위치 등으로 구성된다.

2. 이산화탄소(CO_2) 소화설비의 기동용기 가스는 선택밸브와 저장용기를 개방시키는 역할을 한다.

05 경보설비
(비상경보, 자동화재탐지설비 등)

단독경보형 감지기

- 화재발생 상황을 단독으로 감지하여 자체에 내장된 음향장치로 경보
- 별도의 배선작업이 필요 없고 설치가 편리하여 일반인도 설치 가능
- 주택화재에 사용하는 감지기

비상경보설비

화재가 발생하면 수동으로 소방대상물 내부에 있는 사람에게 화재발생 상황을 경보
→ 자동화재탐지설비에서 감지기를 빼면 비상경보설비이다.

구분	비상벨	자동식사이렌
정의	경종으로 경보	사이렌으로 경보
설치기준	각 층마다 설치하고 수평거리 25m 이하	

각 층마다 설치하고 수평거리 25m 이하

표시등

경종
(음향장치)

수동발신기

P 사이렌

B 듣는다.
90dB

L 본다.
10m

비상방송설비

화재가 발생하면 10초 이내에 방송할 것

누전경보기

변류기(누설전류를 자동으로 검출) + 수신부(검출된 신호를 수신)

자동화재탐지설비

23 · 24. 소방직,
19 · 20 · 21 · 23. 간부

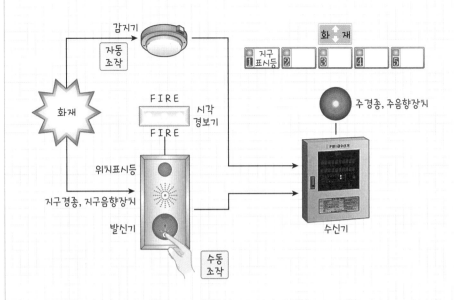

1 구성: 감지기, 발신기, 수신기, 음향장치(경종), 표시등, 중계기, 배선, 전원 등

- 감지기: 열, 연기, 불꽃, 연소생성물을 자동적으로 감지
- 발신기: 수동으로 발신
- 수신기: 화재신호를 직접 수신하거나 중계기를 통하여 수신하여 화재의 발생을 표시 및 경보
- 중계기: 감지기 및 발신기에서 접점신호를 받아 통신신호로 변환
- 시각경보기: 청각장애인에게 점멸형태의 시각경보

☆ 수신기, 감시제어반의 전원은 직류 24(V)이다.

2 동작순서

- P형수신기: 감지기(화재신호) → 수신기(화재표시등, 지구표시등) → 음향장치(경종), 시각경보기
- R형수신기: 감지기(화재신호) → 중계기 → 수신기(화재표시창에 의해 숫자, 문자로 표시)
  → 음향장치(경종), 시각경보기

3 경계구역: 화재신호를 발신하고, 그 신호를 수신하고 유효하게 제어할 수 있는 구역

수평적 구역 (각 층)	• 2개 이상 건축물에 미치지 아니할 것 • 2개 이상 층에 미치지 아니할 것(단, 2개층 면적 500m² 이하는 하나의 경계구역) • 면적 600m² 이하, 한 변의 길이 50m 이하 • 면적 1,000m² 이하(주된 출입구에서 내부전체가 보임), 한 변의 길이 50m 이하
수직적 구역	• 계단, 경사로(에스컬레이터경사로)는 높이 45m 이하 (지상과 지하는 별도의 구역, 지하1층 제외) • 엘리베이터승강로(권상기실), 린넨슈트, 파이프덕트·피트는 하나의 구역

4 **감지기**: 감지기능, 판단기능, 발신기능

1. 열감지기

차동식 일정상승률 (급격한 온도상승률) 이상	스포트형 • 일국소동작 • 사무실, 거실 등	공기팽창방식(1종, 2종)
		열기전력(열전기)방식(1종, 2종)
		열반도체방식(1종, 2종)
	분포형 • 넓은 범위 동작 • 축전지실 등	공기관식(1종, 2종, 3종)
		열전대식(1종, 2종, 3종)
		열반도체식(1종, 2종, 3종)
정온식 일정한 온도 이상	스포트형 • 외관이 전선으로 되어 있지 않음 • 주방, 보일러실, 탕비실 등	바이메탈활곡방식(특종, 1종, 2종)
		바이메탈반전방식(특종, 1종, 2종)
		금속팽창계수차방식(특종, 1종, 2종)
		액체 또는 기체팽창방식(특종, 1종, 2종)
		금속의 용융방식(특종, 1종, 2종)
		열반도체소자방식(특종, 1종, 2종)
	감지선형 • 외관이 전선으로 되어 있음 • 도로터널 등	특종, 1종, 2종
보상식 차동식+정온식 기능	스포트형	1종, 2종

★ • 정온식: 공칭작동온도가 최고주위온도보다 20℃ 높은 것을 설치
　 • 보상식: 정온점이 최고주위온도보다 20℃ 높은 것을 설치

2. 연기감지기

이온화식 이온전류에 의해 동작 예 계단, 경사로, 복도 등	스포트형(1종, 2종, 3종)
광전식 빛에 의해 동작(광전소자에 의해 동작) 예 계단, 경사로, 복도 등	스포트형(1종, 2종, 3종)
	분리형(1종, 2종, 3종)
	공기흡입형(1종, 2종, 3종)

3. 복합형 감지기

열복합형	• 차동식 스포트형 감지기와 정온식 스포트형 감지기의 성능이 있는 것 • 두 가지 성능의 감지기능이 함께 작동될 때 화재신호를 발신하거나 또는 두 개의 화재신호를 각각 발신함
연기복합형	• 이온화식 감지기와 광전식 감지기의 성능이 있는 것 • 두 가지 성능의 감지기능이 함께 작동될 때 화재신호를 발신하거나 또는 두 개의 화재신호를 각각 발신함
열·연기복합형	• 차동식 스포트형 감지기와 이온화식 감지기, 차동식 스포트형 감지기와 광전식 감지기, 정온식 스포트형감지기와 이온화식 감지기, 정온식 스포트형 감지기와 광전식 감지기의 성능이 있는 것 • 두 가지 성능의 감지기능이 함께 작동될 때 화재신호를 발신하거나 또는 두 개의 화재신호를 각각 발신함

4. 특수 감지기

불꽃 감지기	• 불꽃에서 방사되는 적외선 또는 자외선의 변화가 일정량 이상일 때 작동하는 것 • 일국소의 적외선 또는 자외선에 의한 수광소자의 수광량 변화에 의해 작동함
아날로그식 감지기	• 주위 온도 또는 연기량의 변화에 따라 각각 다른 전류치 또는 전압치 등의 출력을 발하는 방식의 감지기 • 열과 연기의 농도 정보만을 시시각각 수신기에 송출하고 수신반이 화재를 판단함. 즉, 감지기가 화재를 판단하지 않고 수신반이 화재를 판단함 • 고층건축물(30층 이상 건축물)에는 아날로그식 감지기를 설치해야 함
다신호식 감지기	• 1개의 감지기 내에 서로 다른 종별 또는 감도 등의 기능을 갖춘 것으로서 일정 시간간격을 두고 각각 다른 2개 이상의 화재신호를 발하는 감지기 • 현재는 시중에 판매되고 있지 않음

5. 부착높이에 따른 감지기

- 20m 이상: 불꽃, 광전식분리형아날로그, 광전식공기흡입형아날로그
- 15m 이상 20m 미만: 불꽃, 연기식 1종, 연기복합형
- 8m 이상 15m 미만: 불꽃, 연기식 1·2종, 연기복합형, 차동식분포형
- 4m 이상 8m 미만: 정온식 2종, 연기식 3종 이외 감지기
- 4m 미만: 모든 감지기

6. 감지기 배선 방식: 송배전식

└▶ 송배전식으로 하는 이유: 회로도통시험(감지기 단선 유무 확인)을 하기 위함

5 **발신기의 구성:** 누름스위치, 보호판, 응답등

6 **수신기(P형과 R형)**

항목	P형	R형
system 구성	중계기 [X]	중계기[O]
신호전송방식	개별신호방식(1:1 접점방식)	다중전송방식
신호형태	공통신호	고유신호
화재표시	램프	액정표시
경제성	수신반 가격이 저렴하나, 선로수가 많아 설치공사비가 비쌈	수신반 가격이 비싸나, 선로수가 적어 설치공사비가 저렴함
회로 증설·변경	별도의 배관, 배선, 기기 증설 등이 어려움	증설(변경) 등이 용이함
용도	중·소형	대형

7 **시각경보기 높이:** 바닥으로부터 2 ~ 2.5m

1. R형 장점
- 선로수가 적어 경제적임
- 증설·이설이 쉬움
- 유지관리가 쉬움
- 신호전달을 숫자, 문자로 표시하여 전달이 확실함

2. R형 단점
- 시스템이 복잡함
- 비쌈

자동화재탐지설비 ·비상방송설비의 경보방식 `20. 간부`	1. 전층경보방식(일제명동방식): 화재발생 시 전층이 다 울림 2. 직상발화 우선경보방식(구분명동방식): 화재발생 시 우선적으로 경보 울림 우선경보방식의 기준: 층수가 11층(공동주택 16층) 이상인 특정소방대상물

화재층	경보를 발하는 층
2층 이상의 층	발화층, 그 직상4개층
1층	발화층, 그 직상4개층 및 지하층
지하층	발화층, 그 직상층, 그 밖의 지하층

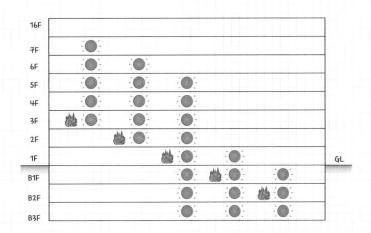

자동화재속보설비 `22. 간부`	자동화재탐지설비와 연동하여 자동적으로 소방관서로 통보하는 설비
화재알림설비	전통시장에 설치하는 화재알림설비: IOT 화재알림설비로서 화재발생 시 시장상인에게 화재통보 및 소방서로 통보하는 설비

🎯 중요 기출지문 모음 zip

1. 주위온도가 일정 상승률 이상이 되는 경우에 작동하는 것으로서 일국소의 열효과에 의하여 작동하는 것을 차동식 스포트형 감지기라 하고, 일국소의 주위온도가 일정한 온도 이상이 되는 경우에 작동하는 것으로서 외관이 전선으로 되어 있지 아니한 것을 정온식 스포트형 감지기라 한다. 이들 두 감지기의 성능을 겸한 것으로서 두 성능 중 어느 하나가 작동되면 화재 신호를 발하는 것을 보상식 스포트형 감지기라고 한다.

2. 차동식 분포형 감지기는 주위 온도가 일정 상승률 이상 되는 경우에 작동하는 감지기로서 넓은 범위 내에서 열효과 누적에 의해 작동하는 것을 말하며 종류는 공기관식, 열전대식, 열반도체식이다.

3. P형 수신기는 감지기 또는 발신기에서 1 : 1 접점방식으로 전송된 신호를 수신한다.

06 피난구조설비

피난기구

21. 소방직

- 피난사다리: 긴급대피를 위해 사용하는 사다리
- 완강기: 사용자의 몸무게에 따라 자동적으로 내려올 수 있는 기구 중 연속적으로 사용할 수 있는 것 (조속기, 조속기의 연결부, 로프, 연결금구 및 벨트)
- 간이완강기: 사용자의 몸무게에 따라 자동적으로 내려올 수 있는 기구 중 연속적으로 사용할 수 없는 것(1회용)
- 구조대: 포지 등을 사용한 자루 형태의 기구
- 공기안전매트: 포지에 공기 등을 주입하는 구조로 된 기구
- 다수인피난장비: 2인 이상의 피난자가 동시 피난할 수 있는 장비
- 승강식 피난기: 연속적으로 사용할 수 있는 무동력 승강식 피난기
- 미끄럼대: 건물 외벽에 설치하여 내려오는 기구
- 피난교: 화재발생 시 옆 건축물로 피난할 수 있도록 하는 기구
→ 10층 초과 건축물에는 피난기구 적응성이 없는 관계로 설치하지 않는다.

인명구조기구

- 방열복: 복사열에 견디는 내열피복
- 공기호흡기: 개인호흡장비
- 인공소생기: 호흡부전 상태인 사람에게 인공호흡하는 기구
- 방화복: 소방활동을 수행할 수 있는 피복

유도등

1 유도등 종류

- 피난구 - 1.5m 이상으로서 출입구에 인접하도록 설치 → 녹색바탕 백색문자
- 통로
  - 복도: 1m 이하(불특정다수인: 바닥) → 구보 및 보 20m
  - 거실: 1.5m 이상(기둥설치: 1.5m 이하) → 구보 및 보 20m → 백색바탕 녹색문자
  - 계단: 1m 이하 → 계단참, 경사로참
- 객석 - 통로, 바닥, 벽

2 유도표지 종류: 피난구, 통로

    ↳ 객석유도표지 x

3 피난유도선: 축광식, 광원점등식으로 띠형태로 설치

비상조명등
·휴대용
비상조명등

1 비상조명등: 화재발생 등에 따른 정전 시 자동 점등되는 조명등

2 휴대용비상조명등: 화재발생 등으로 정전 시 피난자가 휴대할 수 있는 조명등

    ├ 설치기준 ─┬ 설치높이: 바닥으로부터 0.8 ~ 1.5m

                ├ 구조: 사용 시 자동으로 점등되는 구조

                ├ 외함: 난연성능

                └ 배터리의 용량: 20분 이상의 것

    └ 설치장소 ─┬ 숙박시설, 다중이용업소: 객실 1개

                ├ 대규모점포, 영화상영관: 보행거리 50m마다 3개 이상

                └ 지하상가, 지하역사: 보행거리 25m마다 3개 이상

유도등·
비상조명등 비교

구분	유도등	비상조명등
평상시	점등상태	소등상태
화재 시	점등상태	점등상태
비상전원 종류	축전지	축전지, 전기저장장치, 자가발전설비

비상전원 용량	• 60분 이상
	  - 11층 이상의 층
	  - 도매시장, 소매시장, 여객자동차터미널, 지하역사, 지하상가
	• 20분 이상: 60분 이상에 해당하는 곳 외의 장소	

🎯 중요 기출지문 모음 zip

1. 승강식 피난기란 사용자의 몸무게에 의하여 자동으로 하강하고 내려서면 스스로 상승하여 연속적으로 사용할 수 있는 무동력 피난기구를 말한다.

2. 피난구유도등이란 피난구 또는 피난경로로 사용되는 출입구를 표시하여 피난을 유도하는 등을 말한다.

07 소화활동설비

제연설비
└ 배연 + 방연

1 종류

— 자연제연방식: 창·배연구방식, 스모크타워방식

— 기계제연방식: 제1종, 제2종, 제3종

└ 밀폐제연방식

2 기계제연방식

종류	방식	그림	특징
제1종 제연	급기(송풍기-기계) + 배기(배출기-기계)		• 장치가 복잡하고 풍량 조절에 주의해야 함 • 대형건물 등에 적합함
제2종 제연	급기(송풍기-기계) + 배기(배출구-자연)		• 과잉공기가 공급되면 화재를 확대시킬 우려가 있음 • 특별피난계단, 비상용승강기 승강장등에적합함
제3종 제연	급기(송풍구-자연) + 배기(배출기-기계)		• 가장 많이 사용함 • 일반건물, 작은 공장 등에 적합함

기타 소화활동설비

23. 간부

┌ 연결송수관설비: 높은 건물에 화재가 발생할 경우 사용하는 설비

├ 연결살수설비: 지하가, 건축물의 지하층에 화재가 발생할 경우 사용하는 설비

├ 비상콘센트설비: 전기설비를 소방관이 필요한 층까지 운반하여 소화활동을 원활히 하기 위한
　　　전원을 확보하는 설비(단상교류 220V, 공급용량 1.5KVA 이상일 것)

├ 무선통신보조설비: 지하층, 지하상가 등 그 구조상 무선교신이 용이하지 않을 때 사용하는 설비

└ 연소방지설비: 지하구에 화재가 발생할 경우 사용하는 설비

삼국시대 및 통일신라시대

1. 삼국시대: 화재가 사회적 재앙으로 등장한 시기이자 화재가 국가적 관심사였던 시기이다.

2. 통일신라시대: 집을 초가가 아닌 기와로 짓고, 나무를 때지 않고 숯을 써서 밥을 지었다는 사실로 화재에 대한 방화 의식이 높았음을 알 수 있다.

고려시대

1. 소방을 소재라고 하였다.

2. 별도의 소방조직(금화조직)은 없었으나, 금화제도는 시행되었다.

3. 금화관리자 배치: 당직 개념

4. 금화제도 및 금화관리자를 둔 것은 우리나라 최초의 소방행정의 근원이다.

5. 화약 제조, 사용량 증가에 따라 화통도감을 신설하여 특별관리하였다.

조선시대 전기

1. 세종 5년(1423년): 금화조건

2. 세종 8년 2월(1426년): 금화도감 설치(병조 소속)
   - 한국 최초의 소방관서(소방본부 개념)
   - 조직: 제조 구인, 사 5인, 부사 6인, 판관 6인

3. 세종 8년 6월(1426년): 수성금화도감 설치(공조 소속)
   ↳ 금화도감과 성문도감을 합친 관서

4. 5가 작통제

5. 세종 13년(1431년): 금화군 편성, 금화패 발급

6. 세조 6년 5월(1460년): 수성금화도감 폐지
   ↳ 수성은 공조로, 금화는 한성부로 사무이관

7. 세조 13년(1467년): 멸화군 편성

8. 성종 12년 3월(1481년): 수성금화도감 폐지 후 다시 정식 관청인 수성금화사로 부활

9. 경종 3년 6월(1723년): 중국에서 수총기 도입(기록상 최초의 소방장비)

1423년 6월(세종 5년): 금화조건 ➡ 1426년 2월(세종 8년): 금화도감

➡ 1426년 6월(세종 8년): 수성금화도감 ➡ 1431년(세종 13년): 금화군

➡ 1467년(세조 13년): 멸화군 ➡ 1481년(성종 12년): 수성금화사

★최초 소방행정의 근원: 고려시대, 소방이 전문적인 행정분야로 분화된 시기: 조선시대 전기

갑오경장 전후 (1894년 전후) [광무시대]

1. 1894년 갑오경장을 통하여 경찰사무를 담당한 경무청에서 화재에 관한 사무를 담당하였다.

2. 1895년 4월 29일 경무청 직제 제정 시 경무청처리세칙에 소방이라는 용어가 처음 등장하였다.

3. 소방장비를 갖추고 훈련을 실시하였다.

4. 1908년 일본 통감부가 우리나라 최초의 화재보험회사를 설립하였다.

5. 1909년 수도 개설: 소화전 설치 ➡ 공설 소화전 외에 사설 소화전도 설치하였다.

★고려시대: 소재 ➡ 조선시대: 금화 ➡ 갑오경장: 소방

일제강점기 (1910 ~ 1945년) [일제침략시대]

1. 상비소방수제도 시행(소방관 배치) ┌ 소방조 소속 상비소방수
                              └ 도 경무부 소속 상비소방수

2. 1912년 구입한 스톡홀롬제 가솔린 펌프 1대가 우리나라에 들어온 최초의 소방장비(소방차)이다.

3. 1925년 경성(현, 종로)에 우리나라 최초의 소방서를 설치하였다.

4. 일본에서 119전화기를 도입하여 119전화를 설치하였다.

★ • 우리나라 최초 소방관서: 금화도감 [조선시대 전기]
  • 우리나라 최초 소방서: 경성소방서(종로) [일제강점기]

미군정시대 (과도기, 1945 ~1948년)

1. 1946년 군정법에 따라 소방부와 소방위원회를 설치하였다.

2. 소방조직·업무를 경찰로부터 완전 독립하여 자치소방체제로 전환하였다(소방을 경찰에서 분리).

3. 소방위원회는 중앙소방위원회, 각 도소방위원회로 구분하여 운영하였다.

4. 최초로 독립된 자치소방제도를 시행하였다.

5. 1947년 남조선 과도정부 후에는 동 위원회의 집행기구로 소방청을 설치하고 소방청에는
   청장 1인과 서기장 1인을 두고 군정자문 1인을 배치하여 총무과, 소방과, 예방과를 두었다.

대한민국 정부 수립 이후 (초창기, 1948 ~1970년)
 └ 국가소방체제

1. 정부수립과 동시에 국가에서 일괄적으로 관리하는 국가소방체제로 전환하였다(경찰 소속).

2. 경찰공무원법이 적용되었다.

3. 중앙: 내무부 치안국 소방과 / 지방: 경찰국 소방과

4. 1958년 3월 11일: 소방법 제정·공포

5. 1961년 12월 8일: 소방공동시설세가 신설되어 소방재원을 확보할 수 있었다.

소방행정제도 발전시기 (1970 ~1992년)
 └ 국가·자치 이원체제

1. 1972년 6월 서울과 부산에 소방본부를 설치하여 자치소방체제를 유지하고
   기타 시·도는 정부수립 이후 초창기처럼 국가에서 관리하는 국가소방체제를 유지하였다.
   (국가·자치 이원체제)

2. 서울·부산은 소방본부에서 소방사무를 관장하고, 기타 시·도는 경찰국 소방과에서 관장하였다.

3. 1973년 2월 지방공무원법 제정으로 국가소방공무원은 경찰공무원으로,
   지방공무원은 지방소방공무원으로 소방공무원의 이원화를 구축하였다.

4. 1975년 8월 내무부 민방위본부를 신설하는 동시에 민방위본부 내 소방국을 설치·운영하였다.
   (경찰로부터 분리)

5. 1977년 12월 31일 소방공무원법을 제정하였다.

6. 1978년 3월 소방공무원법이 제정 후 시행되었다(소방공무원 신분의 단일화).

7. 1978년 9월 소방학교를 수원시에 설치하였다(최초의 소방교육기관, 소방교육의 체계화).

8. 1986년 12월 소방학교를 충남 천안시로 이전하였다(이후 2019년 7월 1일 충남 공주로 이전).

소방행정제도 발전시기 (1992 ~2004년) ㄴ 광역소방체제	1. 1992년 광역자치소방체제로 전환하였다(16개 시·도소방본부 설치). 2. 1994년 12월 방재계획과, 재난대책과, 재난복구과를 구성하여 방재국을 신설하였다. 3. 1995년 재난관리법이 재정되었고, 민방위본부를 민방위재난통제본부로 확대·개편하였다. 4. 1995년 대부분의 소방공무원은 지방공무원 신분으로 하였다(단, 소방본부장, 중앙학교장 제외). 5. 1995년 중앙소방학교로 개칭하였다.
소방방재청시대 (2004년 6월 ~2014년) ㄴ 준 독립체제	1. 2003년 2월 18일 대구 지하철 방화사건이 발생하였다. 2. 2003년 5월 30일 1년 후 시행계획으로 소방기본법 등 4개 법률이 제정되었다. 3. 2004년 3월 11일 재난 및 안전관리 기본법이 공포되었다. 4. 2004년 6월 1일 소방방재청이 개청되었다(최초의 재난관리 전담기구). ★ ・1958년: 소방법 제정, 2003년: 소방기본법 등 4개 법률 제정, 2022년: 소방기본법 등 　6개 법률 제정 　・1995년: 재난관리법 제정 　・2004년: 재난 및 안전관리 기본법 제정 　・2004년: 소방방재청 　・2017년: 소방청
중앙소방본부체제 (2014년 11월 ~2017년)	2014년 11월 세월호 사건 이후 소방방재청이 국민안전처 소속 중앙소방본부로 바뀌었다.

소방청체제 (2017년 7월 ~현재)

1. 2017년 3월 탄핵결정 후 5월 새 정부가 들어서면서 행정안전부 외청인 소방청으로 바뀌었다.

2. 2019년 5월 14일 국립소방연구원이 개원하였다.

3. 2019년 구월 1일 중앙소방학교가 공주로 이전하였다.
   (충남 공주에 국민안전교육연구단지 내 중앙소방학교)

4. 2020년 4월 1일 국가소방공무원(국가직)으로 제정되었다.

5. 2022년 소방기본법 등 6개 법률이 제정되었다.

광복 이후
1. 1946: 중앙소방위원회, 도소방위원회
2. 1948: 중앙 - 내무부 치안국 소방과, 지방 - 경찰국 소방과
3. 1975: 내무부 민방위 본부 내 소방국
4. 1992: 시·도소방본부
5. 2004: 소방방재청
6. 2014: 국민안전처 중앙소방본부
7. 2017: 소방청

★대한민국 정부수립 이후 넓은 의미
- 1948 ~ 1970년 (국가소방체제)
- 1970 ~ 1992년 (이원적 소방체제)
- 1992 ~ 2020년 (광역 소방체제)
- 2020년 ~ 현재 (국가소방체제)

🎯 중요 기출지문 모음 zip

1. 대구지하철 화재 발생(2003) 당시에는 광역소방체제였다.

2. 일제강점기인 1925년 최초의 소방서가 설치되었다.

3. 대한민국 정부 수립 이후인 1958년 3월 11일 소방법이 제정·공포되었다.

4. 미군정시대에는 소방행정을 경찰에서 분리하여 자치소방행정체제를 도입하였다.

5. 소방 조직의 설치(시기순): 도 소방위원회 - 내무부 소방국 - 시·도 소방본부 - 소방방재청

소방행정조직의 분류

직접적 소방행정조직	간접적 소방행정조직
• 소방청 • 중앙소방학교 • 중앙119구조본부 • 국립소방연구원	• 한국소방안전원 • 한국소방산업기술원 • 대한소방공제회 • 소방산업공제조합

행정행위

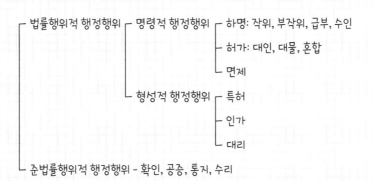

```
┌ 법률행위적 행정행위 ─┬─ 명령적 행정행위 ─┬─ 하명: 작위, 부작위, 급부, 수인
│                    │                  ├─ 허가: 대인, 대물, 혼합
│                    │                  └─ 면제
│                    └─ 형성적 행정행위 ─┬─ 특허
│                                      ├─ 인가
│                                      └─ 대리
└ 준법률행위적 행정행위 ─ 확인, 공증, 통지, 수리
```

1 소방하명

┌ 작위: 적극적으로 해야 할 의무
│ 예 화재예방조치명령, 피난명령 등

├ 부작위: 금지하도록 하는 의무
│ 예 소방용수시설의 불법사용 금지, 소방대상물의 사용금지, 화기취급금지, 소방시설공사의 정지 등

├ 급부: 금전, 물품, 노력 등을 제공할 의무
│ 예 각종 인·허가의 수수료 납부통지(세금납부)

└ 수인: 저항하지 아니할 의무
  예 행정대집행의 집행, 화재진화를 위한 강제처분, 소방자동차의 우선통행 등

2 행정강제

구분	직접강제	즉시강제
개념	• 의무불이행을 전제로 함 • 벌칙이 있음	• 의무불이행을 전제로 하지 않음 • 벌칙이 없음
예시	소속공무원이 위험한 물건의 소유자, 관리자, 점유자에게 옮기거나 치우게 명령을 함	위험한 물건의 소유자, 관리자, 점유자를 알 수 없어 소속공무원이 위험한 물건을 옮기거나 치움

소방행정의 특수성

- 법제적 특성
- 조직적 특성
- 업무적 특성 ─ 현장성(긴급성): 현장기능중심 →예측성 ✕
  - 대기성: 재난이 언제 발생할지 모르므로 대기하는 것
  - 신속·정확성: 재난에 대해 신속·정확
  - 전문성: 전문기술업무
  - 일체성: 강력한 지휘체계
  - 가외성: 중복현상, 중첩장치
  - 위험성: 위험에 대비한 강한 체력과 사명감
  - 결과성: 과정, 절차보다는 결과 중시

소방행정의 작용특성

우월성, 획일성, 기술성, 강제성

소방조직의 기본원리

21. 소방직

- 계선의 원리: 결정을 내리는 것은 개인이 아니라 그 소속기관이라는 것
- 계층제의 원리: 상하의 계층을 형성하는 것
- 업무조정의 원리: 개인이나 조직을 통합하여 행동을 통일하는 것
- 명령통일의 원리: 하나의 조직은 한 사람의 상급자에게 명령을 받는다는 것
- 분업의 원리(기능의 원리, 전문화의 원리): 한 사람이나 한 부서가 하나의 주 업무를 담당하는 것
- 통솔범위의 원리: 한 명의 상관이 부하를 효과적으로 통솔할 수 있는 범위

소방민간조직

1 의용소방대

- 목적: 소방업무를 체계적으로 보조
- 설치: 시·도지사, 소방서장이 시·도, 시·읍·면에 설치한다. → 군, 구는 없다.
- 임무 ┬ 화재 경계와 진압업무의 보조
  ├ 구조·구급업무의 보조
  ├ 화재 등 재난발생 시 대피 및 구호업무의 보조
  └ 화재예방업무의 보조
- 근무: 비상근
- 소집: 소방본부장, 소방서장
- 경비: 시·도지사
- 정년: 65세
  → 소방공무원 정년: 60세
- 날: 3월 19일

> • 소방력 3요소: 소방인력, 소방장비, 소방용수
> • 소방대: 소방공무원, 의무소방원, 의용소방원

2 **자체소방대**: 다량의 위험물을 저장·취급하는 제조소 등으로 대통령령이 정하는 수량 이상의 위험물을 저장 또는 취급하는 경우

- 제4류 위험물을 취급하는 제조소 또는 일반취급소: 지정수량의 3천배 이상
- 제4류 위험물을 저장하는 옥외탱크저장소: 지정수량의 50만배 이상인 경우에는 자체소방대를 두어야 한다.
- 자체소방대에 두는 화학소방자동차 및 인원(제18조 제3항관련)

사업소 구분	화학소방자동차	자체소방대원의 수
제조소 또는 일반취급소에서 취급하는 제4류 위험물의 최대수량의 합이 지정수량의 3천배 이상 12만배 미만인 사업소	1대	5인
제조소 또는 일반취급소에서 취급하는 제4류 위험물의 최대수량의 합이 지정수량의 12만배 이상 24만배 미만인 사업소	2대	10인
제조소 또는 일반취급소에서 취급하는 제4류 위험물의 최대수량의 합이 지정수량의 24만배 이상 48만배 미만인 사업소	3대	15인
제조소 또는 일반취급소에서 취급하는 제4류 위험물의 최대수량의 합이 지정수량의 48만배 이상인 사업소	4대	20인
옥외탱크저장소에 저장하는 제4류 위험물의 최대 수량이 지정수량의 50만배 이상인 사업소	2대	10인

3 **소방안전관리자**

├ 목적: 소방계획 수립, 소방안전 교육, 소방대상물 관리·유지·보수

├ 등급: 특급 소방안전관리자, 1급 소방안전관리자, 2급 소방안전관리자, 3급 소방안전관리자

└ 업무 ┬ 소방계획서 작성·시행

├ 자위소방대, 초기대응체계의 구성·운영·교육

├ 피난시설, 방화구획, 방화시설의 관리

├ 소방훈련·교육

├ 소방 시설, 소방 관련 시설 관리

├ 화기취급 감독

├ 소방안전관리에 관한 업무수행에 대한
│ 기록 유지

├ 화재발생 시 초기대응

└ 소방안전관리에 필요한 업무

> **관계인의 업무(특정소방대상물)**
> - 피난시설, 방화구획, 방화시설의 관리
> - 소방 시설, 소방 관련 시설 관리
> - 화기취급 감독
> - 화재발생 시 초기대응
> - 소방안전관리에 필요한 업무

4 **위험물안전관리자**

├ 위험물안전관리자를 선임한 제조소 등의 관계인이 해임·퇴직한 날: 30일 이내 선임

└ 선임한 날: 14일 이내 소방본부장 또는 소방서장에게 신고

5 **자위소방대**: 자위소방조직을 편성하고 정기적으로 소방훈련

소방 관련 법규

23. 소방직

1 소방목적

- 기본적인 목적: 화재 예방·경계·진압, 구조·구급
- 궁극적인 목적: 공공의 안녕, 질서유지와 복리증진에 이바지함

2 소방신호

- 목적: 화재예방, 소방훈련, 소방활동
- 종류: 경계신호, 발화신호, 해제신호, 훈련신호
- 소방신호의 방법(제10조 제2항 관련)

종별 \ 신호방법	타종신호	사이렌신호	그 밖의 신호
경계신호	1타와 연2타를 반복	5초 간격을 두고 30초씩 3회	"통풍대" "게시판" 화재경보발령중
발화신호	난타	5초 간격을 두고 5초씩 3회	
해제신호	상당한 간격을 두고 1타씩 반복	1분간 1회	"기"
훈련신호 (소방대의 비상소집을 하는 경우에는 훈련신호를 사용할 수 있다)	연3타 반복	10초 간격을 두고 1분씩 3회	

3 주체 정리

- 소방박물관 설립·운영권자: 소방청장
- 소방체험관 설립·운영권자: 시·도지사
- 화재예방강화지구 지정권자: 시·도지사
- 화재예방조치명령권자: 소방관서장

4 국고보조: 소방자동차, 소방헬리콥터, 소방정, 소방전용통신설비, 전산설비, 방화복 등 소방활동에 필요한 소방장비, 소방관서용 청사의 건축

5 **소방기관**

— 소방업무를 수행하는 소방본부장 또는 소방서장은 시·도지사의 지휘와 감독을 받는다.

— 소방청장은 화재 예방 및 대형 재난 등 필요한 경우 시·도 소방본부장 및 소방서장을
지휘·감독할 수 있다.

6 **국립소방연구원**: 소방청장 소속의 책임운영기관

7 **한국119청소년단**: 청소년에게 소방안전에 관한 올바른 이해와 안전의식을 함양하는 것

8 **소방시설업 및 소방시설관리업**

— 소방시설업: 소방시설설계업, 소방시설공사업, 소방공사감리업, 방염처리업

— 소방시설관리업: 소방안전관리업무의 대행 또는 소방시설등을 점검·유지·관리하는 업

9 **소방기술민원센터의 설치·운영**: 소방청장, 소방본부장

🎯 **중요 기출지문 모음 zip**

1. 소방조직 원리에는 계선의 원리, 계층제의 원리, 업무조정의 원리, 명령통일의 원리, 분업의 원리, 통솔범위의 원리가 있다.

2. 소방대의 비상소집을 하는 경우에는 훈련신호를 사용할 수 있다.

국가공무원법
22. 간부

1 소방공무원: 경력직공무원 중 특정직공무원
↳ 특수경력직공무원 ✕

> **소방공무원의 신분**
>
> 일반직공무원
> (1949년 8월 12일 ~ 1969년 1월 6일)
> ↓
> 별정직공무원
> (1969년 1월 7일 ~ 1982년 12월 31일)
> ↓
> 특정직공무원
> (1983년 1월 1일 ~ 현재)

2 공무원 징계 사항(6종의 징계)

중징계	**파면**	• 공무원의 신분 배제(박탈) • 퇴직급여(수당)의 1/2 감액 • 5년간 공무원에 임용 불가
	해임	• 공무원의 신분 배제(박탈) • 퇴직급여(수당) 전액 지급 • 3년간 공무원에 임용 불가
	강등	• 1계급 아래로 직급 이동, 공무원의 신분은 보유 • 3개월간 직무에 종사하지 못하며 그 기간 중 보수의 전액 감액 • 승급제한(처분기간 3개월 + 18개월)
	정직	• 1개월 이상 3개월 이하의 기간, 그 기간 중 공무원의 신분은 보유하나 직무에 종사하지 못하며 그 기간 중 보수의 전액 감액 • 승급제한(정직처분기간 + 18개월)
경징계	**감봉**	• 1개월 이상 3개월 이하의 기간, 그 기간 중 보수의 1/3 감액 • 승급제한(감봉처분기간 + 12개월)
	견책	• 훈계하고 회개 • 승급제한(6개월)

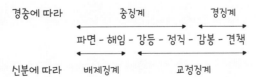

경중에 따라 ─── 중징계 ──── 경징계

파면 - 해임 - 강등 - 정직 - 감봉 - 견책

신분에 따라 ─── 배제징계 ──── 교정징계

소방공무원법

24. 간부

1 정의

- 임용: 신규채용·승진·전보·파견·강임·휴직·직위해제·정직·강등·복직·면직·해임 및 파면
- 복직: 휴직·직위해제 또는 정직(강등에 따른 정직) 중에 있는 소방공무원을 직위에 복귀
- 소방기관: 소방청, 시·도, 중앙소방학교, 중앙119구조본부, 국립소방연구원, 지방소방학교, 서울종합방재센터, 소방서, 119특수대응단, 소방체험관
  ↳ 소방본부는 시·도 직속부서이므로 소방기관이 아니고, 소방박물관도 아니다.
- 필수보직기간: 다른 직위로 전보되기 전까지 현 직위에서 근무하여야 하는 최소 기간

2 11계급 및 임용권자

소방공무원	임용권자	
소방총감	대통령이 임명	
소방정감	소방청장의 제청으로 국무총리를 거쳐 대통령이 임용	–
소방감		
소방준감		전보, 휴직, 직위해제, 강등, 정직 및 복직은 소방청장이 행함
소방정		
소방령		
소방경	소방청장이 임용	
소방위		
소방장		
소방교		
소방사		

3 시보: 시보가 끝나면 정규소방공무원이 되며, 시보 전에는 정규소방공무원이 아니다.

시보임용기간	소방장 이하	6개월
	소방위 이상	1년

- 휴직기간, 직위해제기간, 징계에 의한 정직·감봉처분을 받은 기간: 시보임용기간에 산입하지 아니한다.
- 소방공무원으로 임용되기 전에 그 임용과 관련하여 소방공무원교육훈련기관에서 교육훈련을 받은 기간: 시보임용기간에 산입한다.
- 시보임용기간 중에 있는 소방공무원이 근무성적, 교육훈련성적이 불량할 경우: 면직할 수 있다.

4 소방공무원의 신규채용시험, 승진시험, 소방간부후보생 선발시험 실시권자: 소방청장

5 승진: 근속승진, 시험승진, 심사승진, 특별승진
└ 근속승진: 소방사 → 소방경까지 23년 6개월

소방사 → 소방교	4년 이상
소방교 → 소방장	5년 이상
소방장 → 소방위	6년 6개월 이상
소방위 → 소방경	8년 이상

6 정년: 연령정년, 계급정년
├ 연령정년: 만 60세
│
└ 계급정년 →

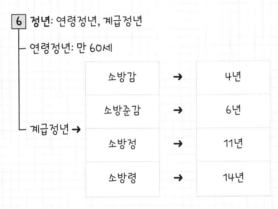

소방감	→	4년
소방준감	→	6년
소방정	→	11년
소방령	→	14년

☆ • 소방령 이상 ~ 소방감 이하는 연령정년, 계급정년이 있다.
 • 소방경 이하, 소방정감, 소방총감은 연령정년이 있지만, 계급정년은 없다.

1. 소방공무원은 공무원 분류상 경력직공무원 중 특정직공무원에 해당한다.

2. 소방공무원의 징계 중 경징계에는 감봉, 견책이 있다.

01 | 119구조·구급에 관한 법률

용어의 정의

구조	외부의 도움을 필요로 하는 사람의 생명, 신체 및 재산을 보호하기 위하여 수행하는 모든 활동
119구조대·구급대·구조견대	소방공무원으로 편성된 단위조직
구급	응급환자상담, 응급처치, 이송 등의 활동
응급환자	위급한 상태로 인하여 즉시 필요한 응급처치를 받지 아니하면 생명을 보존할 수 없거나 심신에 중대한 위해가 발생할 가능성이 있는 환자
응급처치	긴급히 필요로 하는 처치
구급차등	자동차, 선박, 항공기
지도의사	구급차 등을 사용하는 경우 상담·구조·이송 및 응급처치를 지도받기 위한 의사
119항공대	항공기, 구조·구급 장비, 119항공대원으로 구성된 단위조직
119항공대원	119항공대에 근무하는 조종사, 정비사, 항공교통관제사, 운항관리사, 119구조·구급대원
119구조견	소방기관에서 운용하는 개

**구조·구급
기본계획**

중앙구조·구급정책협의회를 거쳐 5년마다 수립

편성·운영 등

┌ 119 구조·구급대 편성·운영: 소방청장 등(소방청장, 소방본부장, 소방서장)
├ 국제구조·구급대 편성·운영, 119구급상황관리센터의 설치·운영: 소방청장
└ 119항공대 편성·운영, 119구조견대 편성·운영: 소방청장, 소방본부장

119구조대

21. 간부

일반구조대		소방서마다 1개 대(隊) 이상 (소방서가 없는 경우 119안전센터에 설치할 수 있음)	
특수구조대	소방서	화학구조대	화학공장이 밀집한 지역
		수난구조대	내수면지역
		산악구조대	자연공원 등 산악지역
		고속국도구조대	고속국도
		지하철구조대	도시철도의 역사(驛舍) 및 역무시설
직할구조대		소방청, 소방본부	
테러대응구조대		소방청, 소방본부 (필요한 경우 화학구조대와 직할구조대를 테러대응구조대로 지정할 수 있음)	

국제구조·구급대

- 국제구조대 반별 임무: 인명 탐색 및 구조, 안전평가, 상담, 응급처치, 응급이송, 시설관리, 공보연락 등의 임무
- 국제구조대 장비: 구조장비, 구급장비, 정보통신장비, 측정장비 중 공통측정장비 및 화생방 등 측정장비, 보호장비, 보조장비
- 국제구급대 반별 임무: 안전평가, 상담, 응급처치, 응급이송, 시설관리, 공보연락 등의 임무
- 국제구급대 장비: 구급장비, 정보통신장비, 보호장비, 보조장비 중 기록보존장비 및 현장지휘소 운영장비

119구급대

구급대 종류	설치단위	내용
일반구급대	소방서	소방서가 없는 경우 119안전센터
고속국도구급대	소방청	-
	소방본부	-
	소방서	고속국도 관할

구조·구급 요청의 거절

19. 간부

구조출동 요청을 거절하는 경우	• 단순 문 개방 요청 • 시설물에 대한 단순 안전조치, 장애물 단순 제거의 요청 • 동물의 단순 처리·포획·구조 요청 • 주민생활 불편해소 차원의 단순 민원 등 구조활동의 필요성이 없다고 인정되는 경우

구급출동 요청을 거절하는 경우	• 단순 치통환자
	• 단순 감기환자(섭씨 38도 이상의 고열, 호흡곤란 제외)
	• 혈압 등 생체징후가 안정된 타박상 환자
	• 술에 취한 사람
	  (강한 자극에도 의식이 회복되지 아니하거나 외상이 있는 경우는 제외)
	• 만성질환자로서 검진, 입원 목적의 이송 요청자
	• 단순 열상, 찰과상으로 지속적인 출혈이 없는 외상환자
	• 병원 간 이송, 자택으로의 이송 요청자
	  (의사가 동승한 응급환자의 병원 간 이송은 제외)

	구조·구급대원에게 폭력을 행사하는 등 구조·구급활동을 방해하는 경우에는 구조·구급활동을 거절할 수 있음

구조활동 순서

- 초기대응단계순서: 상황파악 → 접근 → 상황안정화 → 후송
- 구조활동 우선순위: 구명 → 신체구출 → 고통경감(정신적·육체적) → 재산보전(재산보호)
- 구조활동 절차 우선순위: 위험평가 → 수색 → 구조 → 응급의료 순서 또는 피난유도
  → 인명검색 → 구출 → 응급처치 → 이송

◎ 중요 기출지문 모음 zip

1. 119구조·구급에 관한 법률 시행령상 특수구조대에 해당하는 것에는 화학구조대, 수난구조대, 산악구조대, 고속국도 구조대, 지하철구조대가 있다.

2. 119구조·구급에 관한 법률 시행령상 구조 또는 구급 요청을 거절할 수 있는 경우에는 ① 동물의 단순 처리·포획·구조 요청을 받은 경우, ② 단순 감기환자(단, 섭씨 38도 이상의 고열, 호흡곤란 제외), ③ 혈압 등 생체징후가 안정된 타박상 환자, ④ 술에 취했으나 외상이 없고 강한 자극에 의식을 회복한 사람, ⑤ 요구조자 또는 응급환자가 구조·구급대원에게 폭력을 행사하는 등 구조·구급활동을 방해하는 경우 등이 있다.

02 응급의료에 관한 법률

용어의 정의

응급의료종사자	의료인(의사, 치과의사, 한의사, 간호사, 조산사)과 응급구조사
응급의료기관 등	응급의료기관, 구급차 등의 운용자, 응급의료지원센터
응급환자이송업	구급차 등을 이용하여 응급환자 등을 이송하는 업

중증도 분류 기준
23. 간부

치료순서	색깔	심볼	부상정도	특성 및 증상
1	적색	토끼	긴급	• 수 분, 수 시간 이내 응급처치를 요하는 환자 • 대량출혈, 기도화상을 동반한 중증의 화상, 척추손상(경추 포함) 등
2	황색	거북이	응급	• 수 시간 이내 응급처치를 요하는 환자 • 중증의 출혈, 중증의 화상, 척추손상 (경추 제외) 등
3	녹색	구급차에 × 표시	비응급	• 수 시간, 수 일 후 치료해도 생명에 지장이 없는 환자 • 소량의 출혈, 경증의 화상 등
4	흑색	십자가 표시	지연	• 사망하였거나 생존 가능성이 없는 환자 • 20분 이상 호흡이나 맥박이 없는 환자 등

응급처치 기술

1 응급처치 기본 순서

: 주변상황정리 → 의식유무확인 → 구조요청 → 기도(Airway)유지 → 호흡 → (혈액)순환

→ 약물요법 → 병원이송

2 환자평가(1차평가, 2차평가)

- 1차평가(ABCDE)

: 기도유지평가(A) → 호흡평가(B) → 순환평가(C) → 의식상태평가(기능장애평가, D) → 노출(E)

- 2차평가: 응급처치를 마친 후 환자의 병력조사

3 기도폐쇄처치: 하임리히법(복부 밀쳐 올리기)

4 기도확보처치: 하악거상법(머리를 젖히고 턱 들기법), 하악견인법(턱 들어올리기법)

- 하악거상법(머리를 젖히고 턱 들기법): 경추손상이 의심되는 환자에게는 사용하지 않는다.

- 하악견인법(턱 들어올리기법): 머리, 목, 척추손상환자의 경우에 사용하는 방법이다.

5 심폐소생술(CPR): 심정지가 의심되는 환자에게 인공으로 호흡과 혈액순환을 유지시키는 것

- 순서: 의식유무 확인 → 도움 요청 → 흉부압박(30회) → 기도유지 → 인공호흡(2회)

- 흉부압박 : 호흡 → 30 : 2

- 압박횟수: 1분에 100 ~ 120회

응급구조사

1 구분 → 1급 응급구조사 자격에 의료인은 없다.

1급 응급구조사	• 대학, 전문대학에서 응급구조학을 전공하고 졸업한 사람 • 보건복지부장관이 인정하는 외국의 응급구조사 자격인정을 받은 사람 • 2급 응급구조사로서 응급구조사 업무에 3년 이상 종사한 사람
2급 응급구조사	• 보건복지부장관이 지정하는 응급구조사 양성기관에서 대통령령으로 정하는 양성과정을 마친 사람 • 보건복지부장관이 인정하는 외국의 응급구조사 자격인정을 받은 사람

2 업무

1급 응급구조사 업무범위	• 심폐소생술의 시행을 위한 기도유지 • 정맥로 확보 • 인공호흡기를 이용한 호흡의 유지 • 약물투여(의사 지도하에 실행) • 2급 응급구조사의 업무
2급 응급구조사 업무범위	• 기도기를 이용한 기도유지 • 기본 심폐소생술 • 산소투여 • 쇼크방지용 하의 등을 이용한 혈압의 유지 등 • 흉통 시 니트로글리세린을 혀 아래 투여, 천식발작 시 기관지확장제 흡입 (환자가 해당 약물을 휴대하고 있는 경우)

◎ 중요 기출지문 모음 zip

1. 2급 응급구조사의 업무범위에는 산소투여, 기본 심폐소생술, 구강 내 이물질의 제거, 기도기를 이용한 기도유지 등이 있다.

2. 중증도 분류별 표시방법으로 비응급은 녹색, 구급차 그림에 × 표시한다.

해커스소방 fire.Hackers.com

부록

소방학개론 용어정리

원자량(질량 수)	원자의 질량을 일정기준에서 정한 것으로 원자핵을 구성하는 양자와 중성자의 합
분자량	고유특성을 가지고 하나의 단위로 작용할 수 있는 원자들의 결합체. 원자량×개수
비중(比重)	특정물질의 질량과 같은 부피의 표준물질의 질량과의 비율
증기압	증기가 밖으로 밀치고 나가려는 힘(압력과 증기압은 반대현상)
인력	두 물체가 서로 끌어당기는 힘 ↔ 척력: 두 물체가 서로 밀어내는 힘
열량	열을 에너지의 양으로 나타낸 것
몰(mol)	• 물질의 입자 수, 질량, 부피 등과 같은 물질의 양을 나타내는 단위 • 1mol은 묶음의 단위로서 원자 $6.02×10^{23}$개, 부피로 표현하면 22.4L
보일의 법칙	온도가 일정한 기체에서는 압력과 부피는 반비례한다는 법칙
샤를의 법칙	압력이 일정한 기체에서는 온도와 부피는 비례한다는 법칙
게이뤼삭의 법칙	부피가 일정한 기체에서는 압력이 온도와 비례한다는 법칙
이상기체상태방정식	비압축성이며 점성이 없는 유체로 가정한 방정식
전도	물체 간의 직접적인 접촉을 통해서 열이 전달되는 현상
대류	기체나 액체와 같이 유동성이 있는 유체 내에서 일어나는 열전달 현상
복사	매질이 존재하지 않는 전자기파의 형태로 전파되거나 가열된 물체 표면으로부터 전자파(파장의 형태)를 방출하는 현상
도체(전도성·금속)	전기가 잘 흐르는 물질 ↔ 부도체(비전도성·절연체·비금속): 전기가 잘 흐르지 않는 물질
연소	물질이 격렬한 산화반응을 함으로써 열과 빛을 발생하는 현상(발열반응)
산화제	자신은 환원되면서 다른 물질을 산화시키는 물질
환원제	자신은 산화되면서 다른 물질을 환원시키는 물질
활성화에너지 (점화에너지, 최소발화에너지)	불이 붙는 최소한의 에너지
반응열	화학반응이 일어날 때는 반드시 에너지의 출입이 따르는데, 이때 출입하는 에너지
발열반응	반응물이 에너지를 외부로 방출하는 반응
흡열반응	반응물이 외부로부터 열을 흡수하는 반응
촉매	반응속도를 빠르게 변화시키는 물질 ↔ 부촉매: 반응속도를 느리게 변화시키는 물질
가연성 물질	연소가 가능한 물질 ↔ 불연성 물질: 연소가 불가능한 물질
조연성(助燃性)	가연물질이 연소하는 것을 돕는 성질

지연성(支燃性)	연소를 지탱하는 성질을 가지고 있는 산소와 공기
표면적	연료의 전 면적
비표면적	공기와 접촉하는 면적
열전도도(열전도율)	가연물이 열을 보내는 능력
연소열	어떤 물질 1mol 또는 1g이 완전연소할 때 발생하는 열
분해열	어떤 화합물 1mol이 상온에서 가장 안정된 상태의 성분원소로 분해할 때 발생하는 열
용해열	어떤 물질 1mol이 용매에 용해될 때 발생하는 열
용질	다른 물질에 녹는 물질(예 소금)
용매	다른 물질을 녹이는 물질(예 물)
용해	어떤 물질이 다른 물질에 녹아 골고루 섞이는 현상
용액	용질이 용매에 골고루 섞여 있는 물질(예 소금물)
저항열	전기에너지의 일부가 열로 변화되어 발생하는 열
유도열	도체 주위의 자장(자기장, 자계)에 의해 전위차가 발생될 때 유도전류에 의해 발생하는 열
유전열	절연물질에 누설전류가 흐를 때 발생되는 열
마찰열	두 물질(특히 고체)을 마주대고 마찰시키면 운동에 대한 저항현상으로 발생하는 열
마찰스파크열	금속물체와 다른 고체물체의 충돌에 의해 발생하는 열
압축열	밀폐된 계 내부에서 단열 압축 시 발생하는 열
주울의 법칙	전류에 의한 열작용과 관계가 있는 법칙
과부하	전기를 일으키거나 기계의 힘을 내게 하는 부담이 규정량이나 적정 작업량을 넘어서는 부하
과전류	비정상적으로 생기는 큰 전류
누전	전기가 새는 것
단락(합선)	두 전선이 붙는 것 ↔ 단선: 두 전선이 끊어지는 것
지락	전기가 대지로 흐르는 것
열적 경화	다리미 등에서 나오는 열이 축적되어 주위의 가연물을 발화시키는 것
중간체	H_*(수소기), OH_*(수산기)에 의해 연소를 촉진시키는 것
발화(착화)	불이 일어나거나 타기 시작하는 것
인화점	점화원의 존재하에 연소하기 시작하는 최저온도
연소점	점화원의 존재하에 연소가 지속적으로 불이 붙는 최저온도

발화점(착화점)	점화원 접촉 없이 가연물 표면에 가열된 열의 축적에 의해 발화되고 연소가 일어나는 최저온도
소염거리	인화가 일어나지 않는 최소거리
연소범위 (폭발범위·가연범위)	공기 중 연소에 필요한 혼합가스의 농도가 낮은 쪽을 연소하한계, 높은 쪽을 연소상한계라 하며, 그 사이의 범위를 연소범위라고 함
위험도	가연성 가스가 화재를 일으킬 위험성을 나타내는 척도
최소산소농도 (한계산소량)	• 화염을 전파하기 위하여 요구되는 최소한의 산소농도 • 가연성 기체일 때 최소산소농도 = 산소양론계수($\frac{산소몰수}{연소가스몰수}$)×연소하한계
퍼지(블로우 다운)	점화되기 전에 미연소 가스를 배출하여 폭발을 방지하는 것
최소착화압력	매우 압력이 낮아서 어느 정도 착화원에 의해 점화하여도 점화할 수 없는 한계
연소속도	연소 시 화염이 미연소 혼합가스에 대해 수직으로 이동하는 속도(산소와 수직으로 만나는 속도)
당량비	• 연료와 공기 또는 산소가 완전히 연소할 경우의 연료와 공기 또는 산소의 비(화학양론적 조성) • 실제의 연소 상태에 있어서의 연료와 공기 또는 산소의 공급량의 비를 나눈 값 (1보다 클 경우에는 연료과농, 1보다 작을 경우에는 연료희박. 연소 상태를 나타내기도 하며, 당량비는 공기과잉률의 역수)
층류	규칙적인 흐름, 즉 규칙적인 화염 ↔ 난류: 불규칙적인 흐름, 즉 불규칙적인 화염
분무 (무상·무화·미립화·액적)	안개처럼 입자가 작은 것
산소분압	산소의 압력
훈소	산소(산소분압)부족으로 인해 적열된 상태에서 불꽃을 내지 않고 서서히 타들어 가는 현상
열효율	열기관에 공급된 열이 유효한 일로 바뀐 정도를 나타내는 비율
완전연소	가연성 가스의 조성이 균일할 경우 ↔ 불완전연소: 가연성 가스의 조성이 균일하지 못할 경우. 불완전연소 시 산소부족, 일산화탄소, 훈소, 백드래프트, 그을음, 분진폭발을 생각하여야 함
역화(Back Fire), 플래시백, 라이트백	• 대부분 기체연료를 연소시킬 때 발생되는 이상 연소현상 • 연료의 분출속도가 연소속도보다 느릴 때 불꽃이 연소기의 내부로 빨려 들어가 혼합관 속에서 연소하는 현상
선화(Lifting)	연료가스의 분출속도가 연소속도보다 빠를 때 불꽃이 버너의 노즐에서 떨어져서 연소하는 현상
블로우 오프(Blow Off)	선화 상태에서 연료가스의 분출속도가 증가하거나 주위 공기의 유동이 심하면 화염이 노즐에 정착하지 못하고 떨어져 화염이 꺼지는 현상
황염	불꽃의 끝이 적황색으로 되어 연소하는 현상
주염	가연성 가스가 연소하면서 바람을 타고 흘러가는 현상
원유	지구의 지각 내에서 산출되며 연료 및 다양한 석유제품을 생산하기 위하여 추출되는 혼합물
자연발화	외부에서 인위적으로 점화에너지를 부여하지 않았음에도 상온에서 물질이 공기 중 화학변화를 일으키고 오랜 시간에 걸쳐 열의 축적이 생기면서 마침내 발화점에 도달하여 발화하는 현상

중합반응	저분자 물질에서 고분자 물질로 바뀌는 화학반응
요오드 값	유지 100g이 흡수할 수 있는 요오드의 그램(g)수
폭발	밀폐된 공간에서 급격한 압력으로 파괴력과 소음을 동반하는 현상
물리적 폭발	반응 후의 물질이 반응 전의 물질로 되돌아오는 물질을 말하며, 화염을 동반하지 않는 폭발
화학적 폭발	반응 후의 물질이 반응 전의 물질로 되돌아올 수 없는 물질을 말하며, 화염을 동반하는 폭발
폭굉(Detonation)	충격파에 의한 반응으로서 연소의 전파속도가 음속보다 빠른 폭발현상(초음속)
폭연(Deflagration)	발열반응으로서 연소의 전파속도가 음속보다 느린 폭발현상(아음속)
음속	음파가 매질을 통해서 전파되는 속도(대기 중에 340m/s)
폭속	폭굉속도의 줄임말
난류확산	액체 및 기체 분자의 불규칙적 흐름으로 확산하는 현상
폭굉유도거리	최초의 완만한 연소가 격렬한 폭굉으로 발전할 때까지의 거리
안전간격	화염일주한계에서 말하는 틈으로 공급되는 열에너지
압괴	외부압력에 의해 찌그러지는 것
감압폭발	내부보다 외부 압력이 낮을 때(감압), 외부에서 견뎌내지 못해 내부에서 순식간에 분출되는 형태
교반	휘저어 섞는 것
입도	알갱이의 평균지름
방산속도	열이 제각기 흩어지는 속도
폭로시간	폭발로 가는 시간
건류	석탄분진(탄진)에 스며드는 액상(휘발성분)을 날려보내는 것
액화저장	기체를 액체화하여 저장하는 것
가연성 가스	• 보통의 대기 상태(온도와 압력)에서는 기체의 형태로 존재하는 것 • 산소와 혼합하여 존재하므로 일정한 조건이 되면 발화할 수 있음
가연성 액체	인화점이 61℃ 이하인 액체
가연성 증기	가연성 액체가 증발하여 증기의 형태로 존재하는 것
분진폭발	가연성 고체가 미분말로 되어 공기 중에 부유한 상태로, 폭발농도 이상으로 있을 때 점화원에 의해 발생하는 폭발
분무폭발	• 공기 중에 분출된 가연성 액체의 미세한 액적(Mist)이 (분)무상으로 되어 공기 중에 부유한 상태 • 폭발농도 이상으로 있을 때 점화원에 의해 발생하는 폭발
분해폭발	다른 공기나 조연성 가스와 혼합되지 않아도 일정한 조건이 충족될 때 발열을 동반하는 급격한 압력팽창으로 인하여 발생하는 폭발

증기폭발(BLEVE)	끓는 액체 팽창증기폭발이라고 하며, 고압의 액화가스용기(탱크로리, 탱크 등) 등이 외부 화재에 의해 가열되면 탱크 내 액체가 비등하고 증기가 팽창하면서 폭발을 일으키는 현상
증기운폭발(UVCE)	대기(자유공간) 중 유출된 가스가 구름을 형성하여 떠다니다가 점화원과 접촉하여 순간적으로 폭발하는 현상
방폭	전기설비로 인한 화재 및 폭발을 방지하기 위한 안전설비
내압 방폭구조	전폐구조로 용기 내부에서 폭발성 가스, 증기가 폭발했을 때 용기가 압력에 견디며 접합면이나 개구부를 통해서 외부의 폭발성 가스에 인화될 우려가 없도록 한 구조
압력 방폭구조	용기 내부에 보호기체(불활성 기체)를 압입하여 내부압력을 유지함으로써 폭발성 가스의 침입을 방지하는 구조
유입 방폭구조	전기불꽃, 아크, 고온이 발생하는 부분을 기름(절연유) 속에 넣어 기름면 위의 폭발성 가스에 인화될 우려가 없도록 한 구조
안전증 방폭구조	정상상태에서 점화원을 발생시키지 않는 전기기기가 있는 구조
본질안전 방폭구조	정상 또는 사고 시에 발생하는 전기불꽃, 아크, 고온에 의해 폭발성 가스가 점화되지 않는 것이 점화시험 등에 의해 확인된 구조
플래시 화재(Flash Fire)	• 누출된 LPG(액화석유가스)는 누출된 즉시 기화하는데, 이 현상을 플래시 증발이라 하고, 기화된 증기연무(하얀 구름) 내 점화원에 의해 화재가 발생한 현상을 플래시 화재라 함 • 이때, 기화한 액체의 양(q)과 전체 액체량(Q)의 비를 순간증발(Flash)률이라 함
제트 화재(분출 화재)	위험물질의 이송배관 또는 저장용기로부터 고압의 누출이 발생되는 현상
오일오버(Oil Over)	위험물저장탱크 내에 저장된 양이 내용적의 1/2 이하로 충전되어 있을 때 화재로 인하여 증기압력이 상승함에 따라 저장탱크 내의 유류를 외부로 분출하면서 탱크가 파열되는 현상
보일오버(Boil Over)	유류저장탱크의 화재 중 열류층을 형성하여 화재진행과 더불어 열류층(열파침강)이 점차 탱크 바닥으로 도달하여 탱크 저부에 물 또는 물과 기름의 에멀전이 수증기로 변하여 부피팽창에 의해 탱크 내의 유류가 갑작스럽게 탱크 밖으로 분출되어 화재를 확대시키는 현상
슬롭오버(Slop Over)	물이 연소유의 뜨거운 표면에 들어갈 때(유입, 주수 시) 발생하는 오버플로우(Over Flow) 현상
프로스오버(Froth Over)	화재 이외의 경우에도 물이 고점도 유류 아래에서 비등하여 탱크 밖으로 물과 기름이 거품과 같은 상태로 넘치는 현상
열파, 열류층(Heat layer)	원유, 중질유와 같이 비점이 서로 다른 성분을 가진 제품의 저장탱크에 화재가 발생하여 장시간 진행되면 유류 중 가벼운 성분이 먼저 증발하여 연소되고 무거운 성분은 계속 축적되어 화염에 의해서 가열되면서 유면 아래에 뜨거운 층을 이루는 현상
유화소화 (수막, 에멀전, 유탁액)	비중이 물보다 큰 비수용성 기름화재 시 물을 무상(안개모양)으로 방사하거나 포소화약제를 방사하여 유류표면에 유화층(수막층)의 막을 형성시켜 공기의 접촉을 막아 소화하는 작용
비등석	액체가 끓을 때 과열로 갑자기 끓어오르는 현상(돌비현상)을 막기 위하여 액체 속에 넣는 물질의 조각(예 돌, 유리구슬 등)
수용성	물과 기름이 섞이는 성질 ↔ 비수용성: 물과 기름이 섞이지 않는 성질
고점도	끈끈한 성질의 크기가 큼을 의미함

고비점	끓는점이 높음을 의미함
다비점	비점이 넓음(끓는점이 넓음)을 의미함
헤모글로빈	척추동물의 적혈구 속에 다량으로 들어 있는 색소 단백질로 인체 내에서 산소를 운반함
폴리우레탄	탄성이 있는 고분자 화합물로 매트리스 등에 쓰이는 탄성이 있는 물질
폴리염화비닐(PVC)	일반적으로 수용성 현탁액이나 유탁액에서 염화비닐을 과산화물 촉매로 처리하여 만드는 유기 중합체 계열에 속하는 합성수지
중량농도(mg/m³)	단위체적당 물질의 무게로서 측정하는 것
입자농도(개/m³)	단위체적당 연기 입자수로 측정하는 것
감광계수[m⁻¹]	연기의 농도 표시법
투과율법	감광계수[m⁻¹]에 의한 농도 표시법
가시거리	사람이 목표물을 식별할 수 있는 거리
피난한계 투시거리	안전하게 피난할 수 있는 거리
연기 유동력	연기가 움직이는 힘
굴뚝효과(연돌효과)	건축물 내부의 온도가 외부 온도보다 높고 밀도가 낮을 때 압력차로 인하여 건물 내부로 들어온 공기는 부력을 받아 아래에서 위로 이동하는데, 이러한 상향 공기 흐름
공기조화설비 (HVAC System)	공기를 깨끗하게 정화하고 일정한 온도와 습도로 조절하여 실내에 공급하는 시설
연도강하	연기가 높은 곳에서 아래로 향하여 내려오는 것
중성대 (중성점·중립면·중립점)	건물의 내·외 압력이 같으면 공기는 정체하는데, 압력이 0인 지대
불연속	실내의 천장 쪽 고온가스와 바닥 쪽 찬 공기의 경계선
배기	공기나 가스, 증기, 연기 따위가 실 밖으로 유출되는 현상
급기	신선한 공기가 실 안으로 유입되는 현상
천장제트흐름	고온의 연기생성물들이 수직 방향으로 상승하다가 천장하면을 따라 수평 방향으로 빠르게 이동하는 가스의 흐름
댐퍼	공기의 통로인 덕트 내에 설치하여 공기의 흐름을 제어할 수 있는 공기조절판
화재	사람의 의도에 반하거나 고의 또는 과실에 의하여 발생하는 연소현상으로서 소화할 필요가 있는 현상 또는 사람의 의도에 반하여 발생하거나 확대된 화학적인 폭발현상
실화	사람의 의도에 반하여 발생하는(실수) 화재
방화	고의에 의해 발생하는 화재

팽창질석(Vermiculite)	운모가 풍화 또는 변질되어 생성된 것
팽창진주암(Perlite)	천연유리를 조각으로 분쇄한 것
비누화작용	기름 성분과 알칼리 성분을 합쳐서 비누를 만들어 소화하는 작용
지하가	건물 지하, 지하철역 주변, 지하도 따위에 상점이 늘어선 곳
선박	사람이나 물건을 싣고 물 위를 떠다니도록 만든 물건(배)
선거	배를 건조하거나 수리하기 위하여 조선소, 항만 등에 건설한 설비
지하(공동)구	• 전력·통신용 전선, 가스·냉난방용 배관 또는 이와 비슷한 것을 집합수용하기 위하여 설치한 것 • 폭이 1.8m 이상이고 높이가 2m 이상이며 길이가 50m 이상인 것
동전기	전기(전하)가 흐르는 것 ↔ 정전기: 전기(전하)를 축적하는 것
전하	전기적인 입자(+입자, −입자)
방전	전지나 축전기 따위의 전기를 띤 물체에서 전기가 밖으로 흘러나오는 현상
제거소화	가연성 물질을 없애는 소화방법
질식소화	가연성 물질을 밀폐(덮어서)하는 소화방법
냉각소화	가연성 물질의 열에너지를 흡수하는 소화방법
유정(油井)	천연 석유를 뽑아 올리기 위해 판 우물, 즉 석유정
철근콘크리트	콘크리트의 인장력을 보강하기 위해 철근을 뼈대로 넣고 굳힌 건축재
연와조	벽돌로 축조된 구조
석조	돌로 만든 구조
내화구조	화재 시 건물의 하중을 지지할 수 있고, 인접구역으로 화재가 확대되는 것을 방지할 수 있으며, 재사용이 가능한 구조(예 철근콘크리트, 연와조, 석조)
방화구조	화재 시 건물의 하중을 지지할 수 없고, 인접구역으로 화재가 확대되는 것을 방지할 수 없으며, 재사용이 불가능한 구조(예 방화문, 방화셔터)
환기지배형 화재	연료는 정상인데 환기가 부족한 상태
연료지배형 화재	환기는 정상인데 연료가 부족한 상태
환기 파라미터(환기인자)	개구부 면적과 높이 평방근(제곱근, 루트)의 곱($A\sqrt{H}$)
대들보	작은 들보의 하중을 받기 위하여 기둥과 기둥을 연결하는 가로재인 큰 들보
플레임오버(Flame Over)	통로상 화재
롤오버(Roll Over)	화재의 선단부분에 화염이 굽이쳐(깃털모양, 파도처럼) 흘러가는 현상
플래시오버(Flash Over)	복사열에 의해 실내 전체에 폭발적인 착시현상
백드래프트(Back Draft)	실내 산소유입으로 인한 화학적 폭발현상

선단	앞쪽 끝부분
불연재료	불에 잘 타지 않는 재료 ↔ 가연재료: 불에 잘 타는 재료
준불연재료	불연재료에 준하는 성능을 가진 재료
난연재료	불에 타기 어려운 성능을 가진 재료
탄화종료	탄소화가 되었음을 의미함
접염연소	화염 또는 열의 접촉으로 인한 연소
비화연소	화점에서 먼 거리에 있는 지역에까지 불꽃이 날아가 발화하는 현상
단열	열을 차단하는 것 ↔ 방열: 열을 내보내거나 내뿜는 것
화재하중[kg/m²]	• 구획실의 총 가연물량(에너지)을 표현하는 개념 • 바닥의 단위면적당 목재로 환산 시의 등가 가연물의 중량(kg/m²)으로 표현, 즉 양적 개념
화재강도[kcal/hr]	단위시간당 축적되는 열의 양으로 질적 개념
화재가혹도 (화재심도, 화재세기)	건물에 손상을 주는 화세의 능력(건물 손상정도의 크기)
화재저항	화재진행시간 동안 건축물의 주요 구성요소들이 화재에 대항하여 제 기능을 유지할 수 있는 능력
주요구조부	바닥, 내력벽, 지붕틀, 기둥, 보, 주계단
열가소성 수지	가열하여 성형한 후 냉각하면 그 모양을 유지하며, 여러 번 재가열하여 새로운 모양으로 재성형할 수 있는 플라스틱(예 폴리에틸렌, 폴리프로필렌, 폴리스틸렌, 폴리염화비닐 등)
열경화성 수지	재용융하면 다른 모양으로 재성형할 수 없는 플라스틱(예 폴리우레탄, 페놀수지 등)
자유보행속도	아무런 제약을 받지 않고 걷는 속도(1~1.2m/s)
군집보행속도	후속 보행자가 앞 보행자의 보행속도에 동조하는 상태(1m/s)
군집유동계수	협소한 출구로 통과시킬 수 있는 인원을 단위폭, 단위시간으로 나타낸 것(평균 1.33인/m·s)
직통계단	건축물의 어떤 층에서 피난층 또는 지상까지 직통으로 연결된 계단
피난계단	직통계단에 창문이나 비상조명등이 설치된 계단
특별피난계단	피난계단에 제연설비가 설치된 계단
발코니(노대)	가구별 면적이 똑같은 직육면체 모양의 아파트 등에서 주거공간을 연장하기 위해 집마다 동일하게 건물 외벽에서 1.5m가량 튀어나오게 만든 공간
풀프루프(Fool Proof)	비상사태에서는 정신이 혼란하여 동물과 같은 지능 상태가 되므로 문자보다는 누구나 알아보기 쉬운 그림과 색채를 이용하는 방식
페일세이프(Fail Safe)	하나의 수단이 고장 등으로 실패해도 다음 수단에 의해 그 기능이 발휘될 수 있게 고려하는 방식
전원	기계·기구에 전기를 공급하는 것
상용전원	일상적으로 쓰는 전원

비상(예비)전원	상용전원이 정전될 경우 비상으로 쓰는 전원
가반식 기구	마음대로 옮기거나 움직일 수 있는 기구
병렬화	분기하는 형태 ↔ 직렬화: 분기하지 않는 형태
고층 건축물	30층 이상의 건축물, 높이가 120m 이상인 건축물
준고층 건축물	30층 이상 49층 이하의 건축물, 높이가 120m 이상 200m 미만인 건축물
초고층 건축물	50층 이상의 건축물, 높이가 200m 이상인 건축물
귀소본능	자신이 왔던 길로 되돌아가려는 경향
퇴피(회피)본능	반사적으로 위험으로부터 멀어지려는 경향
지광본능	밝은 불빛을 따라 행동하려는 경향
좌회본능	왼쪽으로 돌게 되는 경향, 시계반대방향
추종본능	최초로 행동을 함으로써 전체가 이끌려지는 경향

물의 비열	일반적으로 어떤 물질 1g을 1℃ 올리는 데 필요한 열량
잠열(숨은열)	온도 변화가 없이 상태 변화에 사용되는 열(예 융해열, 기화열 등)
물의 융해열(용융열)	0℃의 얼음 1g이 0℃의 액체상인 물 1g으로 상(相)의 변화를 가져오는 데 필요한 열량
물의 기화열(증발열)	100℃의 물 1g이 기체상인 수증기 1g으로 100℃의 상(相)의 변화를 가져오는 데 필요한 열량 (539cal/g)
현열	물질상태는 변화가 없고 온도만 변하는, 즉 가감되는 열
봉상주수(직사주수, 직상주수)	옥내소화전설비 등을 통하여 막대 모양의 굵은 물줄기를 가연물에 직접 주수하는 형태
적상주수(살수주수)	스프링클러설비의 헤드를 통하여 물방울(빗방울) 모양으로 방사하는 형태
무상주수(분무주수)	물분무소화설비 헤드에서 고압으로 방수할 때 안개입자 모양으로 방사하는 형태
드레인 밸브	배관 등에 고여 있는 물이나 기름 등을 배출시키는 밸브
표면장력	물이 뭉치는 힘
침투제(Wetting Agent)	물에 계면활성제 계통의 물질을 첨가시켜 물의 표면장력을 낮추어 침투성을 강화시킨 물질 (젖어 있는 약제, 침윤제 · 습윤제)
증점제(Viscosity Agent)	가연물질에 대한 물소화약제의 부착성(접착성)을 증가시키기 위한 첨가 물질(점성이 있는 약제)
포수용액	물과 약제(포원액)의 혼합액
저발포	팽창비 20 이하
고발포	팽창비 80 이상 1,000 미만
내열성	열에 견디는 성질
소포성	포가 소멸되는 성질
점착성	포가 유류에 달라붙는 성질
안정성	추위 등 환경에 대하여 안정되는 성질
내유성	포가 유류에 견디는 성질(포가 유류에 오염되지 않는 성질)
유염성	포가 오염되는 성질
발포성	발포가 잘 되는 성질
유동성	포가 연소하는 유면상 자유로이 이동하는 성질
환원시간	포수용액 상태로 환원되는 시간, 즉 포가 깨지는 시간
윤화현상(Ring Fire)	탱크 윗면의 중앙부는 불이 꺼졌어도 탱크의 벽면을 따라(700~800℃) 환상으로 화염이 남아 연소가 지속되는 현상

표면하주입방식	위험물 탱크 내부에 담겨 있는 기름의 표면 아래에서 포소화약제를 방출하는 방식
펌프 프로포셔너 방식	펌프의 토출관과 흡입관 사이의 배관 도중에 설치된 흡입기에 펌프에서 토출된 물의 일부를 보내고 농도조절밸브에서 조정된 포소화약제 필요량을 포소화약제 탱크에서 펌프 흡입측으로 보내어 이를 혼합하는 방식
라인 프로포셔너 방식	펌프와 발포기 중간에 설치된 벤츄리관의 벤츄리 작용에 의해 포소화약제를 흡입·혼합하는 방식
프레져 프로포셔너 방식	펌프와 발포기 중간에 설치된 벤츄리관의 벤츄리 작용과 펌프 가압수의 포소화약제 저장탱크에 대한 압력에 의하여 포소화약제를 흡입·혼합하는 방식
프레져 사이드 프로포셔너 방식	펌프의 토출관에 압입기를 설치하고 포소화약제 압입용 펌프로 포소화약제를 압입하여 혼합하는 방식
압축공기포 믹싱챔버방식	포수용액에 가압원으로 압축된 공기 또는 질소를 일정비율로 혼합하는 방식
임계점	액체 밀도와 기체 밀도가 같아지는 점
삼중점	고체, 액체, 기체가 공존하는 상태점
줄톰슨(Joule-Thomson) 효과	계 내에서 단열팽창하는 경우 온도 강하가 일어나는 현상
표면화재	가연성 물질의 표면에서 연소하는 화재
심부화재	목재, 섬유류와 같은 고체가연물에서 발생하는 화재형태로서 가연물 내부에서 연소하는 화재
전기음성도	화학적 반응에서 분자 내의 전자가 원자와 결합되는 능력의 척도
대기잔존연수(ALT)	• 어떤 물질이 방사되어 분해되지 않은 채로 존재하는 기간 • 즉, 대기 중에 존재하는 기간을 연수로 표시한 것
NOAEL	소화약제를 방출시킨 후 농도를 증가시켰을 때 인체(심장)에 생리학적 또는 독성의 악영향이 감지되지 않는 최대 농도
LOAEL	공간에 방출된 소화약제의 농도를 감소시켰을 때 인체(심장)에 생리학적 또는 독성의 악영향이 감지되는 최소 농도
반수치사농도(LC50)	성숙한 흰 쥐의 집단에 대해 대기 중에서 1시간 동안의 흡입실험(노출시키는 실험)에 의하여 14일 이내에 실험동물의 50%를 사망시킬 수 있는 독성물질의 최저 농도
근사치사농도(ALC)	실험대상 동물(쥐)의 50%가 15분 이내에 사망하는 농도
방진작용	숯불표면에 유리(Glass)상의 피막을 이루어 공기 중의 산소의 공급을 차단시키는 작용
탈수·탈화작용	난연성의 탄소와 물로 변화시키는 작용

위험물	인화성 또는 발화성 등의 성질을 가지는 것으로서 대통령령으로 정하는 물품
지정수량	• 위험물의 종류별로 위험성을 고려하여 대통령령이 정하는 수량 • 위험물제조소 등의 설치허가 등에 있어 최저의 기준이 되는 수량
염류(염기성, 알칼리성)	염분이 들어 있는 여러 가지 물질의 종류
결정(結晶)	물질이 일정한 법칙에 따라 몇 개의 평면으로 둘러싸여 규칙적인 형태를 이룬 고체 또는 그러한 고체로 응결하는 일
조해성(潮解性)	고체가 대기 속에서 습기를 빨아들여 녹는 성질
이연성(易燃性)	연소하기 쉬운 성질, 즉 불이 쉽게 붙는 성질[예 면(綿), 볏짚, 대팻밥]
속연성(速燃性)	불에 빨리 타는 성질, 즉 연소속도가 빠른 성질
금수성(禁水性)	물을 금하는 성질
유기화합물	탄소 화합물을 통틀어 이르는 말
무기화합물	탄소 이외의 원소로 이루어진 화합물을 통틀어 이르는 말
특수인화물	1기압에서 발화점이 100℃ 이하인 것 또는 인화점이 -20℃ 이하이고 비점이 40℃ 이하인 것
제1석유류	1기압에서 인화점이 21℃ 미만인 것
제2석유류	1기압에서 인화점이 21℃ 이상 70℃ 미만인 것
제3석유류	1기압에서 인화점이 70℃ 이상 200℃ 미만인 것
제4석유류	1기압에서 인화점이 200℃ 이상 250℃ 미만인 것
동식물유류	동물의 지육이나 식물의 종자, 과육으로부터 추출한 것으로, 1기압에서 인화점이 250℃ 미만인 것
자기반응성 물질	외부로부터 공기 중의 산소공급이 없어도 가열·충격 등에 의해 발열분해를 일으켜서 급속한 가스의 발생이나 연소 폭발을 일으키는 물질
반응성 화학물질	• 스스로 또는 다른 물질과의 반응에 의해 화재폭발을 일으킬 가능성이 있는 물질 • 즉, 다른 물질과의 반응성 물질
내산성	산에 잘 견디는 성질
혼재	물질들이 서로 접촉하지 않도록 하여 창고 등에 적재하는 것 ↔ 혼촉: 물질들이 접촉하는 것
제조소등	제조소·저장소 및 취급소 • 제조소: 위험물을 제조할 목적으로 지정수량 이상의 위험물을 취급하기 위해 허가 받은 장소 • 저장소: 지정수량 이상의 위험물을 저장하기 위해 대통령령이 정하는 장소로서 허가 받은 장소 • 취급소: 지정수량 이상의 위험물을 제조 외의 목적으로 취급하기 위해 대통령령이 정하는 장소로서 허가를 받은 장소

화재인지시간	최초 신고자가 접수한 시기
소화시설	소화설비 · 경보설비 · 피난구조설비 · 소화용수설비 · 소화활동설비를 이르는 말
소실피해	열에 의한 탄화, 용융, 파손 등의 피해
수손피해	소화활동 중 사용된 물로 인한 피해
재구입비	화재 당시를 기준으로 피해자산의 신품 재취득가액 또는 재건축비이며, 설계감리비를 포함함
최종 잔가율	내용연수를 경과하여 사용하던 자산 등에 대하여 처분가액의 재구입비에 대한 비율
내용연수	고정자산을 사용할 수 있는 최대 연한
전소화재	건물의 70% 이상(입체면적에 대한 비율)이 소실되었거나 또는 그 미만이라도 잔존부분을 보수하여도 재사용이 불가능한 것
반소화재	건물의 30% 이상 70% 미만(입체면적에 대한 비율)이 소실된 것
부분소화재	전소, 반소화재에 해당되지 않는 것, 즉 건물의 30%(입체면적에 대한 비율) 미만이 소실된 것
중점관리대상	대형건축물, 가연성 물질을 대량으로 저장 · 취급하거나 다수인이 출입하는 대상물로 화재가 발생할 경우 많은 인명피해와 재산피해가 우려되는 대상 (예 복합건축물, 위험물저장취급소, 다중이용시설 등)
다중이용업소	휴게음식점, 단란주점영업, 유흥주점영업, PC방, 비디오물소극장업 등 불특정 다수인이 이용하는 영업 중 화재 등 재난발생 시 생명 · 신체 · 재산상의 피해가 발생할 우려가 높은 업소
화재예방강화지구	화재발생 우려가 크거나 화재가 발생할 경우 피해가 클 것으로 예상되는 지역에 대하여 화재예방 및 안전관리를 강화하기 위해 지정 · 관리하는 지역(예 시장지역, 목조건물이 밀집한 지역 등)
박리흔	수열에 따른 빔의 팽창과 같은 물리적인 힘에 의해 시멘트, 콘크리트, 벽돌 등의 표면이 무너져 내리거나 부서지는 것
목재의 균열흔	목재가 갈라진 흔적
완소흔	약 700~800℃ 정도에서 비교적 천천히 더디게 타고 난 후 표면에 남는 갈라진 흔적
강소흔	약 900℃ 수준의 온도에서 탈 때 표면이 갈라진 흔적
열소흔	약 1,100℃ 수준의 온도에서 탈 때 표면이 갈라진 흔적
훈소흔(무염흔)	발열체에 의한 목재면의 흔적
주염흔	불이 물처럼 흘러가며 공간 속에서 열과 연소로 남긴 불길의 흔적
탄화심도	탄화된 정도의 깊이(골의 깊이)
화재패턴	그을음, 고온가스, 열기, 화염 등에 의해 탄화, 소실, 변색, 용융 등의 형태로 손상된 물질의 형상
V형 패턴	화재가 발생하면 주위 공기가 뜨거워져 연소가스와 공기가 위로 올라가고 더불어 화염도 위로 향하면서 주변으로 확대되는 연소형태로, 가장 일반적인 화재패턴

역 V형 패턴	• 유동성이 있는 가연성(인화성) 액체에서 발생하는 연소형태 • 불기둥이 천장에 도달하지 않을 때 발생
모래시계형 패턴	• 유동성이 있는 가연성(인화성) 액체에서 발생하는 연소형태 • 천장이 낮아서 불기둥이 천장에 도달하면 발생
U형 패턴	연소확대 과정에서 형성되기 때문에 복사열의 영향을 크게 받아 확대되는 연소형태

재난	국민의 생명·신체·재산과 국가에 피해를 주거나 줄 수 있는 것
쓰나미(지진해일)	지진에 의하여 해안이 밀려들어오는 현상(큰 파도)
해일	폭풍에 의하여 해안이 밀려들어오는 현상(큰 파도)
국가핵심기반	에너지, 정보통신, 교통수송, 보건의료 등 국가경제, 국민의 안전·건강 및 정부의 핵심기능에 중대한 영향을 미칠 수 있는 시설, 정보기술시스템 및 자산 등
특정관리대상지역	재난이 발생할 위험이 높거나 재난예방을 위하여 계속적으로 관리할 필요가 있다고 인정되는 지역(예 공동주택, 지하가 등)
재난방지시설	제방, 호안, 보, 수문, 댐, 터널, 육교 등의 시설
조류(藻類)	강에는 녹조현상으로, 바다에는 적조현상으로 나타남
조수(潮水)	밀물과 썰물의 간만의 차
재난관리	재난의 예방·대비·대응 및 복구를 위하여 하는 모든 활동
안전관리	재난이나 그 밖의 각종 사고로부터 사람의 생명·신체 및 재산의 안전을 확보하기 위하여 하는 모든 활동
재난관리책임기관	재난관리업무를 하는 기관
재난관리주관기관	재난이나 그 밖의 각종 사고에 대하여 그 유형별로 예방·대비·대응 및 복구 등의 업무를 주관하여 수행하도록 대통령령으로 정하는 관계 중앙행정기관
국가재난관리기준	모든 유형의 재난에 공통적으로 활용할 수 있도록 재난관리의 전 과정을 통일적으로 단순화·체계화한 것으로서 행정안전부장관이 고시한 것
안전취약계층	어린이, 노인, 장애인, 저소득층 등 신체적·사회적·경제적 요인으로 인하여 등 재난에 취약한 사람
재난관리정보	재난관리를 위하여 필요한 재난상황정보, 동원 가능 자원정보, 시설물정보, 지리정보
재난안전의무보험	재난이나 그 밖의 각종 사고로 사람의 생명·신체 또는 재산에 피해가 발생한 경우 그 피해를 보상하기 위한 보험 또는 공제(共濟)로서 이 법 또는 다른 법률에 따라 일정한 자에 대하여 가입을 강제하는 보험 또는 공제
안전관리기구	각종 재난 및 안전관리를 심의하는 기구 (예 중앙안전관리위원회, 안전정책조정위원회, 실무위원회 등)
중앙안전관리위원회	재난 및 안전관리 사항을 심의하기 위한 곳
안전정책조정위원회	중앙위원회에 상정될 안건을 사전에 검토 및 사무를 수행하기 위해 심의하기 위한 곳
실무위원회	조정위원회의 업무를 효율적으로 처리하기 위한 곳
중앙재난방송협의회	재난에 관한 예보·경보·통지나 응급조치 및 재난관리를 위한 재난방송이 원활히 수행될 수 있도록 하기 위한 곳
중앙안전관리민관협력위원회	재난 및 안전관리에 관한 민관 협력관계를 원활히 하기 위한 곳

중앙재난안전대책본부	대통령령으로 정하는 대규모 재난의 대응 · 복구(수습) 등에 관한 사항을 총괄 · 조정하고 필요한 조치를 하기 위한 곳
중앙사고수습본부	재난관리주관기관의 장은 재난이 발생하거나 발생할 우려가 있는 경우 재난상황을 효율적으로 관리하고 재난을 수습하기 위한 곳
재난안전상황실	행정안전부장관, 시 · 도지사 및 시장 · 군수 · 구청장이 재난정보의 수집 · 전파, 상황관리, 재난 발생 시 초동조치 및 지휘 등의 업무를 수행하는 곳
재난의 예방	미래에 발생할 가능성이 있는 재난을 사전에 예방하고, 재난 발생 가능성을 감소시키며, 발생 가능한 재난의 피해를 최소화하기 위한 활동
재난의 대비	예방 및 완화단계의 제반활동에도 불구하고 재난발생확률이 높아진 경우, 재해발생 후에 효과적으로 대응할 수 있도록 사전에 대응활동을 위한 메커니즘을 구성하는 등 운영적인 대비장치 등을 갖추는 단계
재난의 대응	일단 재해가 발생한 경우 신속한 대응활동을 통하여 재해로 인한 인명 및 재산피해를 최소화하고 재해의 확산을 방지하며, 순조롭게 복구가 이루어질 수 있도록 활동하는 단계
재난의 복구	• 재해 상황이 어느 정도 안정된 후 취하는 활동단계 • 재해로 인한 피해지역을 재해 이전의 상태로 회복하는 활동
수방	둑을 쌓는 방법 등으로 홍수로 인한 재해를 막는 것
구조	사람을 구하는 일
구난	조난당한 배나 화물을 건지는 일
방면	어떤 지역이 있는 쪽(시 · 군 · 구)
권역	일정한 범위 안의 지역(시 · 도)
현장응급의료소	재난현장에서 임시로 사용하는 천막(텐트) 응급의료소

소화설비	물 또는 그 밖의 소화약제를 사용하여 소화하는 기계·기구 또는 설비
경보설비	화재발생 사실을 통보하는 기계·기구 또는 설비
피난구조설비	화재가 발생할 경우 피난하기 위하여 사용하는 기구 또는 설비
소화용수설비	화재를 진압하는 데 필요한 물을 공급하거나 저장하는 설비
소화활동설비	화재 진압이나 인명구조활동을 위하여 사용하는 설비
물분무등소화설비	질식소화가 가능한 설비
탐지부	가스누설을 자동으로 감지하는 기기
변류기	경계전로의 누설전류를 자동적으로 검출하는 기기
감지부	화재를 자동으로 감지하는 기기
발신기	화재를 수동으로 동작하는 기기
수신기	화재 등을 수신 받는 장치
보행거리	걸어서 가는 거리 *보행거리마다: 기계·기구 중심의 양방향 거리
수평거리	포획하고 있는 유효반경(대각선 거리)
이격거리	기준점에서 떨어져 있는 거리
능력단위	소화할 수 있는 능력
기동용수압개폐장치	소화설비의 배관 내 압력변동을 검지하여 자동적으로 펌프를 기동 및 정지시키는 것
피토게이지	방수압력측정계
체절운전	펌프의 성능시험을 목적으로 펌프 토출측의 개폐밸브를 닫은 상태에서 펌프를 운전하는 것
공동현상(Cavitation)	액체가 빠른 속도로 운동할 때 액체 압력이 증기압 이하로 낮아져 펌프에 기포가 발생하는 현상
수격작용(Water Hammer)	펌프 운전 중 정전 등으로 펌프가 정지하는 경우 또는 밸브를 급 폐쇄하는 경우로, 운동에너지를 압력에너지로 변환하여 배관 내의 벽면을 치는 현상
맥동현상(Surging)	펌프의 입구와 출구에 부착된 진공계와 압력계의 지침이 흔들리는 동시에 토출유량의 변화를 가져오는 현상
에어컴프레셔(공기압축기)	건식스프링클러설비에 설치하는 기구로서 2차측 배관에 공기압을 유입하는 기구
급속개방장치	건식스프링클러설비에 설치하는 기구로서 2차측의 압축공기를 빨리 배출하기 위한 장치 [예] 엑셀레이터(가속기), 익죠스터(공기배출기)]
유수검지장치	물의 흐름을 검지하여 신호 및 경보를 발하는 장치
수동기동장치(SVP, RM)	화재를 수동으로 작동시키는 장치

정압	흐르고 있는 상태에서의 유체의 압력. (+) 압력 ↔ 부압: 대기압보다 낮은 압력. (−) 압력
송배전방식	분기하지 않는 배선의 방식
교차회로방식	하나의 구역 내에 2 이상의 화재감지기회로를 설치하고, 인접한 2 이상의 화재감지기가 동시에 감지되는 때에는 소화설비가 작동하여 소화약제가 방출되는 방식
충전비	용기의 용적과 소화약제의 중량과의 비율
전역방출방식	배관 및 분사헤드를 고정 설치하여 밀폐 방호구역 내에 방출하는 설비
국소방출방식	• 배관 및 분사헤드를 설치하여 직접 화점에 방출하는 설비 • 화재발생 부분에만 집중적으로 소화약제를 방출하도록 설치하는 방식
호스릴방식	분사헤드가 배관에 고정되어 있지 않고 소화약제 저장용기에 호스를 연결하여 사람이 직접 화점에 소화약제를 방출하는 이동식 소화설비
정압작동장치	주밸브를 자동적으로 개방시키기 위하여 설치하는 작동장치
통합감시시설	지하공동구 화재에 대처하는 경보설비
경계구역	특정소방대상물 중 화재신호를 발신하고 그 신호를 수신 및 유효하게 제어할 수 있는 구역
화재(표시)등	화재가 발생하면 적색등으로 점등되는 등
지구(표시)등	화재가 발생한 구역을 설정하여 적색등으로 점등되는 등
주경종(주음향장치)	관계자가 듣는 경종(벨)
지구경종(지구음향장치)	거주자가 듣는 경종(벨)
시각경보장치	화재탐지설비에서 발하는 화재신호를 시각경보기에 전달하여 청각장애인에게 점멸형태의 시각경보를 하는 장치
위치표시등	발신기의 위치를 알려주는 등
중계기	감지기, 발신기 또는 전기적 접점 등의 작동에 따른 신호를 받아 이를 수신기의 제어반에 전송하는 장치
엘리베이터 권상기실	위로 감아올리는 기계라는 뜻으로 승강기 기계실을 의미함
린넨슈트	병원 또는 호텔에서 사용한 침대시트나 타올 등을 세탁하기 위하여 아래 층으로 떨어뜨리기 위한 수직통로
파이프피트	통신집합소(TPS실), 전기집합소(EPS실), 유수검지장치실(PS실) 등이 아래층부터 위층까지 통하게 하는 통로
파이프덕트	급배수용 파이프나 전기 등의 배관을 한군데에 모아 아래층부터 위층까지 통하게 하는 통로
열감지기	열을 감지하면 작동하는 장치로 차동식, 정온식, 보상식으로 구분
연기감지기	연기를 감지하면 작동하는 장치로 이온화식, 광전식으로 구분
차동식 스포트형 감지기	• 주위 온도가 일정상승률 이상(급격한 온도변화율)이 되는 경우에 작동하는 것 • 일국소에서의 열효과에 의하여 작동함

차동식 분포형 감지기	• 주위 온도가 일정상승률 이상(급격한 온도변화율)이 되는 경우에 작동하는 것 • 넓은 범위에서의 열효과의 누적에 의하여 작동함
정온식 스포트형 감지기	• 일국소의 주위 온도가 일정한 온도 이상이 되는 경우에 작동하는 것 • 외관이 전선으로 되어 있지 않음
정온식 감지선형 감지기	• 일국소의 주위 온도가 일정한 온도 이상이 되는 경우에 작동하는 것 • 외관이 전선으로 되어 있음
보상식 스포트형 감지기	• 차동식 스포트형 감지기와 정온식 스포트형 감지기의 성능을 겸한 것 • 두 가지의 성능 중 어느 한 기능이 작동되면 신호를 발하도록 되어 있음
이온화식 스포트형 감기기	이온전류에 의해 동작하는 감지기
광전식 스포트형 감지기	• 발광소자(송광소자)와 수광소자를 감지기 내에 구성한 것 • 감지기 주위의 공기가 일정한 농도의 연기를 포함하는 경우에 작동함
광전식 분리형 감지기	• 광전식 스포트형 감지기의 송광부와 수광부를 분리해 설치하는 것 • 넓은 지역에서 연기의 누적에 작동하는 감지기
광전식 공기흡입형 감지기	연소 초기단계의 열분해 시 생성된 초미립자 연기를 감지구역 내에 설치된 흡입배관을 통하여 흡입기에 의해 감지헤드로 흡입하고 미립자를 분석하여 동작함
아날로그식 감지기	• 주위 온도나 연기량의 변화에 따라 각각 다른 전류치 또는 전압치 등의 출력을 발하는 방식 • 고층 건축물(30층 이상 건축물)에는 아날로그식 감지기를 설치하여야 함
회로도통시험	감지기 단선 유무를 확인하는 시험
전층경보방식	화재발생 시 전층이 다 울리는 방식
직상발화경보방식	층수가 11층(공동주택 16층) 이상인 특정소방 대상물에 화재발생 시 우선적으로 경보를 발하는 방식
완강기	사용자의 몸무게에 따라 자동적으로 내려올 수 있는 기구 중 사용자가 연속적으로 사용할 수 있는 것
간이완강기	사용자의 몸무게에 따라 자동적으로 내려올 수 있는 기구 중 사용자가 연속적으로 사용할 수 없는 것
조속기	속도를 조절하는 기기
구조대	• 포지 등을 사용하여 자루형태로 만듦 • 화재 시 사용자가 그 내부에 들어가서 내려옴으로써 대피할 수 있는 것
공기안전매트	화재발생 시 사람이 건축물 내에서 외부로 긴급히 뛰어내릴 때 충격을 흡수하여 지상에 안전하게 도달할 수 있도록 포지에 공기 등을 주입하는 구조로 되어 있는 것
다수인피난장비	화재 시 2인 이상의 피난자가 동시에 해당 층에서 지상 또는 피난층으로 하강하는 피난기구
승강식 피난기	사용자의 몸무게에 의하여 자동으로 하강하고, 내려서면 스스로 상승하여 연속적으로 사용할 수 있는 무동력 승강식 피난기
피난교	건축물의 옥상층 또는 그 이하 층에서 화재발생 시 옆 건축물로 피난하기 위해 설치하는 피난기구
피난구 유도등	피난구 또는 피난경로로 사용되는 출입구를 표시하여 피난을 유도하는 등

통로유도등	복도, 거실, 계단 등 통로에 설치하는 유도등
계단참	계단의 중간에 조금 넓게 만들어놓은 곳
객석유도등	객석의 통로, 바닥, 벽에 설치하는 유도등
피난유도선	어두운 상태에서 피난을 유도할 수 있도록 띠형태로 설치하는 피난유도시설
축전지설비	• 전기에너지를 화학에너지로 바꾸어 모아두었다가 필요할 때 전기로 재생하는 설비 • 즉, 충전이 가능한 건전지
자가발전기설비	자가용 원동기로 전기를 생산하는 전력설비
전기저장장치	외부의 전기에너지를 저장해두었다가 필요할 때 전기를 공급하는 장치
무창층	지상층 중 개구부의 면적 합계가 해당 층 바닥면적의 1/30 이하인 층
비상조명등	화재발생 등에 따른 정전 시 안전하고 원활한 피난활동을 할 수 있도록 거실 및 피난통로 등에 설치되어 자동 점등되는 조명등
휴대용비상조명등	화재발생 등에 따른 정전 시 안전하고 원활한 피난을 위하여 피난자가 휴대할 수 있는 조명등
제연설비	거주자를 연기로부터 보호하고 안전하게 피난할 수 있도록 하는 동시에 소방대가 소화활동을 할 수 있도록 연기를 제어하는 설비
송풍기	신선한 외부의 공기를 건축물 또는 구조물의 내부로 유입하는 환풍기
배풍기	내부의 공기를 건축물 또는 구조물의 외부로 배출하는 환풍기
풍도(덕트)	바람이 가는 길, 즉 신선한 공기 또는 연기가 유출되는 통로
부속실(전실)	복도와 계단 사이에 있는 작은 공간
보행중심선	통로의 폭이 일정하지 않을 경우 통로 폭의 한가운데 지점을 연장한 선
수직거리(H)	바닥으로부터 제연경계 수직하단까지의 거리
제연경계 폭	예상제연구역에 제연구획을 하기 위하여 설치한 제연경계벽 등에 대해 반자(반자가 없는 경우는 천장)에서 보 또는 제연경계벽의 하단부까지의 수직거리
보	공간을 가로질러 횡 하중을 지지대에 이동시켜 전달하도록 설계된 구조
연결송수관설비	• 높은 건물에 화재가 발생한 경우 건물 내에 배관을 연결하여 지상에서 소방차가 송수구로 소화용수를 송수하면 각 층별로 방수구에 쉽게 소화용수를 사용하여 소화하는 설비 • 즉, 소방대가 외부의 송수구에서 물을 공급하여 소화할 수 있도록 하는 설비
연결살수설비	지하가, 지하층 화재 시 연기가 외부로 쉽게 배출되지 않아서 소화활동에 지장을 초래하므로 건축물 1층 벽에 설치된 송수구로 수원을 공급받아 사용하도록 하는 설비
연소방지설비	지하구에 화재 시 연기가 외부로 쉽게 배출되지 않아서 소화활동에 지장을 초래하므로 건축물 1층 벽에 설치된 송수구로 수원을 공급받아 사용하도록 하는 설비
비상콘센트설비	화재 시 소방공무원이 조명기구, 절단파괴장비, 소방장비 등을 접속하여 사용할 수 있도록 동력장비를 활용하기 위한 설비

무선통신보조설비	지하층, 지하가 등은 무선이 용이하지 않아 화재 시에 소방공무원이 지상과 지하의 무선교신을 원활히 하기 위한 설비
상수도소화용수설비	상수도 배관에 연결되어 소방차의 소화용수 공급을 위한 설비
소화수조	화재용수를 대비하려고 물을 담아두는 통
저수조	생활용수와 화재용수를 대비하려고 물을 담아두는 큰 통
급수탑	물을 공급하기 위해 세워진 탑

금화관서	불을 금화(禁火)하는 관서(예 소방관서)
금화조직	불을 금화(禁火)하는 조직(예 소방관)
금화관리자	화재사고를 담당하는 관리자
금화패	소방종사자 증표
경무청	경찰사무를 담당하는 청(예 경찰청)
수화	홍수로 입은 피해
출화	불이 나는 것
소방공동시설세	소방에 대한 세금
국가소방체제	국가가 시·군까지 모든 소방행정을 관리하는 체제
자치소방체제	각 시·도별로 소방행정을 관리하는 체제
한국소방안전원	재난법인으로서 소방기술자 교육, 소방안전관리자 교육 및 시험, 위험물안전관리자 교육 등을 하는 곳
한국소방산업기술원	재난법인으로서 소방용품 조사, 연구, 검사, 위험물탱크안전성능 업무 등을 하는 곳
대한소방공제회	복지기관으로서 직무수행 중 사망, 상이 등에 대한 지원사업 등을 하는 곳
소방산업공제조합	소방청 인가로서 보증, 자금융자 및 공제사업 등을 하는 곳
소방하명	소방의 목적을 달성하기 위하여 국민에게 작위, 부작위, 급부, 수인을 명하는 행정행위
가외성	외관상으로 당장은 무용하고 불필요하거나 낭비적인 것으로 보일지 몰라도 특정한 체제가 장래 불확실성에 노출될 때 발생할지 모를 적응의 실패를 방지하고 특정체제 환경에 대한 동태성을 높일 수 있도록 하는 중복현상이나 중첩장치
피난시설	피난 시에 필요로 하는 시설(예 완강기, 유도등 등)
방화시설	화재에 대한 설비나 장치로 일정한 구조물로 만듦(예 방화문, 방화셔터 등)
의용소방대	화재현장 등 소방업무를 보조하는 주민들
자체소방대	다량의 위험물(정유공장)을 저장·취급하는 제조소 등의 화재 시 소방활동 또는 관리하는 직원들
소방안전관리자	자동화재탐지설비 등이 설치된 특정소방대상물을 관리하는 직원들
위험물안전관리자	제4류 위험물(인화성 액체)을 취급하는 주유소 등을 관리하는 직원들
자위소방대	일반공장, 근린생활시설 등에 화재 시 소방활동 또는 관리하는 직원들
소방정	바다나 강에서 화재를 진압하고 인명을 구조하기 위해 사용하는 소형 선박
방염	불에 타지 않게 하거나 불이 붙어서 번지는 것을 막음

잔염시간	버너의 불꽃을 제거한 때부터 불꽃을 올리며 연소하는 상태가 그칠 때까지 시간은 20초 이내일 것
잔신시간	버너의 불꽃을 제거한 때부터 불꽃을 올리지 아니하고 연소하는 상태가 그칠 때까지의 시간은 30초 이내일 것
소방시설설계업	소방시설공사에 기본이 되는 공사계획, 설계도면, 설계 설명서, 기술계산서 및 이와 관련된 서류를 작성하는 업
소방시설공사업	설계도서에 따라 소방시설을 신설, 증설, 개설, 이전 및 정비하는 업
소방공사감리업	소방설계도서와 관계 법령에 따라 적법하게 공사를 하는지를 감독하는 업
방염처리업	방염대상물품에 대하여 방염처리하는 업
소방시설관리업	소방시설 등을 점검 및 유지·관리하는 업
경력직공무원	실적과 자격에 따라 임용되고, 그 신분이 보장되며 평생 동안 공무원으로 근무할 것이 예정되는 공무원
특수경력직공무원	경력직공무원 외의 공무원
배제징계	공무원 신분을 배제(박탈)하는 징계(예 파면, 해임)
교정징계	공무원 신분은 보유하나 신분적 이익 일부를 제한하는 징계(예 강등, 정직, 감봉, 견책)
서울종합방재센터	수도 서울의 화재·장마·집중호우와 같은 각종 재난과 기상이변의 위험으로부터 시민의 안전을 지키기 위하여 소방·민방위·재난·자연재해 관련 신고체계를 119로 통합 운영하고, 전시 및 대형 재난발생 시 민방공경보를 발령하는 방재 기관
제청	소방청장이 윗사람에게 임명해줄 것을 요청하는 것
시보	정식으로 소방공무원으로 임명되기 전에 그 일에 실제로 종사하여 사무를 익히는 일
면직	공무원, 회사원 등을 그 일자리나 직위에서 물러나게 함
징역	죄인을 교도소에 일정 기간 가두어 두고 노동을 시키는 형벌
금고	강제노동을 과하지 않고 수형자를 형무소에 구치하는 것으로, 희망하면 작업에 나갈 수 있음
벌금	• 형벌의 일종으로 범인에게 일정 액수를 징수하는 금액 • 납입하지 않을 경우 노역장(징역)에 유치함
과태료	• 형벌이 아닌 범인에게 일정 액수를 징수하는 금액 • 납입하지 않을 경우에도 노역장(징역)에 유치되지 않음

의료인	의사, 치과의사, 한의사, 간호사, 조산사
응급의료종사자	의료인(의사, 치과의사, 한의사, 간호사, 조산사)과 응급구조사
요구조자	외부 도움을 필요로 하는 사람
심폐소생술(CPR)	심장과 폐의 활동이 멈추었을 때 인공적으로 혈액을 순환하고 호흡을 돕는 응급처치법
하임리히법	질식한 환자의 목에서 이물질을 제거하는 데 사용되는 응급처치법
하악거상법 (머리를 젖히고 턱 들기법)	머리를 뒤로 제치고 턱을 들어주어서 기도가 열리게 하는 방법
하악견인법 (턱 들어올리기법)	환자 머리 위쪽에 위치하여 두 손으로 환자의 하악골을 잡고 밀어올려 기도가 열리게 하는 방법

2025 대비 최신개정판

해커스소방
이영철
소방학개론 필기노트 + OX·빈칸문제

개정 4판 1쇄 발행 2024년 7월 1일

지은이	이영철 편저
펴낸곳	해커스패스
펴낸이	해커스소방 출판팀

주소	서울특별시 강남구 강남대로 428 해커스소방
고객센터	1588-4055
교재 관련 문의	gosi@hackerspass.com
	해커스소방 사이트(fire.Hackers.com) 교재 Q&A 게시판
학원 강의 및 동영상강의	fire.Hackers.com

ISBN	979-11-7244-149-4 (13350)
Serial Number	04-01-01

소방공무원 1위,
해커스소방 fire.Hackers.com

해커스소방

· 해커스 스타강사의 **소방학개론 무료 특강**

· **해커스소방 학원 및 인강**(교재 내 인강 할인쿠폰 수록)

2025 대비 최신개정판

해커스소방

이영철
소방학개론

필기노트 + OX·빈칸문제

OX·빈칸문제

해커스소방

이영철
소방학개론
필기노트 + OX·빈칸문제

OX·빈칸문제

이영철

약력

서울시립대학교 방재공학 석사
서울시립대학교 재난과학과 박사수료
현 │ 해커스소방 소방학개론, 소방관계법규 강의
현 │ 서정대학교 소방안전관리과 겸임교수
현 │ 서울시립대학교 소방방재학과 외래교수
현 │ 세종사이버대학교 소방방재학과 외래교수
현 │ 경희사이버대학교 재난방재과학과 외래교수
현 │ 서울소방학교 외래교수
현 │ 한국소방안전원 외래교수
현 │ 한국장애인 고용공단 BK 심사단
현 │ 법무법인 정률 화재조사 위원

저서

해커스소방 이영철 소방학개론 필기노트＋OX·빈칸문제
해커스소방 이영철 소방학개론 기본서
해커스소방 이영철 소방관계법규 기본서
해커스소방 이영철 소방학개론 단원별 기출문제집
해커스소방 이영철 소방학개론 단원별 실전문제집
해커스소방 이영철 소방학개론 실전동형모의고사

목차

01 연소론 및 화재론

1 연소 관련 기초이론

001

□□□

주어진 지문을 읽고 옳으면 O, 옳지 않으면 X로 답하시오.

01 비중에서 기체는 공기와 비교한 중량이며, 액체는 물과 비교한 중량을 말한다.

02 산화반응은 산소와 화합하면서 수소를 잃는 반응이고 원자가 전자를 잃는 것이며, 환원반응은 산소를 잃고 수소와 화합하는 반응이고 원자가 전자를 얻는 것이다.

---

01 O 비중

$$\text{• 액체비중} = \frac{\text{상대물질의 질량}}{\text{표준물질의 질량(물)}} = \frac{\text{물질의 분자량}}{1000kg}$$

$$\text{• 증기(기체)비중} = \frac{\text{상대물질의 분자량}}{\text{공기의 분자량}} = \frac{\text{물질의 분자량}}{29}$$

02 O 산화·환원(산화 ↔ 환원)

구분	산화	환원
산소[O_2]	얻음(+)	잃음(-)
산화수	증가(+)	감소(-)
수소[H_2]	잃음(-)	얻음(+)
전자	잃음(-)	얻음(+)
위험물	• 제1류 위험물: 산화성 고체 • 제6류 위험물: 산화성 액체[(강)산화제]	제2류 위험물: 가연성 고체[(강)환원제]

• 산화제: 자신은 환원되면서 다른 물질을 산화시키는 물질(분자 내에 다량의 산소를 보유하고 있는 물질) 예 제1류 위험물: 산화성 고체, 제6류 위험물: 산화성 액체[(강)산화제]

• 환원제: 자신은 산화되면서 다른 물질을 환원시키는 물질
   예 제2류 위험물: 가연성 고체[(강)환원제]

002

□□□

주어진 지문을 읽고 옳으면 O, 옳지 않으면 X로 답하시오.

01 온도가 일정한 상태에서 기체의 압력과 부피는 반비례한다.

02 압력이 일정한 상태에서 기체의 부피와 온도는 비례한다.

03 부피가 일정한 상태에서 기체의 압력과 온도는 비례한다.

---

01 O '온도가 일정한 상태에서 기체의 압력과 부피는 반비례한다.'는 보일의 법칙이다.

02 O '압력이 일정한 상태에서 기체의 부피와 온도는 비례한다.'는 샤를의 법칙이다.

03 O '부피가 일정한 상태에서 기체의 압력과 온도는 비례한다.'는 게이뤼삭의 법칙이다.

> 📖 **개념정리 보일-샤를의 기체 법칙**
>
> $$\frac{P_1 V_1}{T_1} = \frac{P_2 V_2}{T_2}$$
>
> * 절대압력(P), 부피[체적](V), 절대온도(T)

003

□□□

주어진 지문을 읽고 O, X로 답하거나 빈칸에 알맞은 답을 쓰시오.

01 열대류는 고체 또는 정지하고 있는 유체 내에 온도구배가 존재하는 경우에 그 매질을 통하여 이루어지는 열전달 방식이다.

02 열전도는 매개물질을 필요로 하지 않으며, 화재 시 열의 이동에 가장 크게 작용하는 열전달 방식이다.

03 스테판 - 볼츠만 법칙에서 복사에너지는 열전달면적에 _____ 하고 절대온도 _____ 에 비례한다.

04 화재표면온도가 3배가 되면 복사에너지는 _____ 배가 된다.

---

01 X 열전도에 대한 설명이다. 열대류는 기체, 액체와 같이 유동성 있는 유체 내에서 이루어지는 열전달 방식이다.

02 X 매개물질을 필요로 하지 않고 화재 시 열의 이동에 가장 크게 작용하는 열전달 방식은 열복사이다.

03 비례, 4승

04 81 화재표면온도가 3배가 될 때, 복사에 대한 열 이동량은 절대온도 4승에 비례하므로 $q \alpha T^4 = 3^4 = 81$배이다.

> 📖 **개념정리 스테판-볼츠만 법칙**
>
> $$q = \sigma A T^4 = \varepsilon \sigma A T^4$$
>
> 복사에 대한 열 이동량은 물체의 표면적에 비례하고, 절대온도 4승에 비례한다.
> • q: 단위 시간당 복사에 의한 이동 열량 = 열 유동률 = 열 이동률[W, kW, J/s, kJ/s]
> • σ: 스테판 - 볼츠만 상수[$5.67 \times 10^{-8} W/m^2 \cdot K^4$]
> • A: 물체의 표면적[m^2], T: 물체 표면의 온도[K, ℃]
> • ε: 복사능(0 < ε < 1)

004

주어진 지문을 읽고 빈칸에 알맞은 답을 쓰시오.

01 ⬚⬚⬚은/는 화재 시 화염이 격리된 인접가연물에 접촉하여 불이 붙는 현상을 말한다.

02 ⬚⬚⬚은/는 가열된 공기나 유체가 움직이면서 물질 이동(매개체 이동)에 따라 열이 전달되는 현상이다.

03 ⬚⬚⬚은/는 물체에서 열에너지가 중간매질을 통하지 않고 전자파 형태로 방출되는 현상이다.

04 ⬚⬚⬚은/는 불똥이 튀어 화염이 바람에 의해 다른 가연물로 전달되는 것이다.

05 ⬚⬚⬚은/는 일반적으로 화재 초기단계에서 열의 전달에 기인한다.

06 화재 시 연기가 위로 향하는 것은 화로(火爐)에 의해 실내의 공기가 따뜻해지는 열의 전달이며, 이를 ⬚⬚⬚(이)라고 한다.

07 ⬚⬚⬚은/는 화재 시 화재 확대의 열전달에 기인한다.

01 전도	**02** 대류
03 복사	**04** 비화
05 전도	**06** 대류
07 복사	

005

주어진 지문을 읽고 빈칸에 알맞은 답을 쓰시오.

01 연소(Combustion)라 함은 가연물이 공기 중의 ⬚⬚⬚과/와 화합하여 열과 빛을 발하는 급속한 ⬚⬚⬚ 현상을 말한다.

02 연소의 3요소는 ⬚⬚⬚이다.

03 연소의 4요소는 ⬚⬚⬚이다.

01 산소, 산화 **02** 가연물, 산소, 점화원 **03** 가연물, 산소, 점화원, 연쇄반응

📖📖 **개념정리 연소의 정의, 3요소, 4요소**

연소의 정의	자발적인 발열반응과정
	빛과 열의 발생을 수반하는 급격한(빠른, 맹렬한) 산화반응과정
	가연물이 공기 중 산소와 결합하여 발열과 발광을 수반하는 반응과정
연소의 3요소	가연물, 산소, 점화원
연소의 4요소	가연물, 산소, 점화원, 순조로운 연쇄반응

006

□□□

가연물의 구비조건에 대한 설명이 옳으면 O, 옳지 않으면 X로 답하시오.

01 발열량은 관계가 없다.

02 활성화에너지가 작아야 한다.

03 열전도율은 커야 한다.

04 산소와 친화력이 커야 한다.

05 비표면적이 작아야 한다.

06 연쇄반응을 수반해야 한다.

07 발열 및 흡열반응을 해야 한다.

08 산화 및 발열반응을 해야 한다.

09 화학적 활성도가 커야 한다.

10 습도가 높아야 한다.

01 X 02 O 03 X 04 O 05 X 06 O 07 X 08 O 09 O 10 X

📖 **개념정리 가연물의 구비조건**

• 산소와 친화력이 클 것(화학적 활성도가 클 것) • 반응열이 클 것
• 공기와의 접촉 면적이 클 것 • 열전도율이 작을 것
• 활성화에너지가 작을 것 • 연쇄반응을 일으킬 수 있을 것
• 건조도가 높을 것(함수율이 작을 것)
→ 즉, 열전도도와 활성화에너지는 작고 나머지는 클 것

007

□□□

가연성 물질에 해당하면 O, 해당하지 않으면 X로 답하시오.

01 일산화탄소

02 아르곤

03 이산화탄소

04 나트륨

05 과염소산

06 알칼리금속의 과산화물

07 산소

08 염소

09 이산화규소

10 산화알루미늄

11 오산화인

12 이산화질소

13 불소

14 오존

15 산화질소

---

01 O

02 X 아르곤은 불활성 기체(주기율표 0.8.18족 원소)이다.

03 X 이산화탄소는 불연성 기체이다.

04 O

05 X 과염소산은 불연성 물질(제6류 위험물)이다.

06 X 불연성 물질(제1류 위험물)이다.

07 X 산소는 조연성 물질이다.

08 X 염소는 조연성 물질(주기율표 7족 원소)이다.

09 X 이산화규소는 불연성 물질이다.

10 X 산화알루미늄은 불연성 물질이다.

11 X 오산화인은 불연성 물질이다.

12 X 이산화질소는 조연성 물질이다.

13 X 불소는 조연성 물질(주기율표 7족 원소)이다.

14 X 오존은 조연성 물질이다.

15 X 산화질소는 조연성 물질이다.

008

각 열원의 종류를 쓰시오.

01 유전열	**02** 압축열
03 아크열	**04** 저항열
05 연소열(산화열)	**06** 분해열
07 용해열	**08** 마찰스파크열

---

01 전기적 열원	**02** 기계적 열원
03 전기적 열원	**04** 전기적 열원
05 화학적 열원	**06** 화학적 열원
07 화학적 열원	**08** 기계적 열원

009

주어진 지문을 읽고 빈칸에 알맞은 답을 쓰시오.

01 가연성 액체 및 고체 표면에 불꽃 또는 전기 스파크와 같은 점화원의 접촉으로 가연성 혼합물이 형성되어 점화원의 존재하에 발화하기 시작되는 최저온도는 　　　　　　 이다.

02 가연성 액체가 점화원에 의해 인화되고 나서 점화원을 제거한 후에도 지속적으로 연소되는 그 물질의 최저온도는 　　　　　　　 이다.

03 폭발범위 중 폭발의 하한계에 해당하는 최저온도는 　　　　　 이다.

04 물적조건과 에너지조건이 만나는 최저온도는 　　　　　　 이다.

05 가연물을 가열하였을 때 점화원 없이 가열된 열만 가지고 스스로 발화하는 온도는 　　　　　　 이다.

06 가열된 증기의 속도가 연소속도보다 빠를 때 　　　　　　 (이)라고 한다.

---

01 인화점	**02** 연소점
03 하한인화점(하부인화점)	**04** 인화점
05 발화점(또는 착화점)	**06** 연소점

010

착화점(발화점)이 낮아지는 조건에 해당하면 O, 해당하지 않으면 X로 답하시오.

01 분자의 구조가 간단할수록

02 발열량이 작을수록

03 압력, 화학적 활성도가 클수록

04 산소와 친화력이 클수록

05 직쇄탄화수소계열의 분자량이 크고 탄소 쇄의 길이가 짧을수록

06 직쇄탄화수소계열의 탄소 수가 증가할수록

---

01 X **02** X **03** O **04** O **05** X **06** O

011
☐☐☐

일반적으로 직쇄탄화수소계열의 탄소 수가 증가할수록 나타나는 현상이 옳으면 O, 옳지 않으면 X로 답하시오.

01 분자량이 증가하고, 분자구조는 복잡해진다.

02 직쇄탄화수소의 길이가 짧아진다.

03 단위발열량이 커진다.

04 비점이 높아진다.

05 인화점이 낮아진다.

06 발화점이 높아진다.

07 연소속도는 감소한다.

08 증기압이 증가한다.

09 연소범위가 좁아진다.

01 O **02** X **03** O **04** O **05** X **06** X **07** O **08** X **09** O

012
☐☐☐

주어진 지문을 읽고 O, X로 답하시오.

01 가연성 액체의 연소와 관련된 온도는 발화점, 연소점, 인화점 순으로 낮다.

02 잠열(기화열, 융해열), 단열팽창, 절연저항 증가, 역기전력 등은 점화원이 될 수 없다.

03 단선은 점화원이 될 수 없지만 단락은 점화원이 될 수 있다.

01 X 가연성 액체의 연소와 관련된 온도는 인화점, 연소점, 발화점 순으로 낮다.

02 O

03 O 단락(합선), 기전력은 점화원이 될 수 있다.

013

각 가연물의 연소범위를 쓰시오.

01 수소

02 일산화탄소

03 메탄

04 암모니아

05 에틸렌

06 에틸에테르

07 프로판

08 황화수소

09 시안화수소

10 산화에틸렌

11 가솔린

12 아세틸렌

---

01 4~75%

02 12.5~74%

03 5~15%

04 15~28%

05 2.7~36%

06 1.9~48%

07 2.1~9.5%

08 4.3~45%

09 6~41%

10 3~80%

11 1.4~7.6%

12 2.5~81%

참고 연소범위

가연성 가스와 공기의 혼합물에서 가연성 가스 농도가 너무 낮거나 너무 높으면 아무리 큰 에너지를 공급하여도 화염의 전파가 일어나지 않는 농도범위가 있다. 이때 농도가 낮은 쪽을 연소하한계, 높은 쪽을 연소상한계라 하며, 그 사이를 연소범위라고 한다.

014

연소범위에 대한 설명이 옳으면 O, 옳지 않으면 X로 답하시오.

01 연소하한계 공기 중의 산소농도에 비해 가연성 기체가 많다.

02 연소상한계 공기 중의 산소농도에 비해 가연성 기체가 적다.

03 온도가 올라가면 연소하한계는 낮아지고 연소상한계는 증가하여 연소범위가 넓어진다.

04 압력이 높아지면 연소하한계에는 약간의 영향만 미치고 연소상한계는 증가한다(단, 이산화탄소는 제외).

05 산소가 증가하면 연소하한계는 변화가 없고 연소상한계는 증가한다.

06 불활성 가스의 농도에 반비례하여 연소범위는 좁아진다.

---

01 X 연소하한계 공기 중의 산소농도에 비해 가연성 기체가 적다.

02 X 연소상한계 공기 중의 산소농도에 비해 가연성 기체가 많다.

03 O

04 X 제외되는 것은 이산화탄소가 아닌 일산화탄소이다.

05 O

06 X 연소범위는 불활성 가스의 농도에 비례하여 좁아진다.

015

☐☐☐

주어진 지문을 읽고 빈칸에 알맞은 답을 쓰거나 O, X로 답하시오.

01 가연성 기체의 위험도는   을/를 기준으로 한다.

02 일반적으로 인화성 액체의 위험의 정도는   을/를 기준으로 한다.

03 위험도 공식은   이다.

04 온도, 열량, 연소열, (증기)압력, 연소(폭발, 가연)범위, 화학적 활성도(화학반응속도), 화염전파속도가 클수록 또는 표면장력, 증발열(기화열), 융해열, 비열, 인화점, 발(착)화점, 점성, 비중, 비점, 융점, 열전도율, 활성화에너지가 작을수록 위험성 증가한다.

05 연소범위는 메탄 > 에탄 > 프로판 > 부탄 순이다.

06 위험도는 부탄 > 프로판 > 에탄 > 메탄 순이다.

07 연소상한계와 산소몰수에 의해 최소산소농도가 결정된다.

08 최소산소농도란 연소할 때 화염이 전파되는 데 필요한 임계산소농도를 말한다.

09 프로판 1몰(mol) 및 메틸알코올 1몰이 완전 연소하는 데 필요한 최소산소농도는 각각 10.5%이다(단, 프로판 2.1~95, 메틸알코올 7~37의 연소범위를 가진다).

10 부탄(Butane)이 완전 연소할 때의 연소 반응식을 $2C_4H_{10} + (a)O_2 = (b)CO_2 + (c)H_2O$이라고 할 때, a+b+c의 값은 15.5이다.

11 연소속도에 영향을 미치는 요인 5가지

12 일반적으로 연소속도가 클수록, 열전도율이 작을수록 열축적이 용이하여 최소발화에너지는 작아진다.

---

01 연소범위

02 인화점

03 $\dfrac{연소상한 - 연소하한}{연소하한} = \dfrac{연소범위}{연소하한}$

04 O

05 O

06 O

07 X

08 O

09 O 최소산소농도 = 산소양론계수 $\left(\dfrac{산소몰수}{연소가스몰수}\right)$ × 연소하한계(폭발하한계)이므로 산소몰수와 연소하한계가 최소산소농도를 결정한다.

10 X 부탄(C_4H_{10})의 연소반응식은 $2C_4H_{10} + 13O_2 = 8CO_2 + 10H_2O$이므로, a+b+c의 값은 31이다.

11 가연성 물질의 종류, 촉매의 존재 유무와 농도, 공기 중 산소량, 온도와 압력 등, 가연성 물질과 산화제의 당량비

12 O

📖 **개념정리 산소몰수·연소범위·최소산소농도(MOC)**

- 프로판가스의 산소몰수: $C_3H_8 + 5O_2 \rightarrow 3CO_2 + 4H_2O$
- 프로판가스의 연소범위: 2.1~9.5%
- 프로판가스의 최소산소농도(MOC): $5 \times 2.1 = 10.5\%$
- 메틸알코올가스(CH_3OH)의 산소몰수: $CH_3OH + \dfrac{3}{2}O_2 \rightarrow CO_2 + 2H_2O$, $\dfrac{3}{2}O_2 = 1.5O_2$
- 메틸알코올가스(CH_3OH)의 연소범위: 7~37%
- 메틸알코올가스(CH_3OH)의 최소산소농도(MOC): $1.5 \times 7 = 10.5\%$
- 물질별 산소몰수·연소범위·최소산소농도(MOC)

물질	산소몰수	연소범위	최소산소농도(MOC)
CH_4(메테인, 메탄)	$2O_2$	5~15	10%
C_2H_6(에테인, 에탄)	$3.5O_2$	3~12.5	10.5%
C_3H_8(프로페인, 프로판)	$5O_2$	2.1~9.5	10.5%
C_4H_{10}(부테인, 부탄)	$6.5O_2$	1.8~8.4	11.7%

- 산소몰수 1.5 증가
- 산소몰수와 상관없이 최소산소농도값은 변하지 않는다.

016

⬜⬜⬜

공기 중 산소농도가 증가할 때 발생하는 현상에 해당하면 O, 해당하지 않으면 X로 답하시오.

01 연소속도가 빨라진다.

02 발화점이 높아진다.

03 화염의 온도가 높아진다.

04 연소(폭발·가연)범위가 좁아진다.

05 점화에너지가 작아진다.

---

01 O
02 X 공기 중 산소농도가 증가하면 발화점이 낮아진다.
03 O
04 X 공기 중 산소농도가 증가하면 연소(폭발·가연)범위가 넓어진다.
05 O

017 불완전연소의 원인에 대한 설명이 옳으면 O, 옳지 않으면 X로 답하시오.

☐☐☐

01 가스의 조성이 균일할 때

02 공기 공급량이 부족할 때

03 주위 온도가 너무 높을 때

04 환기 또는 배기가 잘 될 때

05 노즐의 분무상태가 나쁠 때(가연물 부족)

06 공급연료(가연물)가 많아 상태가 안정될 때

01 X	02 O
03 X	04 X
05 O	06 X

📖 개념정리 **불완전 연소의 원인**

• 가스의 조성이 균일하지 못할 때　　　　　• 공기 공급량이 부족할 때

• 주위 온도가 너무 낮을 때　　　　　　　　• 환기 또는 배기가 잘 되지 않을 때

• 노즐의 분무상태가 나쁠 때(가연물 부족)　• 공급연료(가연물)가 많아 상태가 불안정할 때

→ 즉, 부정적인 언어(못할 때, 부족할 때, 나쁠 때)는 불완전연소의 원인이다.

018 각 가연물의 연소형태 종류를 쓰시오.

☐☐☐

01 가연성 기체의 연소형태

02 가연성 액체의 연소형태

03 가연성 고체의 연소형태

01 확산연소, 예혼합연소, 부분예혼합연소, 폭발연소

02 증발연소, 분해연소

03 분해연소, 표면연소, 증발연소, 자기연소

019

□□□

가연물의 연소형태에 관한 설명을 읽고 빈칸에 알맞은 답을 쓰시오.

01 _____은/는 가연성 기체와 공기를 인접한 2개의 분출구에서 분출·확산시켜 계면에 가연성 혼합기를 형성하여 연소하는 현상이다.

02 _____은/는 연소하기 전에 이미 연소 가능한 혼합가스를 만들어 연소하는 것으로 혼합기로의 역화를 일으킬 위험이 크다.

03 _____은/는 가연성 물질의 표면에서 증발한 가연성 증기와 공기 중 산소가 화합하여 열에너지를 방출하는 연소형태이다.

04 _____은/는 가연성 고체가 열분해에 따른 가연성 증기 발생 과정을 거치지 않고 고체 표면에서 산소와 반응하여 연소하는 현상으로, 불꽃(화염)이 없는 것(무염연소)이 특징이다.

05 고체를 가열하면 열분해 없이 고체가 액체가 되고 이를 계속해서 가열하면 기체로 변화하는데, 이렇게 변화한 기체가 연소하는 현상을 _____(이)라고 한다.

06 _____은/는 고체 가연성 물질 가열 시 열분해를 일으켜 나온 분해가스 등이 연소하는 형태이며, 열분해에 의해 생기는 물질은 일산화탄소, 이산화탄소, 수소, 메탄 등이 있다.

07 _____은/는 가연물이 물질의 분자 내에 산소를 함유하고 있어, 열분해에 의해 가연성 가스와 산소를 동시에 발생시키므로 공기 중의 산소 없이 연소할 수 있는 것을 말한다.

08 액체, 고체에서 동시에 연소할 수 있는 것은 _____이다.

---

01 확산연소	02 예혼합연소
03 증발연소	04 표면연소
05 증발연소	06 분해연소
07 자기연소	08 증발연소, 분해연소

020

□□□

각 가연물의 대표적인 연소형태를 쓰시오.

01 아세틸렌, 메탄, 에탄, 일산화탄소, 프로판, 암모니아

02 디에틸에테르, 이황화탄소, 가솔린, 아세톤, 산화프로필렌

03 고무, 목재, 플라스틱, 섬유류, 종이

04 철분, 알루미늄분, 아연분, 목탄분

05 유황, 나프탈렌, 파라핀, 요오드

06 니트로셀룰로오스, 트리니트로톨루엔, 셀룰로이드

---

01 확산연소	02 증발연소
03 분해연소	04 표면연소
05 증발연소	06 자기연소

021 주어진 지문을 읽고 빈칸에 알맞은 답을 쓰시오.

□□□

01 가연성 가스의 분출속도가 연소속도보다 빠를 때 화염이 노즐에서 떨어져서 연소하는 현상은   이다.

02   은/는 가연성 가스의 분출속도보다 연소속도가 빠를 때 불꽃이 내부로 전파되는 현상이다.

---

01 리프팅(선화)
02 백파이어(역화)

022 주어진 지문을 읽고 각 현상의 원인에 해당하면 O, 해당하지 않으면 X로 답하시오.

□□□

01 역화(Back Fire, 플래시백, 라이팅백)의 원인
  - 혼합 가스량이 너무 많은 경우
  - 분출구멍이 작은 경우
  - 버너가 과열된 경우
  - 연소속도보다 혼합가스의 분출속도가 느린 경우
  - 압력이 작은 경우

02 선화(Lifting)의 원인
  - 1차 공기가 너무 적은 경우
  - 공급가스의 압력이 높은 경우
  - 버너의 염공이 큰 경우

---

01 X, X, O, O, O
02 X, O, X

📖 **개념정리 역화와 선화의 비교**

구분		역화(Back Fire) [연료분출속도 < 연소속도]	선화(Lifting) [연료분출속도 > 연소속도]
원인	혼합 가스량(1차 공기)	↓	↑
	압력	↓	↑
	염공 직경(관경)	↑	↓
	버너의 과열	상관 있음	상관 없음
결과		불꽃이 염공 안쪽으로 들어감	불꽃이 염공 바깥쪽으로 공중부양함

→ 역화는 염공의 직경만 크고 나머지는 작으며, 선화는 염공의 직경만 작고 나머지는 크다.

023

□□□

주어진 지문을 읽고 옳으면 O, 옳지 않으면 X로 답하시오.

01 블로우 오프(Blow Off)란 역화 상태에서 연료가스의 분출속도가 증가하거나 주위 공기의 유동이 심하여 화염이 노즐에 정착하지 못하고 떨어져 화염이 꺼지는 현상이다.

02 황염은 분출하는 기체연료와 공기의 화학양론비에서 공기량이 많을 때 발생한다.

03 주염현상이란 가연성 가스가 연소하면서 바람을 타고 흘러가는 현상이다.

04 연료노즐에서 흐름이 난류(turbulent flow)인 경우, 확산연소에서 화염의 높이는 분출속도에 비례한다.

---

01 X 블로우 오프(Blow Off)란 선화 상태에서 연료가스의 분출속도가 증가하거나 주위 공기의 유동이 심하여 화염이 노즐에 정착하지 못하고 떨어져서 꺼지는 현상이다.

02 X 황염은 분출하는 기체연료와 공기의 화학양론비에서 공기량이 적을 때 발생한다(불완전연소).

03 O

04 X 연료노즐에서 흐름이 층류인 경우, 확산연소에서 화염의 높이는 분출속도에 비례한다.

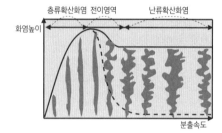

024

□□□

주어진 지문을 읽고 빈칸에 알맞은 답을 쓰거나 O, X로 답하시오.

01 연소의 불꽃색깔에 따른 온도
- 담암적색
- 적색
- 황적색
- 휘백색
- 암적색
- 휘적색
- 백적색

02 화염(불꽃)의 온도가 높은 색깔은 적색이 아니라 백색이다.

---

01 520℃, 700℃, 850℃, 950℃, 1100℃, 1300℃, 1500℃ 이상

02 O

025

□□□

주어진 지문을 읽고 옳으면 O, 옳지 않으면 X로 답하시오.

자연발화는 물질이 공기 중에서 발화온도보다 상당히 낮은 온도일 때에 자연히 발열하고, 그 열이 장시간 축적되어 인화점에 도달하고 결국 연소에 이르는 현상이다.

X 자연발화는 물질이 공기 중에서 발화온도보다 상당히 낮은 온도일 때 자연히 발열하고, 그 열이 장시간 축적되어 발화점에 도달하여 연소에 이르는 현상이다.

026

□□□

자연발화의 발생조건에 관한 설명을 읽고 옳으면 O, 옳지 않으면 X로 답하시오.

01 열전도율이 큰 공기를 많이 포함한 분말, 섬유상의 물질이 자연발화에 용이하다.

02 저장실이 고온다습하면 자연발화가 용이하다.

03 비교적 공기와의 접촉 면적이 작아야 자연발화가 용이하다.

04 열의 발생속도가 빠를수록 자연발화가 용이하다.

05 통풍이 좋은 장소에서 자연발화가 용이하다.

06 흡열반응에 정촉매적 작용을 가진 물질이 존재하면 자연발화가 용이하다.

---

01 X 열전도율이 작은 공기를 많이 포함한 분말, 섬유상의 물질이 자연발화에 용이하다.

02 O

03 X 비교적 공기와의 접촉 면적이 커야 자연발화가 용이하다.

04 O

05 X 밀폐된 장소에서 자연발화가 용이하다.

06 X 발열반응에 정촉매적 작용을 가진 물질이 존재하면 자연발화가 용이하다.

📖 개념정리 자연발화 발생조건, 방지법

구분	발생조건	방지법
열축적	밀폐된 공간 열전도율 ↓, 휘발성 ↓, 증기압력 ↓ 분말	개방된 공간 열전도율 ↑, 휘발성 ↑, 증기압력 ↑ 괴상(덩어리)
열 발생속도 (발열량 X 반응속도)	온도 ↑, 수분 ↑ (고온다습) 발열량 ↑ 표면적 ↑	온도 ↓, 수분 ↓ (저온건조) 발열량 ↓ 표면적 ↓

가연물의 구비조건 (잘 타는 조건)	자연발화 발생	발화점 낮아짐
건조	습도(수분)	건조
가연물이 잘 타지 않는 조건	자연발화 방지	발화점 높아짐
습도(수분)	건조	습도(수분)

027
☐☐☐

각 가연물이 자연발화하기 위해 필요한 생성열을 쓰시오.

01 활성탄, 유연탄, 목탄분

02 금속분, 석탄분, 고무조각

03 먼지, 퇴비, 비료 등

04 액화시안화수소, 스틸렌, 아크릴로니트릴

05 아세틸렌, 셀룰로이드류, 질화면(니트로셀룰로오스), 표백분

---

01 흡착열
02 산화열
03 미생물열(발효열)
04 중합열
05 분해열

028
☐☐☐

자연발화에 관한 설명을 읽고 옳으면 O, 옳지 않으면 X로 답하시오.

01 황린은 발화점이 상온에 가깝고 분해열에 의해 물질 자신이 발화한다.

02 금속칼륨, 금속나트륨은 공기 중의 습기를 흡수하거나 물과 접촉할 때 가연성 가스를 발생하고 발화한다.

03 황린은 자연발화를 방지하기 위하여 보호액인 약산성 물에 저장한다.

04 금속칼륨과 금속나트륨은 공기 중의 습기나 물과의 접촉에 따른 가연성 가스의 발생을 방지하기 위하여 석유 속에 보관한다.

05 제3류 위험물과 제5류 위험물의 자연발화는 일반적으로 단시간에 걸쳐 발생한다.

---

01 X 황린은 발화점이 상온에 가깝고 산화열에 의해 물질 자신이 발화하는 특성을 가진다. 황린 외에 디메틸마그네슘, 디에틸마그네슘, 디에틸아연 등 유기금속화합물류와 알킬알루미늄, 알킬리튬, 실란, 디실란 등 규소화수소류, 액체인화수소 등도 있다.

02 O 물과 접촉 시 가연성 가스를 발생하고 자신이 발화하는 물질은 칼륨, 나트륨, 알칼리금속류, 알칼리토금속류, 알루미늄, 아연분 등이 있다. 물과 접촉 시 발열하여 다른 가연성 물질을 발화시키는 물질은 과산화나트륨 등의 무기과산화물류, 과염소산, 진한 질산, 삼산화크롬, 진한 황산 등이 있다.

03 X 황린은 자연발화를 방지하기 위하여 보호액인 약알칼리성(pH9) 물에 저장한다.

04 O

05 X 제3류 위험물의 자연발화는 일반적으로 단시간에 걸쳐 발생하고, 제5류 위험물의 자연발화는 장시간에 걸쳐 발생한다.

029
□□□

폭발에 관한 설명을 읽고 빈칸에 알맞은 답을 쓰거나 O, X로 답하시오.

01 발열반응으로서 연소의 전파속도가 음속보다 느린 반응은 〰〰〰〰, 발열반응으로서 연소의 전파속도가 음속보다 빠른 반응은 〰〰〰〰 (이)라 한다.

02 폭발반응 중 폭연은 충격파에너지에 의한 화학적 발열반응에 의해 전파되어 가는 형태이다. 〰〰〰〰

03 폭연은 화염면에서 온도, 압력, 밀도의 변화가 연속적으로 나타난다. 〰〰〰〰

---

01 폭연, 폭굉
02 X 폭발반응 중 폭연은 전도, 대류, 복사에너지에 의한 화학적 발열반응에 의해 전파되어 가는 형태이다.
03 O

030
□□□

폭굉 유도거리가 짧아지는 요인에 해당하면 O, 해당하지 않으면 X로 답하시오.

01 압력이 높을수록 〰〰〰〰
02 주위 온도가 높을수록 〰〰〰〰
03 점화원의 에너지가 강할수록 〰〰〰〰
04 연소속도가 큰 가스일수록 〰〰〰〰
05 관경이 작을수록(가늘수록) 〰〰〰〰
06 관 속에 장애물이 있는 경우 〰〰〰〰

---

01 O **02** O **03** O **04** O **05** O **06** O

031
□□□

폭발에 관한 설명을 읽고 해당하는 폭발의 종류를 쓰시오.

01 메탄, 에탄, 프로판, 수소, 아세틸렌, 산화에틸렌 등의 가연성 가스와 가솔린, 알코올 등의 인화성 액체의 증기가 공기와 혼합해서 가연성 혼합기체를 형성하여 점화원에 의해 발생하는 폭발 〰〰〰〰

02 에틸렌, 산화에틸렌, 아세틸렌, 비닐아세틸렌, 메틸아세틸렌, 사불화에틸렌, 히드라진 유도체, 오존, 이산화질소 〰〰〰〰

03 시안화수소, 염화비닐, 초산비닐, 산화에틸렌 〰〰〰〰

---

01 산화폭발
02 분해폭발
03 중합폭발

032

☐☐☐

폭발에 대한 설명을 읽고 알맞은 답을 쓰거나 O, X로 답하시오.

01 폭발의 3대 조건

02 공정별(process) 분류에 따른 폭발의 분류

03 물질 변화(원인)에 따른 폭발의 분류

04 양적변화가 있는 물리적 폭발과 질적변화가 있는 화학적 폭발의 종류 각 4가지

05 물질 상태에 따른 폭발의 분류

06 기상폭발의 종류

07 응상폭발의 종류

08 분해폭발 및 중합폭발은 산소가 있어야만 가능하다.

---

01 밀폐된 공간, 점화원, 연소(폭발·가연) 범위

02 물리적 폭발, 화학적 폭발, 핵 폭발, 물리적+화학적 병립폭발

03 물리적 폭발, 화학적 폭발

04 물리적 폭발 - 수증기폭발, 증기폭발(BLEVE), 전선폭발, 고상간 전위폭발, 고압용기폭발 등
　　 화학적 폭발 - 산화폭발(가스, 분무, 분진, 증기운 등), 분해폭발, 중합폭발, 촉매폭발 등

05 응상폭발, 기상폭발

06 가스폭발, 분무폭발, 분진폭발, 증기운폭발, 분해폭발, 박막폭굉

07 수증기폭발, 증기폭발, 전선폭발, 고상간(고체상태)의 전이에 의한 폭발

08 X 분해폭발과 중합폭발은 산소 없이도 가능하다.

📝 **참고 응상폭발, 기상폭발**

- 폭발물질의 물리적 상태에 따라서 기상폭발과 응상폭발로 구분하며, 일반적으로 응상이란 고상 및 액상의 것을 말하고, 응상은 기상에 비하여 밀도가 $10^2 \sim 10^3$배이므로 그 폭발의 양상이 다르다.
- 수소, 일산화탄소, 메탄, 프로판, 아세틸렌 등의 가연성 가스와 조연성 가스와의 혼합기체에서 발생하는 가스폭발이 기상폭발에 속한다. 용융금속이나 금속조각 같은 고온물질이 물 속에 투입되었을 때 고온의 열이 저온의 물에 짧은 시간에 전달되면 일시적으로 물이 과열상태가 되고 급격하게 비등하여 폭발현상이 나타나는 것을 응상폭발이라 하며, 수증기폭발이 대표적인 예이다.
- 기상폭발은 가스폭발, 분해폭발, 분무폭발 및 분진폭발, 증기운폭발, 중합폭발, 박막폭굉이 있다.
- 응상폭발은 혼합위험성 물질에 의한 폭발, 폭발성 화합물의 폭발, 증기폭발이 있다.

033

분진폭발의 발생조건에 대한 설명을 읽고 옳으면 O, 옳지 않으면 X로 답하시오.

01 가연성이면서 액체 미립자이다.

02 고체는 폭발범위가 없으므로 가열에 의해 분해된 가스만 나오면 된다.

03 발화점과 밀접한 관계를 가지고 있다.

04 불연성 가스 중에 잘 부유된 상태가 필요하다.

---

01 X 가연성의 고체 미립자이다.

02 X 고체는 폭발범위가 있다.

03 X 인화점, 연소점과 밀접한 관계를 가지며, 직접적인 점화원에 의해 폭발한다.

04 X 가연성 가스 중에 잘 부유된 상태가 필요하다.

> **📖 개념정리 분진폭발의 발생조건**
>
> - 가연성의 고체 미립자
> - 부유된 분진(100미크론 이하)
> - 충분한 점화원
> - 지연성(조연성) 가스 중에서 교반과 유동이 일어나야 함

034

가스폭발과 분진폭발 중 설명에 알맞은 폭발의 명칭을 쓰시오.

01 연소속도가 빠르고 폭발압력이 크다.

02 연소시간이 길고 발생에너지가 크다.

03 파괴력과 그을음의 정도가 크다.

04 최소발화에너지가 크므로 착화는 더 어렵다.

---

01 가스폭발

02 분진폭발

03 분진폭발

04 분진폭발

✅ **참고 가스폭발과 분진폭발의 비교**

구분	연소 속도	폭발 압력	연소대의 길이 (연소시간)	발생에너지	파괴력	특징
가스폭발	O	O				연소속도가 빠르고 폭발 압력이 큼
분진폭발			O	O	O	• 연소시간이 길고 발생에너지가 큼 • 전체적으로 가스폭발에 비하여 파괴력과 그을음이 큼 • 최소발화에너지가 크므로 착화는 더 어려움

035

☐☐☐

분진폭발에 영향을 미치는 요인에 대한 설명을 읽고 옳으면 O, 옳지 않으면 X로 답하시오.

01 분진의 발열량이 클수록 폭발성이 크다.

02 휘발성분의 함유량이 많은 분진일수록 폭발하기 쉽다.

03 분진의 입자체적이 입자표면적에 비하여 커지면 열의 발생속도가 방열속도보다 더 커져 폭발이 용이해진다.

04 평균입자경이 동일한 분진인 경우 폭발성은 구상, 평편상, 침상 입자 순으로 증가한다.

05 분진 중에 존재하는 수분은 분진의 부유성을 억제한다.

06 산소와 반응성이 있는 분진의 경우 공기 중에 산화피막을 형성할 수 있어, 공기 중 노출시간이 길수록 폭발성이 감소한다.

07 수분이 적고, 입자와 밀도가 작을수록 폭발성이 증가한다.

08 자연발화는 수분(습기)이 있으면 잘 발생하고, 정전기와 분진폭발은 수분(습기)이 없으면 잘 발생한다.

01 O

02 O

03 X 분진의 표면적이 입자체적에 비하여 커지면 폭발이 용이해진다.

04 X 폭발성은 평편상, 침상, 구상 입자 순으로 증가한다.

05 O 분진 중에 존재하는 수분은 폭발성에 영향을 주고 즉, 분진의 부유성을 억제한다. 반면 마그네슘, 알루미늄 등은 물과 반응하여 수소를 발생함으로써 오히려 위험성이 증가하기도 한다.

06 O

07 O 분진의 수분이 적고 입자와 밀도가 작을수록 표면적이 커서 폭발성이 증가한다.

08 O 자연발화는 수분(습기)이 촉매역할을 하므로 열축적(열의 발생속도)이 잘 되어 자연발화가 잘 발생하며, 정전기와 분진폭발은 건조해야 잘 발생한다.

📑 참고 방열속도(방산속도)는 열이 흩어지는 속도를 말한다.

036

☐☐☐

블래비(BLEVE) 폭발 등에 대한 설명이 옳으면 O, 옳지 않으면 X로 답하시오.

01 블래비 현상이란 내부 화재에 의해 액화가스저장탱크 내의 액체가 비등하고 증기는 팽창하여 폭발하는 현상을 말한다.

02 블래비 현상은 증기운폭발로 전이가 가능하기 때문에 화학적 폭발이다.

03 블래비 현상은 화재발생 → 액온상승 → 압력증가 → 액격현상 → 연성파괴 → 취성파괴 순으로 진행된다.

04 블래비 현상은 액화가스저장탱크에서 일어날 수 있다는 점에서 증기운폭발과 같다.

05 블래비의 규모는 파열 시 액체의 기화량에는 차이가 있으나 탱크 용량에 따른 차이는 없다.

06 액상, 기상의 동적평형상태가 되면 블레비를 방지할 수 있다.

07 대기(자유공간) 중에 대량의 가연성 가스가 유출되거나 대량의 가연성 액체가 유출되어 그것으로부터 발생한 증기가 공기와 혼합해서 가연성 혼합기체를 형성하고 점화원에 의하여 발생하는 물리적 폭발현상이다.

08 화구(Fire Ball)를 형성하는 주원인은 블래비와 증기운폭발이다.

---

01 X 내부 화재가 아니라 외부 화재에 의해 폭발하는 현상이다.

02 X 증기운폭발로 전이가 가능하지만 물리적 폭발이다.

03 X 블래비 현상은 화재발생 → 액온상승 → 압력증가 → 연성파괴 → 액격현상 → 취성파괴 순으로 진행된다.

04 O

05 X 탱크의 용량에 따른 차이가 있다.

06 O 열역학 제0법칙: 열평행법칙에 의해 탱크 외벽과 내벽을 열 평행상태로 만들면 블레비를 방지할 수 있다.

07 X 증기운폭발(Unconfined Vapor Cloud Explosion)이란 대기(자유공간) 중에 대량의 가연성 가스가 유출되거나 대량의 가연성 액체가 유출되어 그것으로부터 발생한 증기가 공기와 혼합해서 가연성 혼합기체를 형성하고 점화원에 의하여 발생하는 화학적 폭발현상이다.

08 O

037

방폭구조의 종류 및 장소에 대한 설명을 읽고 빈칸에 알맞은 답을 쓰시오.

01 ⬚⬚⬚⬚⬚⬚ 은/는 용기 내부에 보호 가스(불연성 가스)를 압입하여 내부압력을 유지함으로써 폭발성 가스 또는 증기가 용기 내부로 유입되지 않도록 한 구조를 말한다.

02 ⬚⬚⬚⬚⬚⬚ 은/는 정상운전 중에 폭발성 가스 또는 증기에 점화원이 될 전기불꽃, 아크 또는 고온 부분 등의 발생을 방지하기 위해 기계적, 전기적 구조상 또는 온도상승에 대해 특히 안전도를 증가시킨 구조이다.

03 ⬚⬚⬚⬚⬚⬚ 은/는 전기불꽃, 아크 또는 고온이 발생하는 부분을 기름 속에 넣어서 기름면 위에 존재하는 폭발성 가스 또는 증기에 인화되지 않도록 한 구조를 말한다.

04 ⬚⬚⬚⬚⬚⬚ 은/는 용기 내부에서 폭발성 가스 또는 증기가 폭발하였을 때 용기가 그 압력에 견디도록 하고 접합면, 개구부 등을 통해 외부의 폭발성 가스, 증기에 인화되지 않도록 한 구조를 말한다.

05 ⬚⬚⬚⬚⬚⬚ 은/는 정상 시 및 사고 시에 발생하는 스파크, 아크 또는 고온부에 의하여 발생되는 전기적 에너지를 제한하여 전기적 점화원 발생을 억제하고, 만약 점화원이 발생하더라도 위험물질을 점화할 수 없다는 점이 시험을 통하여 확인된 구조를 말한다.

06 ⬚⬚⬚⬚ 은/는 본질안전 방폭구조에 사용되는 장소이다.

07 ⬚⬚⬚⬚ 은/는 내압, 압력, 유입 방폭구조에 사용되는 장소이다.

08 ⬚⬚⬚⬚ 은/는 안전증 방폭구조에 사용되는 장소이다.

01 압력 방폭구조	02 안전증 방폭구조
03 유입 방폭구조	04 내압 방폭구조
05 본질안전 방폭구조	06 0종 장소
07 1종 장소	08 2종 장소

038

□□□

유류화재 및 기타 저장탱크에서의 이상 현상에 대한 설명을 읽고 빈칸에 알맞은 답을 쓰시오.

01 _____ 은/는 화재 이외의 경우에도 물이 고점도의 유류 아래에서 비등할 때 탱크 밖으로 물과 기름이 거품과 같은 상태로 넘치는 현상이다.

02 _____ 은/는 외부화재로 인해 저장탱크 내 액화가스가 급격히 팽창·비등함과 동시에 내부압력이 증가되어, 탱크 벽면이 파열되는 현상이다.

03 _____ 은/는 유류화재 시 유류표면이 비점 이상으로 상승하는 상태에서 소화용수 등이 액표면에 유입되어 물이 급격하게 비등하면서 유류가 탱크 외부로 넘치는 현상이다.

04 _____ 은/는 위험물저장탱크 내에 저장된 인화성 액체의 양이 내용적 1/2 이하로 충전되어 있을 때 외부화재로 증기압력이 상승하여 저장탱크 내 유류를 외부로 분출하면서 탱크가 파열되는 현상이다.

05 _____ 발생 시 대응절차로 탱크 저면이나 하단에 배수관(drain) 밸브를 개방하여 고인 물을 제거한다.

06 _____ 발생 시 대응절차로 밸브 또는 배관에서 누출되는 가스가 연소하는 화염은 소화하지 않고, 그 화염에 의해 가열되는 면을 냉각한다.

01 프로스오버	02 블래비(BLEVE) 현상
03 슬롭오버	04 오일오버
05 보일오버	06 파이어볼(화구)

☑ **참고** 보일오버, 슬롭오버, 프로스오버는 경질유(가솔린, 경유, 등유 등)보다 중질유(벙커C유, 타르 등)에서 잘 발생한다.

039

연소생성물 중 연소가스에 대한 설명을 읽고 빈칸에 알맞은 답을 쓰거나 O, X로 답하시오.

01 _____은/는 모든 유기물의 연소에서 발생하는 무색, 무취, 무미의 기체로서 연소가스 중 가장 많은 양을 차지하며 가스 자체에 독성은 없으나 다량이 존재할 경우 사람의 호흡속도를 증가시키고 이로 인하여 화재가스에 혼합된 유해가스의 흡입을 증가시켜 질식의 위험을 가중하는 물질이다.

02 _____은/는 무색, 무취, 무미의 환원성이 강한 가스로서 상온에서 염소와 작용하여 유독성 가스인 포스겐을 생성하기도 하며 인체 내의 헤모글로빈과 결합하여 산소 운반을 방해하여 산소결핍으로 질식·사망하게 만드는 물질이다.

03 _____은/는 질소가 함유된 물질의 연소 시 발생하는 물질로, 헤모글로빈과 결합하지 않고 세포에 의한 산소의 이동을 막아 순간적으로 호흡이 정지되게 하는 물질이다.

04 _____은/는 황(S) 성분을 포함한 유기화합물의 불완전 연소 시 발생하며, 계란 썩는 냄새가 난다.

05 _____은/는 허용농도가 25ppm이며, 주로 비료공장, 냉동시설의 냉매로 많이 쓰인다.

06 _____은/는 허용농도가 5ppm이며, 건축물 내 전선의 절연재, 배관재료 등이 탈 때 발생하며, 물에 녹아 염산이 된다.

07 _____은/는 허용농도가 5ppm이며, 방염수지류 등이 연소할 때 발생하고 상온·상압에서 무색의 자극성 기체로 물에 잘 용해되는 물질이다.

08 _____은/는 석유제품·유지류 등이 연소할 때 발생하며, 공기와 접촉하면 아크릴산이 된다.

09 연소가스는 허용농도 단위인 ppm의 숫자가 높을수록 위험하다. _____

---

01 이산화탄소   **02** 일산화탄소
03 시안화수소   **04** 황화수소, 유화수소
05 암모니아   **06** 염화수소
07 브롬화수소   **08** 아크릴로레인
09 X ppm의 숫자가 낮을수록 위험하다.

📖 개념정리 **연소가스별 특징**

이산화탄소	• 허용농도는 5,000ppm • 모든 유기물의 연소에서 발생하는 무색, 무취, 무미의 기체로 독성은 거의 없으나 다량으로 존재할 때 사람의 호흡속도를 증가시킴으로써 유해가스의 흡입을 증가시키는 역할을 함 • 물에 잘 녹음
일산화탄소	• 허용농도는 50ppm • 무색, 무취, 무미의 가스로서 모든 종류의 유기화합물이 연소할 때 발생하며, 특히 산소공급이 원활하지 못할 때 불완전연소에 의해 다량으로 발생함. 연소생성물 중에 아크로레인 등 독성이 더 강한 가스도 있지만 일산화탄소는 다량으로 발생하므로 화재에서 가장 영향을 많이 끼치는 가스로 취급됨 • 혈액 내의 헤모글로빈과 결합하여 일산화헤모글로빈을 생성함으로써 산소의 운반기능을 차단해 질식을 유발함. 일산화탄소의 헤모글로빈과의 친화력은 산소의 헤모글로빈과의 친화력보다 210배나 크므로 대기 중에 존재한다면 헤모글로빈이 선택적으로 반응하므로 질식위험이 높음 • 상온에서 염소와 작용하여 유독성 가스인 포스겐을 생성하기도 함 • 물에 잘 녹지 않음
시안화수소	• 질소성분을 가지고 있는 합성수지, 동물의 털, 모직물, 인조견(비단) 등의 섬유가 불완전연소할 때 발생하는 (맹)독성가스로서 0.3%의 농도에 사람이 노출되면 즉시 사망함 • 공기보다 약간 가볍고 무색의 특이한 냄새를 가진 가연성 가스로 일명 청산가스라고도 함 • 중독증상으로 가슴이 조이는 듯한 통증과 함께 호흡곤란에 빠져 사망에 이름
황화수소	• 허용농도는 10ppm • 황(S)성분을 포함하는 유기화합물의 불완전연소 시 발생함 • 동물의 털, 고무, 일부 나무가 탈 때 주로 생성됨 • 계란 썩는 냄새가 남(후각 마비)
암모니아	• 허용농도는 25ppm • 독성과 강한 자극성을 가진 무색의 기체로 질소성분을 포함하는 나일론, 나무, 실크, 아크릴, 플라스틱, 멜라민수지 등의 물질이 연소할 때 발생함 • 가스형태의 암모니아는 무색의 가연성 가스로 특유의 자극적인 냄새가 나며, 피부나 점막을 자극하고 부식성이 강하여 체내조직 심부에 이르기 쉽고, 고농도의 암모니아가 접촉하면 점막을 심하게 자극하여 결막부종 및 각막혼탁을 초래하고 시력장해의 후유증을 남길 수 있음 • 흡입하면 폐수종을 일으키거나 호흡정지를 일으키는 경우도 있음 • 주로 비료공장, 냉동시설의 냉매로 많이 쓰이므로 냉동창고 화재 시 누출 가능성이 크니 주의하여야 함
염화수소	• 허용농도는 5ppm • 염소 성분을 포함하고 있는 무색의 기체로서 수지류 등이 탈 때 발생함 • 건축물 내 전선의 절연재 및 배관재료 등이 탈 때 발생함 • 사람이 싫어하는 자극적인 냄새가 나며, 금속을 부식시킬 뿐만 아니라 호흡기 계통도 부식시킴 • 합성고분자 물질 중 폴리염화비닐(PVC)의 연소 시 많이 발생함

040
☐☐☐

연기농도 측정법을 3가지 쓰시오.

중량농도법, 입자농도법, 투과율법

📝**참고 연기농도 측정법**
- 절대농도 측정법은 중량농도법[mg/m³], 입자농도법[수/m³]이 있다.
- 상대농도 측정법은 투과율법(감쇄에 의한 투과율법), 빛의 산란법, 전리전류 감소법 등이 있다.
- 현실에서는 투과율법으로 측정한다.

041
☐☐☐

화재발생 시 연기 유동력에 관해 알맞은 답을 쓰시오.

01 저층 건축물에서 화재발생 시 연기 유동력 3가지

02 고층 건축물에서 화재발생 시 연기 유동력 5가지

01 열, 대류 이동, 화재실의 압력
02 굴뚝효과(연돌효과), 온도에 의한 가스팽창, 화재에 의한 부력, 외부 바람의 영향, 건물 내 공기 취급 시스템(공기조화설비)

042
☐☐☐

연기의 유동속도에 관해 빈칸에 알맞은 답을 쓰시오.

01 수평은 [   ] m/s이다.
02 수직은 [   ] m/s이다.
03 계단은 [   ] m/s이다.
04 인간의 보행속도가 연기의 수평방향속도보다 [   ].
05 인간의 보행속도가 연기의 수직방향속도보다 [   ].

01 0.5~1	**02** 2~3
03 3~5	**04** 빠르다
05 느리다	

📖**개념정리 연기의 이동속도와 인간의 보행속도**

화재실 수평방향	화재실 수직방향	계단실 수직방향	인간의 보행속도
0.5~1m/s	2~3m/s	3~5m/s	1~1.2m/s

→ 연기의 이동속도는 수평방향 < 수직방향 < 계단 등 수직방향 순이다.

043

☐☐☐

화재발생에 따른 감광계수에 대한 설명이 옳으면 O, 옳지 않으면 X로 답하시오.

01 감광계수가 0.3m⁻¹일 때 화재 상황은 어두침침한 것을 느낄 정도의 농도이다.

02 거의 앞이 보이지 않을 정도일 때 감광계수는 0.5m⁻¹이며, 가시거리는 3m이다.

03 연기감지기가 작동할 정도일 때 감광계수 0.1m⁻¹이며, 가시거리는 20~30m이다.

04 건물 내부에 익숙한 사람이 피난에 지장을 느낄 정도의 농도일 때의 감광계수는 0.3m⁻¹, 가시거리는 5m이다.

01 X

02 X

03 O

04 O

📖 개념정리 감광계수와 가시거리, 상황

감광계수(m⁻¹)	가시거리(m)	상황
0.1	20~30	연기감지기가 작동할 정도의 농도
0.3	5	건물 내부에 익숙한 사람이 피난에 지장을 느낄 정도의 농도
0.5	3	어두침침한 것을 느낄 정도의 농도
1.0	1~2	거의 앞이 보이지 않을 정도의 농도
10	0.2~0.5	화재 최성기 때의 연기농도 또는 유도등이 보이지 않을 정도의 농도
30	–	출화실에서 연기가 분출될 때의 농도

044

☐☐☐

연기 유동력에 관한 설명을 읽고 빈칸에 알맞은 답을 쓰시오.

01　　　　　　　은/는 고층 건축물의 계단실, 엘리베이터와 같은 수직공간 내의 온도가 밖의 온도와 차이가 나는 경우 부력에 의한 압력차가 발생하여 연기가 수직공간을 따라 상승하거나 하강하는 현상이다.

02　　　　　　　은/는 연소에 의해 열이 발생, 열에 의한 온도상승으로 발생하는 부력으로 인해 고온가스가 실 위쪽으로 이동하는 것이다.

03　　　　　　　은/는 건축물 내에 작동하고 있는 팬, 에어컨, 공조닥트 등의 영향으로 연기가 예상치 못한 방향으로 이동하는 것이다.

01 굴뚝효과

02 화재에 의한 부력

03 건물 내에서 강제적인 공기이동

045

☐☐☐

중성대(중성점, 중립점, 중립면)에 대한 설명이 옳으면 O, 옳지 않으면 X로 답하시오.

01 건물 내외 또는 화재실 내외에 정압이 동일한 수평면(수직면)이 존재하게 되는데 이 면을 중립면이라 한다.

02 중성대를 기준으로 실내 급기구는 벽 아래쪽에 설치하고 배연구는 벽 위쪽에 설치하는 등 자연제연방식의 기초가 된다.

03 화재실 내외의 온도차가 클수록 중성대의 위치는 올라간다.

04 화재실에서 중성대의 위치를 낮게 유지하는 것이 연기유동을 적게 할 수 있다.

05 중성대는 실내의 상·하 압력이 일치하는 위치에 있다.

---

01 O

02 O

03 X 화재실 내외의 온도차가 클수록 중성대의 위치는 내려간다.

04 X 화재실에서 중성대의 위치를 높게 유지하는 것이 연기유동을 적게 할 수 있다.

05 X 불연속선은 실내의 상·하 압력이 일치하는 위치에 있다.

> 📖 **개념정리 중성대**
>
> - 실내에 화재가 발생하면 연소열에 의해 기체온도가 상승하고 부력이 발생하여 천장 쪽으로 상승기류가 형성됨과동시에 실내의 정압이 높아짐과 동시에 바닥쪽은 정압이 낮아지며, 어느 지점에서는 실내의 정압과 실외의 정압이동일한 수평면(수직면)이 존재하게 되는데 이 면을 중성대라 한다.
> - 중성대의 위치에 따라 급기구와 배기구가 정해지는 등 자연제연방식의 기초가 된다.
> - 중성대의 위치는 건물 내외 또는 화재실 내·외의 온도차가 클수록 내려가고, 중성대가 낮아진다.
> - 중성대의 위치를 높게 유지하면 화재 시 연기유동을 적게 할 수 있다.
> - 중성대는 실내·외 압력이 일치하는 위치이며, 불연속선은 실내의 상·하 압력이 일치하는 위치이다.
> - 화재 시 중성대 상부는 열과 연기로부터 생존이 어려운 지역이고, 중성대 하부는 신선한 공기로 인해 생존 가능성이 높은 지역이다.
> - 화재 시 중성대 상부의 개구부를 개방하면 연소는 확대되지만 발생한 연기는 빠른 속도로 상승하여 외부로 배출되므로 중성대의 경계선은 위로 올라가고 중성대 하층의 면적이 커지므로 대원과 대피자들의 활동공간과 시야가 확보되어 신속히 대피할 수 있다. 건물의 상부에 큰 개구부가 있다면 중성대는 올라갈 것이고, 건물의 하부에 큰 개구부가 있다면 중성대는 내려올 것이다.
> - 중성대는 실내화재 시 실내와 실외의 압력 같은 면을 의미한다.

046

중성대(중성점, 중립점, 중립면)에 대한 설명이 옳으면 O, 옳지 않으면 X로 답하시오.

01 화재 시 중성대 상부는 기체가 실내에서 외부로 유출되고, 중성대 하부는 기체가 외부에서 실내로 유입된다.

02 화재 시 중성대 상부는 신선한 공기로 인해 생존 가능성이 높은 지역이며, 중성대 하부는 열과 연기로부터 생존이 어려운 지역이다.

03 화재 시 중성대 하부의 개구부를 개방하면 외부의 공기가 유입되면서 연기는 외부로 배출되어 중성대가 위로 상승하고 중성대 하부면적이 커져 소화활동이 용이해진다.

04 중성대는 실내화재 시 실내와 실외의 온도가 같은 면을 의미한다.

01 O

02 X 중성대 상부는 생존이 어려운 지역이고, 중성대 하부는 생존이 가능한 지역이다.

03 X 화재 시 중성대 상부의 개구부를 개방하면 연소는 확대되지만 연기가 외부로 배출되어 중성대가 위로 상승하고 중성대 하부면적이 커져서 소화활동이 용이하게 된다. 건물의 상부에 큰 개구부가 있다면 중성대는 올라갈 것이고, 건물의 하부에 큰 개구부가 있다면 중성대는 내려올 것이다.

04 X 중성대는 실내화재 시 실내와 실외의 압력이 같은 면을 의미한다.

047

3가지로 구분 가능한 연기제어방법에 대한 설명을 읽고 빈칸에 알맞은 답을 쓰시오.

01 _____ 은/는 건물 내 연기를 계속적으로 외부로 배출하면서 다량의 신선한 공기를 유입하여 위험수준 이하로 희석하는 방법이다.

02 _____ 은/는 발생하는 연기를 자연적 방법 또는 팬과 닥트 등을 이용한 강제적 방법으로 건물 외부로 배출하는 방법이다.

03 _____ 은/는 출입문, 벽, 댐퍼와 같은 차단물들을 설치하여 다른 구역으로의 연기 이동을 차단하는 방법이다.

01 희석

02 배기

03 차단

048

☐☐☐

화상의 정도에 대한 설명이 옳으면 O, 옳지 않으면 X로 답하시오.

01 1도 화상인 홍반성 화상은 그 부위가 분홍색을 띄고 화상 직후 혹은 하루 이내에 물집이 생긴다.

02 2도 화상은 변화가 피부의 표층에 국한되는 것으로, 환부가 빨갛게 되고 가벼운 부기와 통증을 수반한다.

03 3도 화상인 괴사성 화상은 피부의 전체층이 죽어 궤양화되고 화상부위는 건조하며 통증이 있다.

04 4도 화상인 흑색 화상은 피하지방 근육 또는 뼈까지 도달하는 화상을 말한다.

01 X	**02** X
03 X	**04** O

📖📔 **개념정리 화상의 정도에 따른 구분**

1도 화상	홍반성 화상 (표피화상)	• 변화가 피부의 표층에 국한되는 화상으로, 환부가 빨갛게 되고 가벼운 부기와 통증을 수반함 • 치료 시 흉터 없이 치료됨
2도 화상	수포성 화상 (부분층화상)	• 화상 부위가 분홍색을 띄고 화상 직후 혹은 하루 이내에 물집이 생김 • 물집이 터져 진물이 나고 감염의 위험이 있음
3도 화상	괴사성 화상 (전층화상)	• 피부의 전체층이 죽어 궤양화됨 • 피부에 체액이 통하지 않아 화상부위는 건조하고 통증이 없음
4도 화상	흑색 화상 (증기화상)	더욱 깊은 피하지방 근육 또는 뼈까지 도달하는 화상

049
☐☐☐

화재의 정의 및 분류에 관한 설명을 읽고 빈칸에 알맞은 답을 쓰거나 O, X로 답하시오.

01 ⬚⬚⬚ 인 ⬚⬚⬚ 은/는 백색으로 구분하고 목재나 섬유류, 고무류, 합성고분자 물질 등의 연소 후 재를 남기며 ⬚⬚⬚ (이)라고도 한다.

02 유류화재를 나타내는 것은 ⬚⬚⬚ (이)며, 구분 색깔은 ⬚⬚⬚ 이다.

03 ⬚⬚⬚ 은/는 청색으로 표시하며, 전기에너지가 발화원으로 작용한 화재이다.

04 K급 화재는 ⬚⬚⬚ (이)라고도 한다.

05 화재란 물리적·화학적 폭발 현상을 말한다. ⬚⬚⬚

06 식용유화재는 발화점이 비점 이상이므로 재발화의 위험이 있다. ⬚⬚⬚

07 전기화재에 적응성이 있는 소화약제는 마른모래, 팽창질석, 팽창진주암 등이며 질식소화한다. ⬚⬚⬚

08 통전 중인 분전반에서 불이 난 경우는 전기화재에 해당되지만 전원이 차단된 형광등에서 불이 난 경우는 일반화재에 해당된다. ⬚⬚⬚

01 A급 화재, 일반화재, 보통화재   **02** B급 화재, 황색
03 전기화재   **04** 주방화재(또는 식용유화재)
05 X 화재란 화학적 폭발 현상을 말한다.   **06** X 식용유화재는 발화점이 비점 이하이다.
07 X 금속화재(D급 화재)에 대한 설명이다.   **08** O

050
☐☐☐

소실정도에 따른 화재의 분류에 대한 설명이 옳으면 O, 옳지 않으면 X로 답하시오.

01 건물의 70% 미만이 소손되었거나 또는 그 이상일지라도 잔존부분을 보수하여도 재사용이 불가능한 화재를 전소화재라 한다. ⬚⬚⬚

02 건물이 30% 미만인 화재를 부분소화재라 한다. ⬚⬚⬚

03 반소화재는 건물이 30% 이상 70% 미만인 화재를 말한다.

01 X 건물의 70% 이상이 소손되었거나 또는 그 미만일지라도 잔존부분을 보수하여도 재사용이 불가능한 화재를 전소화재라 한다.
02 O
03 O

종류	소실정도
전소화재	건물의 70% 이상(입체면적에 대한 비율) 소실되었거나 또는 그 미만이라도 잔존부분에 보수를 하여도 재사용이 불가능한 것
반소화재	건물의 30% 이상 70% 미만이 소실된 것
부분소화재	건물의 30% 미만이 소실된 것 (전소 및 반소화재에 해당되지 아니하는 것)

📖 개념정리 **화재의 종류에 따른 소실정도**

화재원인별 현황은 부주의 > 전기화재 > 담배 > 방화 > 불장난 > 불티 > 유류 > 가스 등의 순이다.

051

전기화재에 대한 설명이 옳으면 O, 옳지 않으면 X로 답하시오.

01 우리나라 화재의 원인 중 가장 많은 것은 주택(아파트 포함)이다.

02 최근 우리나라 장소별 화재 현황 통계 중 가장 많은 것은 비주거 장소이다.

03 전기화재의 원인으로 가장 많은 건수를 차지하는 것은 과부하이다.

---

01 X 화재원인별 현황 통계에서 가장 큰 화재의 원인은 부주의이며, 그 다음으로 전기 관련 화재가 많은 건수를 차지했다. 그 다음은 담배, 방화, 불장난, 불티, 유류, 가스 등의 순이다.

02 O 최근 몇 년간 비주거 장소 화재가 가장 많은 건수를 차지했으며, 그 다음으로 공동주택을 포함한 주택, 차량 순이었다.

03 X 전기화재의 원인으로 가장 많은 건수를 차지하는 것은 합선(단락)이며, 그 다음으로 과전류(과부하), 누전순이다. 이때 단락(합선)은 전선이 붙는 것, 단선은 전선이 끊어지는 것을 말한다.

📄 **참고 비주거**
교육시설, 판매업무시설, 집합시설, 의료복지시설, 산업시설, 운수 자동차시설, 문화재시설, 생활서비스시설, 기타건축물시설을 말한다.

052

정전기의 발생에 관한 설명을 읽고 빈칸에 알맞은 내용을 쓰시오.

01 _____은/는 두 물체 사이의 마찰이나 접촉위치의 이동으로 전하의 분리와 재배열이 일어나 정전기가 발생하는 현상이다.

02 _____은/는 서로 밀착되어 있는 물체가 떨어질 때 전하의 분리가 일어나 정전기가 발생하는 현상이다.

03 _____은/는 액체류가 파이프 등 내부에서 유동할 때 액체와 관벽 사이에 정전기가 발생하는 현상이다.

---

01 마찰에 의한 대전
02 박리에 의한 대전
03 유동에 의한 대전

📄 **참고** 그 외 대전으로는 분출대전, 충돌대전, 진동대전, 유도대전 등이 있다.

053

☐☐☐

정전기 등에 대한 설명을 읽고 옳으면 O, 옳지 않으면 X로 답하시오.

01 전기 도체인 위험물, 섬유류, PVC 필름 등의 취급 시 마찰로 발생한다.

02 옥외탱크에 석유류 주입 시 또는 유류 등 비전도성 유체의 마찰이 클 때 발생한다.

03 자동차 장시간 및 고속 주행 시 자동차 표면에 와류가 형성되어 전도성 유체 마찰이 클 때 발생한다.

04 정전기 발생과정은 전하의 발생 → 전하의 축적 → 방전 → 발화 순이다.

05 접촉하는 전기의 전위차(전압)를 크게 하면 정전기를 방지할 수 있다.

06 접지시설을 설치하면 정전기를 방지할 수 있다.

07 공기 중 습도가 70% 이상이면 정전기의 발생원인이 된다.

08 부도체물질을 사용하거나 공기를 이온화하면 정전기를 방지할 수 있다.

---

01 X 부도체(절연체, 비전도성, 불량도체)인 위험물, 섬유류, PVC 필름 등의 취급 시 마찰로 발생한다.

02 O

03 X 자동차의 장시간 및 고속 주행 시 자동차 표면에 와류가 형성되어 비전도성(절연체, 부도체, 불량도체) 유체 마찰이 크면 발생한다.

04 O

05 X 접촉하는 전기의 전위차(전압)를 작게 하면 정전기를 방지할 수 있다.

06 O

07 X

08 X

📖 **개념정리** **정전기의 발생원인, 방지법**

정전기의 발생원인	정전기 방지법
• 유속이 빠를 때 • 필터를 통과할 때 • 압력이 클 때 • 습도가 낮을 때 • 비전도성(절연체, 부도체) 물질이 많을 때 • 와류가 형성될 때 • 낙차가 클 때 • 공기의 부상, 물 등이 침전할 때	• 접지시설 • 공기 중 습도를 70% 이상으로 유지함 • 전도체물질을 사용함 • 공기를 이온화함 • 접촉하는 전기의 전위차(전압)를 작게 함 • 정전기 차폐장치 설치 • 제전기 사용

054
□□□

산불화재에 대한 설명을 읽고 옳으면 O, 옳지 않으면 X로 답하시오.

01 지중화란 지표에 있는 잡초·관목·낙엽 등을 태우는 것이다.

02 수간화란 서 있는 나무의 줄기를 태우는 것이다.

03 수관화란 가지나 무성한 잎만 태우는 것이다.

04 지표화란 땅 속의 부식층(腐植層)을 태우는 것이다.

05 침엽수는 활엽수에 비해 수분 함량이 적고 레진(송진과 같은 기름성분)이 많이 포함되어 발열량이 크고 연소속도가 빠르므로, 상대적으로 산불화재에 취약하다.

01 X **02** O **03** O **04** X **05** O

📖 개념정리 **산불화재의 종류**

지표화(地表火)	지표에 있는 잡초·관목·낙엽 등을 태움
수간화(樹幹火)	서 있는 나무의 줄기를 태움
수관화(樹冠火)	가지나 무성한 잎만 태움
지중화(地中火)	• 땅 속의 부식층(腐植層)을 태움 • 산불 진화와 뒷불 정리가 어려움

055
□□□

화재 소화에 대한 설명을 읽고 옳으면 O, 옳지 않으면 X로 답하시오.

01 소화는 연소의 3요소나 4요소 중 일부 또는 전부를 제거하거나 억제하여 연소현상을 중지하는 것이다.

02 연소에너지 한계에 의한 소화방법은 물리적 소화방법 중 제거소화에 해당된다.

03 순조로운 연쇄반응을 차단하는 소화는 억제소화이다.

04 순조로운 연쇄반응을 차단하는 소화방법은 화학적 소화방법이다.

05 화염에 불안정화에 의한 소화방법은 물리적 소화방법 중 냉각소화에 해당한다.

06 산소농도 한계에 바탕을 둔 소화방법은 물리적 소화방법 중 질식소화에 해당한다.

07 불타는 장작더미 속에서 아직 타지 않은 것을 안전한 곳으로 운반하여 소화하는 방법은 가압소화이다.

08 인화성 액체연료탱크에 화재가 발생했을 때 연료를 다른 빈 연료탱크로 이송하여 연료량(배유, 드레인)을 줄이는 것을 질식소화라 한다.

09 방 안에서 화재가 발생하면 이불, 담요로 덮어 소화하는 방법을 제거소화라 한다.

10 유전화재 시 질소폭탄을 이용하여 유증기를 날려보내는 소화방법은 질식소화이다.

11 알코올에 물을 넣어 가연성을 잃어버리게 하는 소화방법은 희석소화라 한다.

12 질식소화는 가연물에 대한 공기 공급을 차단하여 공기 중 산소농도를 15% 이하로 떨어뜨려서 소화하는 방법이다.

13 냉각소화는 목재, 종이 등의 일반적인 가연물의 화재 시 물을 주수하여 기화열을 이용, 열을 흡수하여 소화하는 방법이다.

14 연소하고 있는 고체 또는 액체가 든 용기를 기계적으로 밀폐하여 외부와 차단함으로써 소화하는 방법을 피복소화라 한다.

15 유류화재 시 유류표면을 거품을 이용하여 소화하는 방법은 질식소화이다.

16 연소물에 강한 바람이 닿으면 풍속이 어떤 값 이상이 될 때 불꽃이 꺼지는데, 이는 가연성 증기가 순간적으로 바람에 날려서 소화하는 방법으로 제거소화라 한다.

17 이산화탄소처럼 공기보다 무거운 물질로 가연물 주위를 덮어 산소 공급을 차단함으로써 소화하는 방법을 피복소화라 한다.

18 냉각소화가 가능한 약제로는 물, 강화액, CO_2, 할론 등이 있다.

19 비중이 물보다 큰 수용성 유류화재 시 무상주수하는 소화방법은 유화소화이다.

20 전기화재 시 전원 차단, 가스화재 시 가스공급 차단, 산불화재 시 방화선(도로) 구축으로써 소화하는 방법을 제거소화라 한다.

---

01 O

02 X 냉각소화에 대한 설명이다.

03 O

04 O

05 X 제거소화에 대한 설명이다.

06 O

07 X 제거소화에 대한 설명이다.

08 X 제거소화에 대한 설명이다.

09 X 질식소화에 대한 설명이다.

10 X 제거소화에 대한 설명이다.

11 O

12 O

13 O

14 X 질식소화에 대한 설명이다.

15 O

16 O

17 O

18 O

19 X 유화소화는 비수용성 유류화재 시 사용한다.

20 O

☑ **참고** 제거소화는 질소폭탄을 이용하여 유증기를 날려보내고, 질식소화는 폭탄을 이용하여 주변의 공기를 일시에 소진한다.

056
□□□

실내화재(구획실화재)에 대한 설명을 읽고 옳으면 O, 옳지 않으면 X로 답하시오.

01 실내화재는 연료량에 따라 연료지배형 화재와 환기지배형 화재로 나뉜다.

02 연료지배형 화재는 연료량이 많고 통기량이 적은 경우(특히 지하실, 주차장 또는 소규모 창문이 고정되어 밀폐된 건물) 연소 시 연소속도나 연소시간이 연장될 수 있다.

03 환기인자는 개구부 면적과 높이의 곱을 말한다.

04 같은 면적의 개구부라도 가로로 긴 개구부일수록 환기량이 많아진다.

05 연소속도는 개구부 면적과 높이의 평방근에 비례한다.

06 일반적으로 연료지배형 화재의 발생장소는 개방된 공간(목조건물, 개방된 큰 창문 등), 환기지배형 화재의 발생장소는 밀폐된 공간(내화구조건물, 지하층, 무창층 등)이다.

07 불완전연소, 일산화탄소, 훈소, 백드래프트는 산소가 부족할 때 발생한다.

08 일반적으로 성장기에는 급속한 연소진행으로 환기지배형 화재양상이 나타나며 최성기에는 실내 화염이 최고조에 도달하며 실내 산소부족으로 연소속도가 빨라진다.

---

01 X 실내화재는 환기량, 연소속도, 연소시간에 따라 연료지배형 화재와 환기지배형 화재로 나뉜다.

02 X 환기지배형 화재에 대한 설명이다.

03 X 환기인자는 개구부 면적과 높이평방근의 곱을 말한다.

04 X 세로가 긴 개구부일수록 환기량이 많아진다.

05 O

06 O

07 O

08 X 일반적으로 성장기에는 급속한 연소진행으로 연료지배형 화재양상이 나타나며 최성기에는 실내 화염이 최고조에 도달하나 실내 산소부족으로 연소속도가 느려진다.

> 📖 **개념정리 환기인자**
> • 개구부 면적과 높이 평방근(제곱근)의 곱($A\sqrt{H}$)을 환기인자라 한다.
> • 환기지배형 화재에서 연소속도는 환기인자에 따라 결정된다.
> - $R = K \cdot A\sqrt{H}$
> - R: 연소속도(kg/min) = 환기량
> - k: 계수(콘크리트조 건물의 경우 5.5~6.0)
> - A: 개구부 면적(m^2)
> - H: 개구부 높이(m)

057

☐☐☐

건축물 화재 시 이상현상에 관한 설명을 읽고 빈칸에 알맞은 답을 쓰시오.

01 복도와 같은 통로공간에서 벽이나 바닥 표면의 가연물에 화염이 급속하게 확산되는 현상은   이다.

02 연소과정에서 발생한 가연성 가스가 공기와 혼합되어 천정부분에 집적된 상태에서 발화온도에 도달하여 발화함으로써 화재의 선단부분이 매우 빠르게 확대되어가는 현상, 즉 실내 상층부 천장 쪽의 고온증기인 가연성 가스의 이동과 발화현상을   (이)라 한다.

03 화재가 발생한 장소의 출입구 바로 바깥쪽 복도 천정에서 연기와 산발적 화염이 굽이쳐 흘러가는 현상을   (이)라 한다.

04 건축물에 화재가 발생하고 일정 시간이 경과하면서 일정 공간 안에 열과 가연성 가스가 축적되고 복사열에 의해 한순간에 폭발적으로 화재가 확산되는 현상을   (이)라 한다.

05 밀폐된 공간에서 화재발생 시 산소부족으로 불꽃을 내지 못하고 가연성 가스(일산화탄소)만 축적되어 있는 상태에서 갑자기 문을 개방하면서 신선한 공기가 유입되어 폭발적인 연소가 시작되는 현상을   (이)라 한다.

---

01 플레임오버   **02** 롤오버   **03** 롤오버   **04** 플래시오버   **05** 백드래프트

058

☐☐☐

건축물 화재성상에서 플래시오버(Flash Over)에 관해 알맞은 답을 쓰시오.

01 플래시오버 화재 진압현장에서의 징후 3가지 (간단히)

02 플래시오버의 지연대책 3가지

①   : 두께가 두껍고 열전도율이 큰 재료를 천정 면, 벽 상부 등 실내 높은 위치부터 우선적으로 사용한다. 다시 말하면 천정, 벽, 바닥 순으로 불연화하여 화재의 발전을 지연시킨다.

②   : 벽 면적에 대한 개구부의 면적으로, 개구부가 아주 작거나 또는 아주 클수록 플래시오버를 지연시킨다.

③   : 실내의 벽이나 바닥 등의 전 표면적에 대한 가연물 표면적의 비로, 건물 내 가연물의 양을 제한하고 수용 가연물을 불연화 및 난연화한다.

03 플래시오버를 화재현장에서 전술적으로 지연하는 방법 3가지

①   : 창문 등을 개방하여 배연함으로써 공간 내부에 쌓인 열을 방출하여 플래시오버를 지연할 수 있고 가시성도 향상할 수 있다.

②   : 배연지연법과 반대로 개구부를 닫아 산소를 감소시킴으로써 연소속도를 줄이고 공간 내 열 축적 현상도 늦추어 지연하는 방법으로, 관창호스 연결이 지연되거나 모든 사람이 대피했다는 사실이 확인된 경우에 적합한 방법이다.

③ _____ : 분말소화기 등 이동식 소화기를 분사하여 화재를 완전하게 진압하는 것으로, 온도를 일시적으로 낮출 수 있고 플래시오버를 지연하고 관창호스를 연결할 시간을 벌 수 있다.

01 ① 일정 공간 내에서 전면적인 자유연소가 진행 중이다.
② 계속적인 열 집적으로 바닥에서 천정까지 고온상태이다.
③ 두텁고 뜨거운 진한 연기가 아래로 쌓인다(연도강화).

02 ① 내장재
② 개구율
③ 화원의 크기

03 ① 배연지연법
② 공기차단지연법
③ 냉각지연법

059

☐☐☐

건축물 화재성상에서 백드래프트(Back Draft)에 관해 알맞은 답을 쓰거나 O, X로 답하시오.

01 백드래프트를 예방하거나 발생 가능성을 줄일 수 있는 소방현장에서의 전술 방법 3가지

① _____ : 연소 중인 건물의 지붕 채광창을 개방하여 환기하는 것으로 백드래프트의 위험으로부터 소방관을 보호할 수 있다. 가장 효과적인 방법 중 하나로, 상황이 허락된다면 지붕에 개구부를 만들어 환기한다. 비록 백드래프트에 의한 폭발이 일어나더라도 대부분의 폭발력이 위로 분산될 것이다.

② _____ : 화재가 발생된 밀폐공간의 출입구에 완벽한 보호장비를 갖춘 집중방수팀을 배치하고, 출입구를 개방하는 즉시 방수함으로써 폭발 직전의 기류를 급랭하는 방법이다. 이와 같은 집중방수의 부가적인 효과는 일산화탄소 농도를 폭발한계 이하로 떨어뜨리는 것이다. 이 방법은 배연법만큼 효과적이지 않지만 이것이 유일한 방안인 경우가 많다.

③ _____ : 화재가 발생하였을 때 밀폐공간의 개구부(출입구 또는 창문) 인근에서 이용 가능한 벽 뒤에 숨어 있다가 출입구가 개방되자마자 개구부 입구를 측면공격하고, 화재 공간에 집중방수함으로써 백드래프트 현상을 방지하는 방법이다.

02 백드래프트는 불완전연소에 의해 발생한 일산화탄소가 가연물로 작용하여 폭발하는 현상이다.

---

01 ① 배연법(지붕환기)
② 급냉법(담금질)
③ 측면공격법

02 O

060
☐☐☐

백드래프트(Back Draft)에 관해 옳으면 O, 옳지 않으면 X로 답하시오.

01 화재 진압 시 지붕 등 상부를 개방하는 것보다 출입문을 먼저 개방하는 것이 효과적인 전술이다.

02 연료지배형 화재가 진행되고 있는 공간에 일시적으로 산소가 다량 공급됨에 따라 가연성 가스가 폭발적으로 연소하는 현상이다.

03 구획실의 창문과 문손잡이의 온도로 백드래프트의 발생 가능성을 예측할 수 있다.

04 유리창 바깥쪽에 타르와 유사한 물질이 흘러내려 얼룩진 경우 백드래프트의 발생 가능성을 예측할 수 있다.

---

01 X 화재 진압 시 출입문을 먼저 개방하는 것보다 지붕 등 상부를 개방하는 것이 효과적인 전술이다.
02 X 연료지배형 화재가 아니라 환기지배형 화재이다.
03 O
04 X 유리창 안쪽에 타르와 유사한 물질이 흘러내려 얼룩진 경우 백드래프트의 발생 가능성을 예측할 수 있다.

061
☐☐☐

건축물 화재성상에 대한 설명을 읽고 옳으면 O, 옳지 않으면 X로 답하시오.

01 건축물 실내에서의 발화 시점부터 플래시오버가 일어날 때까지 진행되는 화재상황은 화재의 성장기에 속한다.

02 최성기는 화재실 상부에 고열의 연기와 가스가 쌓이면서 실내에 대체적으로 고온 상부층과 저온 하부층의 두 형상의 층이 형성되는 시기이다.

03 일반적으로 화재 초기단계에 천장열류에 의해 열감지기나 스프링클러헤드가 작동한다.

04 롤오버(Roll Over) 현상은 플래시오버 이후에 발생한다.

05 플레임오버(Flame Over) 현상은 일반적으로 롤오버 발생 전에 일어난다.

06 플래시오버는 전실화재 또는 순발연소라고도 하며, 발생시기는 성장기에서 최성기로 넘어가는 분기점 또는 성장기이다.

07 플래시오버는 실내에 축적된 가연성 가스가 일시에 발화하여 화염이 확대되는 단계이다.

08 플래시오버는 건물 외부에서의 연소가스의 폭발적인 방출현상이다.

09 플래시오버에 영향을 주는 인자는 내장재, 개구율, 화원의 크기, 열원의 종류이다.

10 플래시오버 지연을 위해 내장재는 두께가 두껍고 열전도율이 작은 것을 사용한다.

11 플래시오버는 자유연소 상태로서 복사열이 주원인이며, 충격(폭발)파는 동반하지 않는다.

01 O

02 X 성장기에 대한 설명이다.

03 O

04 X 롤오버 현상은 플래시오버 이전에 발생한다.

05 O

06 O

07 O

08 X 건물 외부가 아닌 내부에서 발생한다.

09 X 열원의 종류는 제외된다.

10 X 열전도율이 큰 내장재를 사용해야 한다.

11 O

062

☐☐☐

목조건축물 화재성상의 성장단계에 대한 설명을 읽고 빈칸에 알맞은 답을 쓰시오.

01 　　　　　　　　　　는 개구부에서 세력이 강한 검은 연기가 분출하며, 순간적으로 화염이 충만한 시기이다.

02 　　　　　　　　　　는 연기방출량은 적어지고 열발출량은 최대가 되며 화염의 분출이 강해진다.

03 　　　　　　　　　　는 대들보나 기둥이 내려앉는 시기이며 복사열로 인해 인접건축물로 연소가 확산된다.

04 　　　　　　　　　　는 대들보나 기둥이 무너져 떨어지고 연기는 흑색에서 백색으로 변한다.

01 성장기(중기)

02 최성기

03 최성기

04 감쇠기

063

□□□

목조건축물 화재성상에 대한 설명을 읽고 옳으면 O, 옳지 않으면 X로 답하시오.

01 칸막이의 불연벽체나 불연천정인 경우 실내에서는 그 후면 판에 발염착화할 때를 옥내출화라 한다.

02 가옥의 경우 추녀 밑에 발염착화하는 시기를 옥외출화라 한다.

03 창, 출입구 등에 발염착화하는 시기를 옥내출화라 한다.

04 목조건축물 화재 시 최고온도는 플래시오버 구간에서 나타난다.

05 무염착화란 재로 덮인 숯불 모양의 형태로 착화된 것을 말한다.

06 유류나 가스화재와 달리 일반적으로 무염착화 없이 발염착화로 이어진다.

07 목조건축물 화재의 특징은 고온 장시간형 화재라는 점이다.

08 목조건축물 화재 진행과정에서 화재 발화를 기준으로 화재 전기는 초기화재, 화재 후기는 본격화재이다.

09 발염착화에서 발화는 목조건축물의 천장까지 불이 번져 전체에 불기운이 도는 시기이며 옥내출화와 옥외출화로 구분된다.

01 O
02 O
03 X

📖 **개념정리 옥내출화, 옥외출화**

옥내출화	옥외출화
• 천장에 발염착화 • 불연천정인 경우 뒷면 판에 발염착화 • 천장 속·벽 속 등에 발염착화	• 창·출입구에 발염착화 • 가옥인 경우 벽·지붕에 발염착화 • 가옥인 경우 추녀 밑에 발염착화

---

04 X 목조건축물 화재 시 최고온도는 최성기 구간에서 나타난다.

05 O

06 X 목조건축물 화재는 유류나 가스화재와는 달리 일반적으로 무염착화를 거쳐 발염착화로 이어진다.

07 X 목조건축물 화재는 내화건축물 화재에 비해 고온 단시간형 화재이다. 내화건축물 화재는 저온 장시간형(800~900℃, 2~3시간)이며, 목조건축물 화재는 고온 단시간형(1100~1300℃, 30분)이다.

08 O

09 O

064

목재의 연소형태 및 연소과정에 대한 설명을 읽고 옳으면 O, 옳지 않으면 X로 답하시오.

01 목재는 수분이 적을수록 연소속도가 느리다.

02 목재는 두께가 얇고 가는 것이 연소속도가 빠르다.

03 목재의 형상이 사각인 것이 둥근 것보다 연소속도가 느리다.

04 목재 표면이 거친 것이 매끄러운 것에 비해 연소속도가 느리다.

05 목재 표면에 페인트를 칠한 것이 칠하지 않은 것보다 연소속도가 빠르다.

06 목재의 연소과정은 목재를 가열하면 수분이 증발하고 열분해가 일어나면서 탄화종료와 발화가 일어나는 것이다.

07 목재의 상태를 기준으로 기름에 오염되지 않은 목재의 연소속도가 빠르다.

---

01 X 목재는 수분이 많을수록 연소속도가 느리다.

02 O

03 X 목재의 형상은 사각인 것이 둥근 것보다 연소속도가 빠르다.

04 X 목재 표면이 거친 것이 매끄러운 것에 비해 연소속도가 빠르다.

05 O

06 O 목재의 연소과정은 목재가열 → 수분증발(15%) → 목재분해 → 탄화종료 → 발화(연소) 순이다.

07 X 기름에 오염된 목재의 연소속도가 더 빠르다.

📖 **개념정리 목재의 형태에 따른 연소형태**

목재형태 ＼ 발화속도	빠름	느림
건조 정도	수분이 적은 것	수분이 많은 것
내화성, 방화성	없는 것	있는 것
두께와 크기	얇고 가는 것	두껍고 큰 것
형상	사각인 것	둥근 것
표면	거친 것	매끄러운 것
기름, 페인트	칠한 것	칠하지 않은 것
색	검은색	백색

065

화재변수에 대한 설명을 읽고 빈칸에 알맞은 답을 쓰시오.

01 ░░░░░░░░░░░ 은/는 화재 진화 후 건물에 손상을 입힌 정도를 나타내는 요소이다.

02 ░░░░░░░░░░░ 은/는 화재 실내에서 단위시간당 축적되는 열의 양[kcal/hr]이다.

03 ░░░░░░░░░░░ 은/는 바닥의 단위면적당 목재로 환산 시의 등가 가연물의 중량[kg/m²]이다.

04 ░░░░░░░░░░░ 은/는 일반건축물에서 화재발생 시 화재규모를 결정하는 요소이다.

05 일반건축물에서 화재발생 시 최고온도의 지속시간을 견디는 내력은 ░░░░░░(이)라고 한다.

---

01 화재가혹도　　　　　　　　**02** 화재강도
03 화재하중　　　　　　　　　**04** 화재하중
05 화재저항

066

주어진 지문을 읽고 옳으면 O, 옳지 않으면 X로 답하시오.

01 방호공간 안에서 화재의 세기를 나타내는 것은 화재하중이다. ░░░░░

02 가연성 구조체와 가연성 수용물의 양으로서 건물화재 시의 발열량과 화재 위험성을 나타내는 용어는 화재가혹도이다. ░░░░░

03 가연물의 중량 또는 단위발열량을 감소시키거나 화재실의 바닥면적을 넓게 하면 화재하중은 감소한다. ░░░░░

04 화재실의 온도가 높고 지속시간이 짧을수록 화재가혹도는 크다. ░░░░░

---

01 X 화재가혹도에 대한 설명이다.
02 X 화재하중에 대한 설명이다.
03 O
04 X 화재가혹도는 최고온도(화재강도) × 화재지속시간(화재하중)이다.

☑ 참고 화재하중

$$q = \frac{\Sigma G_t H_t}{H_0 A} = \frac{\Sigma Q_t}{4500A}$$

- q: 화재하중(kg/m²)
- A: 화재실의 바닥면적(m²)
- G_t: 가연물 중량(kg)
- H_t: 가연물의 단위발열량(kcal/kg)
- ΣQ_t: 화재 실내의 가연물의 전발열량(kcal)
- H_0: 목재의 단위발열량(kcal/kg)

067

□□□

주어진 지문을 읽고 옳으면 O, 옳지 않으면 X로 답하시오.

01 일반건축물 화재 시 화재강도는 가연물의 연소열이 클수록 열축적률이 크다.

02 일반건축물 화재 시 화재강도는 화재실의 단열성이 작을수록 열축적률이 크다.

03 화재 시 연소속도는 내화구조 < 방화구조 < 목조구조의 순서로 나타난다.

04 주요 구조부는 내력벽, 기둥, 바닥, 보, 지붕틀, 계단을 말한다.

05 화재가혹도 크기는 화재강도와 화재하중의 영향을 받으며, 화재실의 최고온도와 지속시간은 화재가혹도를 판단하는 중요한 인자이다.

---

01 O

02 X 일반건축물 화재 시 화재강도는 단열성이 클수록 열축적률이 크다.

📖 개념정리 **화재가혹도의 배경요소, 소화수와 주수의 상관성**		
• 화재가혹도의 배경요소		

화재가혹도		• 화재가 당해 건물과 그 내부의 수용재산 등을 파괴하거나 손상 입힌 정도 • 방호공간에서의 화재세기 • 최고온도(질적개념) × 화재지속시간(양적개념)
화재강도	정의	단위시간당 축적되는 열의 양(kcal/hr)
	주요소	• 가연물의 발열량(연소량) • 가연물의 연소속도 • 가연물의 비표면적 및 구조적 특성 • 공기의 공급조절 및 환기상태 • 화재실의 벽, 천정, 바닥 등의 단열성
화재하중		• 주어진 지역 내에 있는 예상 최대 가연물질의 양 • 바닥의 단위면적당 목재로 환산 시 등가 가연물의 중량
화재저항		건축물의 내화성능

• 소화수와 주수의 상관성

화재강도	주수율(방사율)을 좌우하는 요소
화재하중	주수시간(방사시간)을 좌우하는 요소

03 O 화재 시 연소속도 순서는 내화구조 < 방화구조 < 목조구조이다.
- 내화구조: 화재 시 건물의 하중을 지지할 수 있고, 인접구역으로의 화재확대를 방지할 수 있으며, 재사용이 가능하다. 예 철근콘크리트, 연와조, 석조, 콘크리트 벽 10cm↑, 주요 구조부는 내화구조이며, 주요 구조부에는 바닥, 내력벽, 지붕틀, 기둥, 보, 주계단이 있음
- 방화구조: 화재 시 건물의 하중을 지지할 수 없고, 인접구역으로의 화재확대를 방지할 수 있으며, 재사용이 불가하다. 예 방화셔터, 자동방화문, 목조건축물에 황토(불연재료)를 바른 것

04 X 주요 구조부는 내력벽, 기둥, 바닥, 보, 지붕틀, 주계단을 말한다. 계단을 비롯한 간이벽(비내력벽), 사잇기둥, 최하층바닥, 작은보, 지붕, 계단 등은 주요 구조부가 아니다.

05 O

068

☐☐☐

주어진 지문을 읽고 옳으면 O, 옳지 않으면 X로 답하시오.

01 화재강도가 크다는 것은 화재 시의 최고온도가 높아 열축적률이 큰 것을 의미하며, 주수시간(방사시간)을 좌우하는 요소가 된다.

02 화재하중이 크다는 것은 가연물이 많아 지속시간이 긴 것을 의미하며, 주수율(방사율)을 결정하는 요소가 된다.

03 개구부가 클수록 화재강도가 커지고, 개구부가 작을수록 지속시간이 길어져 화재하중이 커진다.

---

01 X 화재강도는 주수율(방사율)을 좌우하는 요소가 된다.

02 X 화재하중이 크다는 것은 주수시간(방사시간)을 결정하는 요소가 된다.

03 O

☑ 참고 **온도인자(개구인자)와 시간인자**

$$온도인자(화재강도) = \frac{A\sqrt{H}}{A_t}$$

* $A\sqrt{H}$: 환기인자, A_t: 화재실(연소실)의 전 표면적

$$시간인자(화재하중) = \frac{A_f}{A\sqrt{H}}$$

* $A\sqrt{H}$: 환기인자, A_f: 화재실(연소실)의 바닥면적

069

☐☐☐

섬유류와 플라스틱의 연소에 대한 설명을 읽고 옳으면 O, 옳지 않으면 X로 답하시오.

01 천연섬유류 연소 시 식물성 섬유류보다는 동물성 섬유류가 착화하기 쉽다.

02 합성섬유류는 불에 접촉했을 때 줄어들고 용융하여 망울이 되는 성질이 있다.

03 동물성 섬유류는 연소 시 위험성이 크다.

04 열가소성 수지는 가열하여 성형한 후 냉각하면 그 모양을 유지한다.

05 염화비닐수지, 아크릴수지, 초산비닐수지는 열경화성 수지이다.

06 페놀수지, 요소수지, 멜라민수지, 에폭시수지는 열가소성 수지이다.

07 열가소성 수지의 특징은 가열에 따라 표면에 숯층을 구축하여 연료층을 차폐하고 가연성 가스의 발생을 감소시켜 표면이 높은 온도에 도달하여도 연소의 양상이 액체의 경우와 다르게 나타난다는 점이다.

08 면의 발화온도는 400℃이며 식물성 섬유로서 연소하기 쉽고, 연소속도가 빠르다.

09 모의 발화온도는 600℃이며 동물성 섬유로서 연소하기 어렵고, 연소속도가 느리다.

01 X 천연섬유류 연소 시 동물성 섬유류보다 식물성 섬유류가 더 착화하기 쉽다.

02 O

03 X 동물성 섬유류는 연소 시 발화점이 높기 때문에 위험성이 적다.

04 O

05 X 폴리에틸렌, 폴리프로필렌, 폴리스틸렌, 폴리염화비닐, 염화비닐수지, 아크릴수지, 초산비닐수지는 열가소성 수지이다.

06 X 페놀수지, 아미노계 수지(요소수지, 멜라민수지), 폴리우레탄, 에폭시수지, 불포화폴리에스테르는 열경화성수지이다.

07 X 열경화성 수지의 특징이다.

08 O

09 O

070

□□□

피난계획에 대한 설명을 읽고 옳으면 O, 옳지 않으면 X로 답하시오.

01 피난경로로 굴곡지고 복잡하며 전체길이가 긴 것은 부적당하다.

02 복도와 통로의 중앙부에 출구나 계단 등이 있는 것이 이상적이다.

03 피난수단은 최신에 기계적 설비를 이용하여 피난하는 것을 원칙으로 한다.

04 피난설비는 고정적인 시설을 원칙으로 한다.

05 피난수단은 복잡한 조작을 필요로 하는 장치보다 인간보행을 원칙으로 계단 및 비상용 승강기를 이용하는 것이 가장 이상적이다.

---

01 O

02 X 복도와 통로의 말단부에 출구나 계단 등이 있는 것이 이상적이다.

03 X 피난수단은 원시적 방법(계단)에 따르는 것을 원칙으로 한다. 즉, 복잡한 조작을 필요로 하는 장치는 부적당하며 가장 원시적인 인간보행에 의한 것을 원칙으로 한다.

04 O

05 X 피난수단은 복잡한 조작을 필요로 하는 장치보다 인간보행을 원칙으로 계단과 피난용승강기를 이용하는 것이 가장 이상적이며, 비상용 승강기는 소방관들이 사용하는 설비이다.

071

피난계획에 대한 설명을 읽고 옳으면 O, 옳지 않으면 X로 답하시오.

01 풀프루프(Fool Proof) 원칙은 항상 두 방향의 피난동선을 확보하는 원칙이다.

02 피난 방향으로 문을 열 수 있게 해준다.

03 저지능인 상태에서도 쉽게 식별 가능하도록 그림이나 색채를 이용하는 것은 풀프루프(Fool Proof) 원칙에 해당된다.

04 하나의 수단이 고장 등으로 실패하여도 다음 수단에 의하여 그 기능이 발휘될 수 있도록 고려하는 것은 페일세이프(Fail Safe) 원칙에 해당된다.

05 소화설비, 경보기기 위치, 유도표지에 쉬운 판별을 위한 색채를 사용하는 것은 페일세이프(Fail Safe)에 해당된다.

---

01 X 페일세이프(Fail Safe) 원칙에 대한 설명이다.
02 O
03 O
04 O
05 X 풀프루프(Fool Proof) 원칙에 대한 설명이다.

072

피난계획에 대한 설명을 읽고 옳으면 O, 옳지 않으면 X로 답하시오.

01 복도는 피난 시의 일시적인 체류장소이므로 피난안전구획 중 1차 안전구획에 해당한다.

02 특별피난계단의 부속실 및 발코니는 장시간 피난 대기가 가능한 2차 안전구획에 해당한다.

03 화재 최성기에도 특별피난계단의 계단실 및 현관로비는 안전성 확보가 가능한 3차 안전구획이다.

04 피난방향 중 X형과 Y형은 확실한 피난로가 보장된다.

05 피난방향 중 CO형은 종단으로 갈수록 방향을 확실하게 분간하기 쉽다.

06 고층건축물에는 30층마다 피난안전구역(체류공간)을 확보한다.

---

01 O **02** O
03 O **04** O
05 X 피난방향 중 H형과 CO형은 피난자들의 집중으로 패닉현상(공황상태)이 일어날 우려가 있다.
06 X 초고층건축물에 대한 설명이다.

☑ 참고 **고층건축물** – 30층 이상 건축물, 높이가 120m 이상 건축물
· 준고층건축물: 30층 이상 49층 이하의 건축물. 높이 120m 이상 200m 미만의 건축물
· 초고층건축물: 50층 이상 건축물. 높이가 200m 이상 건축물(30층마다 피난안전구역이 있다)

□□□

073

피난본능에 대한 설명을 읽고 옳으면 O, 옳지 않으면 X로 답하시오.

01 귀소본능은 화재 시 최초로 행동을 개시한 사람을 따라 전체가 움직이는 경향이다.

02 퇴피본능은 건축물 화재발생 시 사람이 피난 특성화염, 연기에 대한 공포감으로 발화지점의 반대 방향으로 이동하는 경향이다.

03 갑작스런 화재발생 시 사람들은 피난에 본능적으로 평상시 사용하는 출입구를 사용한다.

04 화재 시에 검은 연기가 유동하고 혹은 정전되는 경우도 많은데, 사람들이 밝은 곳을 찾아 외주로 달아나는 본능을 지광본능이라고 한다.

05 사람들은 건물의 중심부에서 연기와 불꽃이 상승하면 외주 방향으로, 외주부에서 상승하면 중앙 방향으로 퇴피하려고 한다.

06 오른 손잡이인 경우 오른손, 오른발이 발달해 있기 때문에 오른쪽으로 도는 것이 자연스럽다.

---

01 X 귀소본능은 인간이 비상 재해 시에 본능적으로 신체를 보호하기 위하여 원래 온 길로 되돌아가고 또한 일상에서 사용하는 경로에 의해 탈출을 도모하는 것을 말한다.

02 O 퇴피본능은 건물의 중심부에서 연기와 불꽃이 상승하면 외주 방향으로, 외주부에서 상승하면서 중앙 방향으로 움직이는 것인데, 이상하다는 사실을 눈치챈 사람들이 우선 실태를 확인하려고 그 근방에 접근하려 하지만 사태의 위급함을 안 후에는 반사적으로 그 지점에서 멀어지려고 하는 본능을 말한다.

03 O 귀소본능에 대한 설명이다.

04 O

05 O 퇴피본능(회피본능)에 대한 설명이다.

06 X 좌회본능은 오른 손잡이인 경우 오른손, 오른발이 발달해 있기 때문에 왼쪽으로 도는 것이 자연스럽다(왼쪽으로 돌게 되는 경향, 시계반대방향).

02 소화약제론

1 소화약제

001

소화약제에 대한 설명을 읽고 옳으면 O, 옳지 않으면 X로 답하시오.

소화약제란 연소의 3요소 또는 연소의 4요소 중 한 요소인 가연물질이 산소와 점화원의 존재하에 연소현상을 일으키며, 이러한 연소현상이 확대되어 화재를 일으켜 인적·물적 재해를 수반하므로 이 같은 화재를 제어하기 위해 사용되는 물리·화학적 방법으로 제조한 물질을 말한다.

O

002

소화약제의 구비조건에 해당하면 O, 해당하지 않으면 X로 답하시오.

01 가격이 저렴해야 한다.
02 저장 안정성이 있어야 한다.
03 환경에 대한 오염이 적어야 한다.
04 인체에 대한 독성은 최소한으로 허용한다.
05 연소의 3요소 중 한 가지 이상을 제거할 수 있는 능력이 탁월해야 한다.

01 O
02 O
03 O
04 X
05 X 연소의 4요소 중 한 가지 이상을 제거할 수 있는 능력이 탁월해야 한다.
  • 연소의 4요소: 가연물, 산소, 점화원, 연쇄반응
  • 소화의 4요소: 제거소화, 질식소화, 냉각소화, 부촉매소화(억제소화)

003

□□□

물소화약제에 대한 설명을 읽고 옳으면 O, 옳지 않으면 X로 답하시오.

01 물소화약제는 소화 작업 후 오염의 정도가 거의 없다.

02 물을 소화약제로 사용하는 이유는 비열·증발잠열(기화열)·열용량이 커서 냉각효과에 우수하다.

03 물소화약제는 주로 일반화재, 유류화재 및 전기화재에 적응성이 탁월하다.

04 물은 동결의 우려가 있기 때문에 추운 곳에서 사용할 수 없는 단점이 있다.

05 물은 펌프, 파이프, 호스 등을 사용하여 운송하기 용이하다.

06 물은 4℃일 때 밀도가 높고 가장 무겁다.

07 물은 온도가 상승하면 점성과 표면장력이 작아진다.

08 물은 가열이나 냉각 시 부피가 증가한다.

09 물은 분자 내에서는 수소결합을, 분자 간에는 극성공유결합을 하여 소화약제로써의 효과가 뛰어나다.

---

01 X 가스계 소화약제에 대한 설명이다. 물소화약제는 피연소 물질에 대한 수손의 영향이 크며 즉, 소화 작업 후 오염의 정도가 심하다.

02 O

03 X 물소화약제는 주로 일반화재에 적응성이 탁월하다. 무상의 물소화약제는 일반화재, 유류화재, 전기화재에 적응성이 있지만 무상의 물이라는 문구가 없으면 일반적인 물로 본다.

04 O

05 O

06 O

07 O

08 O

09 X 물은 분자 내에서는 극성공유결합을, 분자 간에는 수소결합을 하여 소화약제로써의 효과가 뛰어나다.

004
□□□

물소화약제의 물리적 성질에 관한 설명을 읽고 빈칸에 알맞은 답을 쓰시오.

01 물의 경우 14.5℃의 물 1g을 15.5℃로 1℃의 온도를 상승하는 데 필요한 1cal의 열량을 물의 ▨▨▨▨ (이)라 한다.

02 0℃의 얼음 1g을 0℃의 액체상인 물 1g으로 상(相)의 변화를 가져오는 데에 필요한 열량을 ▨▨▨▨▨▨ (이)라 한다.

03 100℃의 물 1g을 기체상인 수증기 1g으로 100℃의 상(相)의 변화를 가져오는 데에 필요한 열량을 ▨▨▨▨▨ (이)라 한다.

04 ▨▨▨▨ 은/는 물질의 형태가 변화하면서 방출하거나 흡수하는 열을 말한다.

05 ▨▨▨▨ 은/는 물질의 삼태 중 한 가지 형태를 취하는 비율이 100%인 상태를 유지하면서 가감되는 열은 온도의 변화로 나타나는 열을 말한다.

06 ▨▨▨ cal는 0℃의 얼음 1g이 100℃의 수증기로 변할 때의 열용량을 말한다.

07 ▨▨▨ kcal는 0℃의 물 1kg이 100℃의 수증기로 변할 때의 열용량을 말한다.

01 비열
02 융해열(용융열)
03 기화열(증발열)
04 잠열
05 현열(감열)
06 719 1g 얼음 0℃ → 물 0℃ → 물 100℃ → 수증기 100℃,
융해열+현열+기화열 = 80+100+539 = 719cal
07 639 1kg 물 0℃ → 물 100℃ → 수증기 100℃, 현열+기화열 = 100+539 = 639kcal

📖📖 **개념정리 잠열(숨은열), 현열(감열)**

잠열 (숨은열)	• 물질의 상태(형태)가 변화하면서 방출하거나 흡수하는 열 • 잠열의 종류는 기화열, 승화열, 응축열, 응고열, 융해열 등으로 구분함 • 물질의 상태(형태) 변화 과정 중에는 온도의 변화가 없음
현열 (감열)	• 물질의 상태 변화 없이 온도가 변하는 데 필요한 열량 • 삼태(상태)의 종류: 고체, 기체, 액체 • 물질의 상태 중 한 가지 형태를 취한 비율이 100%인 상태를 유지하면서, 가감되는 열은 온도의 변화로 나타나는 열

005
□□□

물소화약제의 주수형태에 대한 설명을 읽고 옳으면 O, 옳지 않으면 X로 답하시오.

01 봉상주수 형태는 물소화약제를 막대 모양의 굵은 물줄기로 가연물에 직접 주수하는 형태이며, 물소화약제 중 같은 양의 물로 가장 많은 열을 흡수할 수 있는 주수방법이다. ▨▨▨▨▨

02 봉상주수 형태의 주된 소화는 질식 및 냉각소화이다. ▨▨▨▨▨

03 봉상주수 형태의 금속화재를 제외한 가연물별 화재에 모두 적응성이 있다.

04 적상주수 형태의 주된 소화는 질식 및 냉각소화이다. ▨▨▨▨▨

05 적상주수 형태는 일반화재·유류화재 전용이며 적용설비로는 스프링클러설비, 연결
살수설비, 연소방지설비가 있다.

06 무상주수 형태는 분무상의 미립자로 방사되며, 적은 양의 물로 가장 많은 열을 흡수할
수 있다.

07 무상주수 형태는 소화시간이 물의 주수형태 중 가장 짧다.

08 무상주수 형태는 질식, 냉각, 유화, 희석 등 다양한 소화효과를 얻을 수 있다.

09 유류화재(B급화재)는 주수형태와 관계없이 물로 소화할 수 없다.

10 무상주수는 수용성 가연물질인 알코올, 에테르, 에스테르 등으로 인한 화재에 적응성이
없다.

---

01 X 물소화약제 중 같은 물의 양으로 가장 많은 열을 흡수할 수 있는 주수형태는 무상주수이다.

02 X 봉상주수 형태의 주된 소화는 냉각소화이다.

03 X 봉상주수 형태는 가연물별 화재에서 일반화재(A급화재)에 적응성이 있다.

04 X 적상주수 형태의 주된 소화방법은 냉각소화이다.

05 X 적상주수 형태는 가연물별 화재에서 일반화재(A급화재) 전용이며, 적용설비로는 스프링클러설비,
연결살수설비, 연소방지설비가 있다.

06 O

07 X 무상주수 형태는 물의 주수형태 중 소화시간이 가장 길다.

08 O

09 X 유류화재(B급 화재)는 물분무, 미분무(무상주수)의 질식소화, 유화소화 또는 알코올의 희석소화
를 할 수 있다. 즉, 유류화재는 무상주수로 소화할 수 있다.

10 X 무상주수는 수용성 가연물질인 알코올, 에테르, 에스테르 등으로 인한 화재에 적응성이 있다.

📖 개념정리 물소화약제의 주수형태

물의 주수형태	주된 소화원리	적응화재	적용설비[호스(노즐), 헤드]
봉상 [물의 모양: 막대기]	냉각소화	A급 화재	호스: 옥내·외 소화전설비, 연결송수관설비
적상 [물의 모양: 물(빗)방울]	냉각소화	A급 화재	헤드: 스프링클러설비, 연결살수설비, 연소방지설비
(분)무상 [물의 모양: 안개입자]	냉각소화, 질식소화, 유화소화, 희석소화	A, B, C급 화재	• 호스: 옥내·외 소화전설비, 연결송수관설비 • 헤드: 물분무소화설비, 미분무소화설비

006

□□□

물소화약제의 첨가제에 대한 설명을 읽고 O, X로 답하거나 빈칸에 알맞은 답을 쓰시오.

01 부동제는 물의 빙점(0℃) 하에서 동파 및 물의 응고현상을 방지하기 위한 첨가제이다.

02 무기물 계통의 염화칼슘과 염화나트륨은 부식의 우려가 있지만, 유기물 계통의 동결방지제보다 성능이 뛰어나다.

03 유기물 계통의 동결방지제 4가지

04 증점제(Viscosity agent)는 물의 점도를 감소시키기 위한 첨가제이다.

05 증점제는 많은 열이 발생하는 화재에 효과적인 첨가제이다.

06 증점제는 물의 점도를 증가시킴으로써 부착성과 침투력을 증가시키는 첨가제이다.

07 침투제(Wetting agent)는 물의 표면장력을 증가시키기 위한 첨가제이다.

08 물에 침투제를 첨가한 수용액을 Thick water라 한다.

09 물에 유동제를 첨가한 수용액을 Rapid water라 한다.

---

01 O

02 X 무기물 계통보다 유기물 계통이 동결방지제로서 성능이 뛰어나다.

03 에틸렌글리콜, 디에틸글리콜, 프로필렌글리콜, 글리세린

04 X 증점제(Thick water)는 물의 점도를 증가시키기 위한 첨가제이다.

05 O

06 X 증점제는 물의 점도를 증가시킴으로써 부착성을 증가시키는 첨가제이다.

07 X 침투제(Wet water)는 물의 표면장력을 감소시키기 위한 첨가제이다.

08 X 물에 침투제를 첨가한 수용액을 Wet Water(유수), 증점제를 첨가한 수용액을 Thick Water라 한다.

09 O

> **📖 개념정리 유동성 보강제(빠른 물, Rapid Water)**
>
> 소방활동에서 호스 내 물의 마찰손실을 줄이면 보다 많은 양의 방수가 가능해지고 가는 호스로도 방수가 가능해진다. 이와 같은 목적을 위해 첨가하는 약제로 미국 유니언카바이드(Union carbide)사에서 발매하는 Rapid Water라는 명칭의 첨가제가 있다. 성분은 폴리에틸렌옥사이드이며, 성분을 첨가하면 물의 점성이 약 70%로 감소하여 방수량이 증가한다. 즉, 물의 마찰손실을 줄여 방사량을 증가시키는 첨가제이다.

007
☐☐☐

강화액소화약제에 대한 설명을 읽고 옳으면 O, 옳지 않으면 X로 답하시오.

01 강화액소화약제는 물에 다량의 알칼리금속염류 등을 첨가하여 영하 0℃ 이하의 한랭 지역에서나 추운 날씨에 사용할 수 있게 물의 소화능력을 향상시킨 약제이다.

02 강화액소화약제의 사용온도는 0℃ 이상 40℃ 이하이다.

03 강화액소화약제는 액체 소화약제 중 유일하게 부촉매효과를 가진다.

---

01 O

02 X 강화액소화약제의 사용온도는 영하 20℃ 이상 영상 40℃ 이하이다.

03 O 강화액소화약제는 액체 소화약제 중 유일하게 부촉매효과가 있다.

주수형태	주된 소화	적응화재
봉상	부촉매(억제), 냉각	A급 화재(B급, K급 가능)
무상	부촉매(억제), 냉각, 질식	A, B, C급 화재(K급 가능)

008

다음 포소화약제에 관한 설명을 읽고 빈칸에 알맞은 답을 쓰거나 O, X로 답하시오.

01 _____은/는 발포방법(mechanism) 중 산성액과 알칼리성액 두 액체의 화학반응에 의해 발생하는 가스를 핵으로 한 폼이다.

02 _____은/는 물과 포소화약제 혼합액의 흐름에 공기를 불어넣어 공기를 핵으로 한 폼이다.

03 팽창비는 최종 발생한 포 체적을 포 발생 전의 포 수용액의 체적으로 나눈 값을 말한다.

04 저발포소화약제는 팽창비가 20 이하이다.

05 고발포소화약제는 팽창비가 100 이상 1,000 미만이다.

06 저발포소화약제의 지정농도는 3%, 6%, 9%형으로 구분한다.

07 포소화약제의 팽창비에 따른 저발포소화약제의 종류 5가지

08 고발포소화약제의 종류 및 지정농도

---

01 화학포 화학포: 황산알루미늄(산성액)+탄산수소나트륨(알카리성액) → 이산화탄소(가스) 거품 형성
02 기계포(공기포)
03 O
04 O
05 X 고발포소화약제는 팽창비가 80 이상 1,000 미만이다.
06 X 저발포소화약제의 지정농도는 3%, 6%로 구분한다.
07 단백포, 불화단백포, 수성막포, 합성계면활성제포, (내)알코올포
08 종류: 합성계면활성제포, 지정농도: 1%, 1.5%, 2%

☑ 참고 발표배율(팽창비)

$$\text{발포배율(팽창비)} = \frac{\text{최종 발생한 포의 체적}}{\text{발포 전 포수용액 체적}} = \frac{\text{최종 발생한 포의 체적[L]}}{\dfrac{\text{포소화약제 체적[L]}}{\text{포원액의 농도}}}$$

* 수학적으로 '~당, 동안'은 분모, '~을/를, ~은/는, ~면'은 분자

009 ☐☐☐ 포소화약제에 관한 설명을 읽고 옳으면 O, 옳지 않으면 X로 답하시오.

01 단백포 소화약제는 동물의 뼈, 뿔, 발톱 등으로부터 젤라틴 → 단백질추출 → 가수분해 → 황산, 제1철염 첨가제 혼합제조한 약제이며, 제1철염을 사용하는 이유는 방부제 및 내열성을 높이기 위해서이다.

02 합성계면활성제 포소화약제는 계면활성제를 기제로 기포 안정제를 첨가하여 제조한 것으로서 고발포용과 저발포용 2가지로 나뉘며, 저발포로 사용할 경우 단백포보다 내열성과 내유성이 우수하나 수성막포보다 소화력이 떨어진다.

03 불화단백포 소화약제는 불소계 계면활성제를 첨가하여 수성막포 소화약제의 단점인 유동성을 보완하였다.

---

01 O

02 X 저발포로 사용할 경우 내열성 및 내유성이 불량하여 단백포보다 유류화재에 적응성이 낮으며, 이로 인하여 일반적으로는 고발포용으로 사용된다.

03 X 불화단백포 소화약제는 불소계 계면활성제를 첨가하여 단백포 소화약제의 단점인 유동성을 보완하였다.

---

010 ☐☐☐ 포소화약제에 관한 설명을 읽고 알맞은 답을 쓰거나 O, X로 답하시오.

01 수성막포의 상품명

02 수성막포는 내열성과 유동성이 좋은 포와 수성막이 형성되어 초기 소화속도가 빠르므로, 유출된 기름화재에 가장 적합하다.

03 수성막포는 분말소화약제와 병행이 가능한 포소화약제이다.

04 수성막포는 유동성과 내열성이 우수하여 대형유류저장탱크 내의 화재에 가장 적응성이 뛰어나다.

---

01 라이트워터

02 X 수성막포는 내유성과 유동성이 좋은 포와 수성막이 형성되어 초기 소화속도가 빠르므로, 유출된 기름화재에 가장 적합하다. 수성막포는 내열성이 약하다. 즉 윤화현상(열화현상)이 발생할 우려가 있다.

03 O 수성막포는 CDC분말소화약제와 병행 사용이 가능하다.

04 X 수성막포는 유동성이 가장 우수하여 유출된 기름화재 및 항공기화재에 가장 적응력이 뛰어나며, 불화단백포가 유동성과 내열성이 우수하여 대형유류저장탱크 내의 화재에 가장 적응성이 뛰어나다.

011

☐☐☐

포소화약제에 관한 설명을 읽고 O, X로 답하거나 알맞은 답을 쓰시오.

01 알코올포소화약제는 알콜류, 케톤류, 에스테르류, 아민류, 초산글리콜류 등과 같이 물에 용해되며, 수용성 석유류 화재 진압에 적합하다.

02 알코올포소화약제의 종류 3가지

---

01 O

02 금속비누형, 불화단백형, 고분자겔형
알코올포소화약제의 종류로는 금속비누형(거의 사용하지 않음), 불화단백형(현재 사용), 고분자겔형(거의 사용하지 않음)이 있다.

012

☐☐☐

포 혼합장치에 관한 설명을 읽고 빈칸에 알맞은 답을 쓰시오.

01 포 혼합장치의 종류 5가지

02 ＿＿＿＿＿＿＿＿＿＿＿＿＿＿＿＿＿ 은/는 펌프 토출관과 흡입관 사이의 배관 도중에 설치된 흡입기에 펌프에서 토출된 물의 일부는 보내고 농도조절밸브에서 조정된 포소화약제의 필요량을 포소화약제 탱크에서 펌프 흡입측으로 보내어 이를 혼합하는 방식이다.

03 ＿＿＿＿＿＿＿＿＿＿＿＿＿＿＿＿＿ 은/는 펌프와 발포기의 중간에 설치된 벤투리관의 벤투리 작용과 펌프 가압수의 포소화약제 저장탱크에 대한 압력에 의하여 포소화약제를 흡입·혼합하는 방식이다.

04 ＿＿＿＿＿＿＿＿＿＿＿＿＿＿＿＿＿ 은/는 펌프와 발포기의 중간에 설치된 벤츄리관의 벤츄리 작용에 의하여 포소화약제를 흡입·혼합하는 방식이다.

05 ＿＿＿＿＿＿＿＿＿＿＿＿＿＿＿＿＿ 은/는 펌프 토출관에 압입기를 설치하여, 포소화약제 압입용 펌프로 포소화약제를 압입하여 혼합하는 방식이다.

06 ＿＿＿＿＿＿＿＿＿＿＿＿＿＿＿＿＿ 은/는 포수용액에 가압원으로 압축된 공기 또는 질소를 일정비율로 혼합하는 방식이다.

---

01 펌프 프로포셔너 방식, 라인 프로포셔너 방식, 프레져 프로포셔너 방식, 프레져 사이드 프로포셔너 방식, 압축공기포 믹싱 챔버 방식

02 펌프 프로포셔너 방식

03 프레져 프로포셔너 방식

04 라인 프로포셔너 방식

05 프레져 사이드 프로포셔너 방식

06 압축공기포 믹싱 챔버 방식

013

□□□

포소화약제에 관한 설명을 읽고 빈칸에 알맞은 답을 쓰시오.

01 ████████████████ 은/는 불소계통에 계면활성제를 기초로 하는 소화약제로 유류 화재에 방출하면 유류 표면에 엷은 피막인 유화층(수막층)을 형성하여 소화할 수 있는 포소화약제이다.

02 ████████████████████ 은/는 계면활성제를 기제로 하고 기포안정제를 첨가하여 제조한 것으로 고발포용과 저발포용 2가지가 있으며, 일반적으로 고발포용으로 사용되는 포소화약제이다.

03 ████████████ 은/는 탄산수소나트륨이 주성분인 B제와 황산알루미늄이 주성분인 A제를 혼합함으로써 화학반응에 의해 포(거품) 내부에 생성되는 가스이다.

04 ████████████ 은/는 내열성을 향상시키기 위해 많은 양의 철염이 첨가되므로 유류에 대한 포의 유동성이 나쁘기 때문에 유류 표면에 전개되는 시간이 오래 걸리는 포소화약제이다.

05 수성막포는 ████████████ 이/가 강하여 표면하주입방식에 효과적이며, 내약품성으로 ████████ 소화약제와 트윈 에이전트 시스템(Twin Agent System)이 가능한 반면 내열성이 약해 탱크 내벽을 따라 잔불이 남게 되는 ████████ 현상이 일어날 우려가 있으며, 대형화재 또는 고온화재 시 수성막 생성이 곤란하다는 단점이 있다.

06 ████████ 와 ████████ 은/는 내유성이 우수하여 표면하주입방식을 사용할 수 있고, ████████ 소화약제와 병용하는 2약제방식이 가능하다.

07 포소화약제의 구비조건 4가지
████████████████████████

08 포소화약제의 주된 소화원리 ████████████

---

01 수성막포
02 합성계면활성제포
03 이산화탄소
04 단백포
05 내유성, 분말, 윤화
06 불화단백포, 수성막포, 분말
07 내열성, 유동성, 내유성, 점착성
08 질식소화

014

□□□

포소화약제의 상관관계에 대한 설명이 옳으면 O, 옳지 않으면 X로 답하시오.

01 발포배율이 커지면 환원시간은 길어진다.

02 동일한 원액에서 발포배율이 커지면 유동성은 느려진다.

03 동일한 원액으로 만든 포 중에서는 환원시간이 긴 것의 내열성이 우수하다.

04 일반적으로 유동성이 좋은 것은 내열성도 우수하다.

---

01 X 발포배율이 커지면 거품의 수분함량이 고발포로 갈수록 적어지기 때문에 환원시간은 짧아진다.

02 X 동일한 원액에서 발포배율이 커지면 수분함량이 적어지기 때문에 유동성은 증가한다.

03 O

04 X 소화활동에는 내열성이 있고 유동성도 좋은 포가 바람직하지만, 일반적으로 유동성이 좋은 포는 내열성이 부족하고, 내열성이 좋은 포는 유동성이 부족하다.

015
☐☐☐

이산화탄소소화약제의 물리적 성질에 대한 설명이 옳으면 O, 옳지 않으면 X로 답하시오.

01 상온에서 무색, 무취, 무미의 기체로서 독성이 없다.

02 부식성이 없고 비중이 1.53으로 공기보다 약간 가볍다.

03 이산화탄소의 삼중점은 약 영하 56.7℃, 5.1기압에서 고체, 액체, 기체가 공존한다.

04 이산화탄소는 삼중점 이하의 압력에서는 액체 상태로 존재할 수 없고, 온도에 따라 기체 또는 고체 상태로 존재한다.

05 이산화탄소소화약제는 순도가 99.5% 이상, 수분함량이 0.5% 이하의 품질을 가져야 한다.

---

01 O

02 X 공기가 1이며 공기보다 약간 무겁다.

03 O

04 O

05 X 이산화탄소소화약제는 순도 99.5% 이상, 수분함량 0.05% 이하의 품질을 가져야 한다. 액화이산화탄소의 품종은 2종과 3종을 말한다.

016
☐☐☐

이산화탄소소화약제의 장단점에 대한 설명을 읽고 옳으면 O, 옳지 않으면 X로 답하시오.

01 화재 시 실이 밀폐가 가능한 경우에는 일반가연물화재(A급 화재)에도 적용된다.

02 전기에 대해 부도체이다.

03 피연소물질에 피해를 주지 않으며, 화재진화 후 증거보존이 가능하다.

04 소화약제의 방출 시 소리가 요란하며, 소화시간이 다른 가스계 소화약제에 비하여 짧다.

05 이산화탄소소화약제 방출 시 동상과 질식에 대한 우려가 있다.

06 자체압력으로 방출이 가능하므로 외부동력원이 필요 없다.

---

01 O

02 O 이산화탄소는 전기의 부도체(비전도성, 절연체, 불량도체)이기 때문에 전기화재(C급 화재)에 적응성이 있다.

03 O

04 X 이산화탄소소화약제는 주된 소화가 물리적 소화방법 중 질식소화에 해당하므로 다른 가스계 소화약제에 비해 소화시간이 길다.

05 O 액화 이산화탄소가 분사노즐에서 팽창·기화할 때 주울-톰슨의 효과와 주위로부터의 기화열 흡수에 의해 -83℃까지 하강하므로 냉각에 의한 동상의 위험이 있다.

06 O

017
□□□

이산화탄소소화약제의 설치 제외 장소를 5가지 쓰시오.

① 방재실, 제어실 등 사람이 상시 근무하는 장소
② 소화약제에 의해 질식 또는 인체의 위해가 발생할 우려가 있는 밀폐장소
③ 제5류 위험물을 저장, 취급하는 장소
④ 활성금속물질인 나트륨, 칼륨, 칼슘 등을 저장, 취급하는 장소
⑤ 전시장 등의 관람을 위하여 다수인이 출입·통행하는 통로, 전시실 등

> 📖 **개념정리** 이산화탄소소화약제의 설치 제외 장소
> 사람이 있는 장소와 제3류와 제5류 위험물이 있는 장소에는 이산화탄소소화약제를 사용할 수 없다.

018
□□□

이산화탄소 소화농도 및 설계농도에 대한 설명을 읽고 옳으면 O, 옳지 않으면 X로 답하시오.

01 이산화탄소 소화농도는 $\dfrac{21-O_2}{O_2} \times 100(\%)$이다.

02 표면화재 시 이산화탄소 설계농도는 최소 34% 이상으로 하여야 한다.

03 심부화재 시 이산화탄소 설계농도는 최소 50% 이상으로 하여야 한다.

01 X 이산화탄소 소화농도는 $\dfrac{21-O_2}{21} \times 100(\%)$이다.

02 O   **03** O

> 📖 **개념정리** 이산화탄소 설계농도
> • 이산화탄소 설계농도 = 이산화탄소 소화농도 × 1.2(1.8) = 28.57 × 1.2 = 34%, 28.57 × 1.8 = 50%
> • 이산화탄소 설계농도는 표면화재가 34% 이상, 심부화재가 50% 이상이어야 한다.
> • 이때 심부화재는 목재, 전기설비, 섬유류와 같은 고체 가연물의 화재를 말한다.

019
□□□

이산화탄소소화약제의 주된 소화원리, 보조 소화원리 및 적응화재를 쓰시오.

01 주된 소화원리

02 보조 소화원리

03 적응화재

01 질식소화   **02** 냉각소화 및 피복소화   **03** B급 화재, C급 화재, A급 화재(전역방출방식)

020

□□□

할론소화약제의 주된 소화원리와 보조 소화원리를 쓰시오.

01 주된 소화원리

02 보조 소화원리

---

01 부촉매소화

02 질식소화 및 냉각소화

021

□□□

할론소화약제에 대한 설명을 읽고 옳으면 O, 옳지 않으면 X로 답하시오.

01 모든 가연물별 화재에 적응성이 있다.

02 할론소화약제를 구성하는 할로겐 원소 중 요오드의 소화력이 가장 우수하다.

03 할론소화약제를 구성하는 할로겐 원소 중 불소의 안정성이 가장 우수하다.

04 할론소화약제는 비전도성이므로 전기화재에 적응성이 있으며, 소량의 농도로도 소화가 가능하다.

---

01 X　A급 화재(전역방출방식), B급 화재, C급 화재에 적응성이 있다.

- 안정도 1위: 불소 [F > Cl > Br > I]
- 소화강도 1위: 요오드 [F < Cl < Br < I]
- 할론소화약제 소화강도 1위: 브롬 [F < Cl < Br]

02 X　할론소화약제를 구성하는 할로겐 원소 중 브롬(Br)의 소화력이 가장 우수하나 오존층을 파괴한다.

03 O

04 O　할론 설계농도는 최소 5% 이상 최대 10% 이하이다.

- 이산화탄소 설계농도는 최소 34% 이상이다(표면화재).
- 이산화탄소 설계농도는 최소 50% 이상이다(심부화재).

022

할로겐화합물 및 불활성기체 소화약제에 대한 설명을 읽고 옳으면 O, 옳지 않으면 X로 답하시오.

01 할로겐화합물 및 불활성기체 소화약제는 할로겐화합물(할론1301, 할론2402, 할론 1211 제외) 및 불활성기체로서 전기적으로 비전도성이며 휘발성이 있거나 증발 후 잔여물을 남기지 않는다.

02 할로겐화합물 소화약제는 불소, 염소, 브롬 또는 요오드 중 하나 이상의 원소를 포함하고 있는 무기화합물을 기본성분으로 한다.

03 불활성기체 소화약제는 주기율표의 0[8.18]족 원소에서 헬륨, 네온 아르곤 중 하나 이상의 원소를 기본 성분으로 한다.

04 할로겐화합물 소화약제는 전기 절연성이 우수하고, 부촉매에 의한 연소의 억제작용이 크며, 소화능력이 우수하다.

05 할로겐화합물 및 불활성기체 소화약제는 일반가연물화재·유류화재·전기화재·가스화재에 모두 적응성이 있다.

06 NOAEL(No Observed Adverse Effect Level)은 무독성량을 뜻하는 것으로, 인간의 심장에 영향을 주지 않는 최소 허용농도로서 관찰이 불가능한 부작용 수준으로 정의된다.

07 LOAEL(Lowest Observed Adverse Effect Level)은 사람이 가스에 노출되었을 때 독성 또는 생리적 변화가 관찰되는 최대농도로 정의된다.

08 근사치사농도(ALC; Approximate Lethal Concentration): 실험대상 동물(쥐)의 50%가 15분 이내에 사망하는 농도이다.

01 O
02 X 할로겐화합물 소화약제는 유기화합물을 기본성분으로 한다.
03 X 불활성기체 소화약제는 헬륨, 네온, 아르곤 또는 질소 중 하나 이상의 원소를 기본성분으로 한다.
04 O
05 O
06 X NOAEL은 무독성량을 뜻하는 것으로서 인간의 심장에 영향을 주지 않는 최대 허용농도이다.
07 X LOAEL은 사람이 가스에 노출되었을 때 독성 또는 생리적 변화가 관찰되는 최소 허용농도이다.
08 O

- 오존파괴지수(ODP; Ozone Depletion Potential)

$$ODP = \frac{비교물질\ 1kg이\ 파괴하는\ 오존량}{CFC\text{-}11\ 1kg이\ 파괴하는\ 오존량}$$

- 지구온난화지수(GWP; Global Warming Potential)

$$GWP = \frac{비교물질\ 1kg이\ 기여하는\ 지구온난화\ 정도}{이산화탄소(CO_2)\ 1kg이\ 기여하는\ 지구온난화\ 정도}$$

- 대기잔존연수(ALT; Atmosphere Life Time): 어떤 물질이 방사되어 분해되지 않은 채로 존재하는 기간. 즉 대기 중에 존재하는 기간을 연수로 표시한 것
- NOAEL(No Observed Adverse Effect Level): 소화약제를 방출한 후 농도를 증가시켰을 때 인체(심장)에 생리학적 또는 독성의 악영향이 감지되지 않는 최대 농도
- LOAEL(Lowest Observed Adverse Effect Level): 공간에 방출한 소화약제의 농도를 감소시켰을 때 인체(심장)에 생리학적 또는 독성의 악영향이 감지되는 최소 농도
- 반수치사농도(LC50; Lethal Concentration 50%): 성숙한 흰쥐 집단에 대해 대기 중에서 1시간 동안의 흡입실험(노출하는 실험)에 의하여 14일 이내에 실험동물의 50%가 사망할 수 있는 독성물질의 최저 농도
- 근사치사농도(ALC; Approximate Lethal Concentration): 실험대상인 동물(쥐) 50%가 15분 내에 사망하는 농도

023
☐☐☐

할로겐화합물 및 불활성기체 소화약제의 주된 소화원리를 쓰시오.

01 할로겐화합물 소화약제의 주된 소화원리

02 불활성기체 소화약제의 주된 소화원리

---

01 부촉매소화
02 질식소화

024

□ □ □

불활성기체 소화약제의 종류별 화학식 4종을 쓰시오.

---

① IG 01 - Ar
② IG 100 - N2
③ IG 541 - N2: 52%, Ar: 40%, CO_2: 8%
④ IG 55 - N2: 50%, Ar: 50%

025

□ □ □

상품명이 "FM200"인 헵타플루오로프로판(HFC-227ea)의 화학식을 쓰시오.

$[- CF_3CHFCF_3]$

명명법	명명법
• 1의 자리: 불소(F)의 수 ⇒ F = 7 • 10의 자리: 수소(H)의 수 + 1 ⇒ H + 1 = 2, H = 1 • 100의 자리: 탄소(C)의 수 -1 ⇒ C - 1 = 2, C = 3 • 나머지: 염소(Cl)의 수(숫자로 표시 안 함)	• 헵타: 7 • 플루오로: ⇒ F • 헵타플루오로: ⇒ F_7 • 프로판: 탄소 3개 ⇒ C_3 $[CF_3CHFCF_3]$

구조식:

```
        F    F    F
        |    |    |
  H  –  C  – C  – C  – F
        |    |    |
        F    F    F
          <구조식>
```

026

□ □ □

하이드로클로로플루오로카본혼화제(HCFC BLEND A)의 구성요소를 쓰시오.

---

① HCFC - 123($CHCl_2CF_3$): 4.75%
② HCFC - 22($CHClF_2$): 82%
③ HCFC - 124($CHClFCF_3$): 9.5%
④ $C_{10}H_{16}$: 3.75%

027

☐☐☐

분말소화약제에 대한 설명을 읽고 옳으면 O, 옳지 않으면 X로 답하시오.

01 분말소화약제에 사용되는 분말의 입도는 10~75㎛ 범위이며, 소화효과를 나타내는 입도는 20~25㎛이다.

02 분말소화약제의 주된 소화원리는 질식소화이다.

03 제1종 분말소화약제의 주성분은 탄산수소나트륨이며, 중탄산나트륨 또는 중조라고도 한다.

04 제1종 분말소화약제의 적응화재는 B급, C급, K급 화재이며, 착색은 담회색이다.

05 제2종 분말소화약제의 주성분은 탄산수소칼슘이며, 중탄산칼슘이라고도 한다.

06 제2종 분말소화약제의 적응화재는 B급, C급 화재이며, 착색은 담회색(보라색)이다.

07 제3종 분말소화약제의 주성분은 제1인산암모늄이며, 착색은 담홍색(노란색)이다.

08 제3종 분말소화약제는 A급, B급, C급 화재 모두에 적응성이 있다.

---

01 O

02 X 분말소화약제의 주된 소화원리는 부촉매소화이다.

03 O

04 X 제1종 분말소화약제의 적응화재는 B급, C급, K급 화재이며, 착색은 백색이다.

05 X 제2종 분말소화약제의 주성분은 탄산수소칼륨이며, 중탄산칼륨이라고도 한다.

06 O

07 O

08 O

분말소화약제의 화재 시 열분해 반응식에 관해 알맞은 답을 쓰시오.

01 제1, 2, 3, 4종 분말소화약제의 화재 시 열분해 생성물

02 제1종 분말소화약제의 화재 시 열분해 생성물에 따른 소화효과

03 제2종 분말소화약제의 화재 시 열분해 생성물에 따른 소화효과

04 제3종 분말소화약제의 화재 시 열분해 생성물에 따른 소화효과

05 제4종 분말소화약제의 화재 시 열분해 생성물에 따른 소화효과

---

01 • 제1종: 탄산나트륨, 이산화탄소, 수증기
 • 제2종: 탄산칼륨, 이산화탄소, 수증기
 • 제3종: 메타인산, 암모니아, 수증기
 • 제4종: 탄산칼륨, 암모니아, 이산화탄소

02 ① 탄산나트륨의 Na^+이온에 의한 부촉매소화 및 비누화소화
 ② 이산화탄소 및 수증기에 의한 질식소화
 ③ 흡열반응에 따른 냉각효과

$$2NaHCO_3 \xrightarrow[\Delta]{270℃} Na_2CO_3 + CO_2\uparrow + H_2O\uparrow - 30.3kcal$$

| 탄산수소나트륨 | 탄산나트륨 | 이산화탄소 | 수증기 | $-Q$ |

 탄산수소나트륨   탄산나트륨 이산화탄소   수증기 $-Q$
 (중탄산나트륨) Na^+ 나트륨이온   <질식> <냉각효과>
       <부촉매효과, 비누화효과>

03 ① 탄산칼륨의 K^+이온에 의한 부촉매소화

② 이산화탄소 및 수증기에 의한 질식소화

③ 흡열반응에 따른 냉각효과

$$2KHCO_3 \xrightarrow[\Delta]{190℃} K_2CO_3 + CO_2\uparrow + H_2O\uparrow - 29.82kcaal$$

탄산수소칼륨	탄산칼륨	이산화탄소	수증기	$- Q$
(중탄산칼륨)	K^+ 칼륨이온		\<질식\>	\<냉각효과\>
	\<부촉매효과\>			

04 ① 메타인산의 방진작용에 의한 재연소 방지효과

② 암모늄이온과 분말 표면의 흡착에 의한 부촉매효과

③ 수증기에 의한 질식소화

④ 흡열반응에 따른 냉각효과

$$NH_4H_2PO_4 \xrightarrow[\Delta]{360℃} HPO_3 + NH_3\uparrow + H_2O\uparrow - 76.95kcaal$$

제1인산암모늄	메타인산	암모니아	수증기	$- Q$
	방진효과	NH_4^+	\<질식\>	\<냉각효과\>
		\<부촉매효과\>		

05 ① 탄산칼륨의 K^+ 이온, 암모늄의 $NH4^+$ 이온의 부촉매소화

② 이산화탄소에 의한 질식소화

③ 흡열반응에 따른 냉각효과

$$2KHCO_3 + (NH_2)_2CO \longrightarrow K_2CO_3 + 2NH_3 + 2CO_2\uparrow - Qkcal$$

탄산수소칼륨	요소	탄산칼륨	암모니아	이산화탄소	
		K^+	NH_4^+	\<질식\>	\<냉각효과\>
		\<부촉매효과\>	\<부촉매효과\>		

029
☐☐☐

분말소화약제에 관한 설명을 읽고 빈칸에 알맞은 답을 쓰시오.

01 _____ 분말소화약제는 가연성 액체 중에서도 일반적인 요리용 기름이나 지방질 기름의 화재 시에 이들 물질과 결합하여 에스테르가 알칼리의 작용으로 가수 분해되어 알코올과 산의 알칼리염이 되는 반응인 _____ 반응을 일으키며, 이때 생성된 비누상 물질은 가연성 액체의 표면을 덮어 질식소화 효과와 재발화 억제 효과를 나타낸다.

02 차고, 주차장에 사용 가능한 분말소화약제는 _____ 분말소화약제이다.

03 수성막포소화약제와 겸용하여 사용할 경우 유류화재에 가장 좋은 소화효과를 나타 내는 분말소화약제는 _____ 분말소화약제이다.

- - - - - - - - - - - - -

01 제1종, 비누화

02 제3종

03 CDC

1 제1류 위험물

001
☐☐☐

「위험물안전관리법 시행령」상 제1류 위험물의 범위 및 한계에 관해 빈칸에 알맞은 답을 쓰시오.

고체로서   의 잠재적인 위험성 또는   에 대한 민감성을 판단하기 위하여 소방청장이 정하여 고시하는 시험에서 고시로 정하는 성질과 상태를 나타내는 것을 말한다.

산화력, 충격

☑ 참고 제6류 위험물인 산화성 액체의 정의에는 '충격에 대한 민감성…'과 같은 문구가 없다.

002
☐☐☐

제1류 위험물의 위험성에 대한 설명을 읽고 옳으면 O, 옳지 않으면 X로 답하시오.

01 산소를 방출하고 환원성이 강하다.

02 제6류 위험물과 혼합하면 산화성이 증대된다.

03 공기 중에서 산화작용이 보다 잘 일어나 화염온도가 상승하고 연소속도가 빨라지며, 화염 길이가 증가하여 연소확대의 위험이 커진다.

04 가연성 유기화합물과 혼합 시 연소위험성이 현저히 감소된다.

05 무기과산화물은 물과 반응하여 발열하고 가연성 가스를 방출한다.

06 무기과산화물(알칼리금속의 과산화물)인 과산화나트륨, 과산화칼륨 등은 물과 반응하여 산소를 발생하면서 발열하기 때문에 금수성 물질이라고 한다.

---

01 X 환원성이 아닌 산화성(지연성, 조연성)이 강하다.

02 O 제6류 위험물과 혼합하면 산화성이 증대되고, 제1류 위험물을 가열하면 산화성이 증대된다.

03 O 제1류 위험물 또는 제6류 위험물은 공기보다 산소가 더 많이 나오기 때문에 산화작용이 잘 된다. 즉, 연소가 잘 되므로 공기보다 착화(발화)온도가 낮아진다. 산소량이 제일 많은 순서는 제1류 > 제6류 > 공기 중의 산소 21% 순이다.

04 X 가연성 유기화합물과 혼합 시 연소위험성이 현저히 증가된다.

05 X 무기과산화물은 물과 반응하여 발열하고 산소를 방출한다.
  • 무기과산화물(알칼리금속과산화물) - 알칼리금속: 과산화칼륨[K_2O_2], 과산화나트륨[Na_2O_2]
  • 무기과산화물(알칼리금속과산화물) - 알칼리토금속: 과산화마그네슘[MgO_2], 과산화칼슘[CaO_2]

06 O

003

□□□

제1류 위험물의 공통성질에 대한 설명을 읽고 옳으면 O, 옳지 않으면 X로 답하시오.

01 제1류 위험물의 대표적 성질은 "가연성 고체"이다.

02 제1류 위험물은 모든 품명이 가연성이면서 산소를 다량으로 함유한 강력한 산화제이며, 가열이나 충격 등에 의해 분해하여 산소(O_2)를 방출한다.

03 제1류 위험물은 대부분 유기화합물이며, 대부분 무색의 결정이나 백색의 분말상태의 고체물질로서 비중이 1보다 작다.

---

01 X 제1류 위험물의 대표적 성질은 "산화성 고체"이다.

02 X 제1류 위험물은 모든 품명이 불연성이면서 산소를 다량으로 함유한 강력한 산화제이며, 가열이나 충격 등에 의해 분해하여 산소를 방출한다.

03 X 제1류 위험물은 대부분 무기화합물이며, 대부분이 무색의 결정이나 백색의 분말상태의 고체물질로서 비중이 1보다 크다(무겁다).

☑ 참고 과망간산 염류는 검정색, 중크롬산 염류는 황적색 또는 자색이다.

004

□□□

제1류 위험물의 저장 및 취급 방법에 대한 설명을 읽고 옳으면 O, 옳지 않으면 X로 답하시오.

01 제1류 위험물은 조해성이 있으므로 습기에 주의하고 용기는 개방용기에 저장하여야 한다.

02 제1류 위험물은 용기의 파손에 의한 위험물의 누설에 주의해야 하고, 밀폐도가 좋은 실에 저장하여야 한다.

03 가열, 충격, 타격, 마찰 등의 기계적 점화에너지를 부여하지 않도록 하고, 분해요인을 사전에 제거한다.

04 가연물 및 물과의 접촉(무기과산화물)을 피한다.

05 환원제, 산화되기 쉬운 물질 또는 제2류 위험물, 제3류 위험물, 제4류 위험물, 제5류 위험물과의 접촉 및 혼합, 혼입을 하여서는 안 된다.

---

01 X 제1류 위험물은 조해성이 있으므로 습기에 주의하며 용기는 밀폐(밀전)용기에 저장하여야 한다. 이때 용기는 밀전·밀봉(통풍이 잘 되는 곳 아님)하지만 용기의 저장장소는 통풍이 잘 되는 곳이어야 한다.

02 X 제1류 위험물은 용기의 파손에 의한 위험물의 누설에 주의하고 환기(통풍)가 잘 되는 찬 곳에 저장하여야 한다.

03 O

04 O

05 O 모든 위험물과의 혼촉은 안된다. 그러나 혼재는 가능하다. 각각 제1류와 제6류, 제2류와 제5류와 제4류, 제3류와 제4류가 혼재 가능하다.

005

제1류 위험물의 소화방법에 대한 설명이 옳으면 O, 옳지 않으면 X로 답하시오.

01 제1류 위험물 대부분에 가장 적합한 소화방법은 부촉매소화이다.

02 무기과산화물에 가장 적합한 소화방법은 주수소화이다.

01 X 산소의 분해방지를 위해 온도를 낮추고, 타고 있는 주위 가연물의 소화에 주력해야 한다. 즉, 무기과산화물을 제외하고 냉각(주수)소화가 유효하다.

02 X 무기과산화물(알칼리금속과산화물)은 물과 반응하여 산소와 열을 발생, 위험을 초래하므로 물에 의한 냉각소화는 피하고 건조분말(마른모래, 팽창질석, 팽창진주암, 드라이파우더) 소화약제에 의한 질식소화가 유효하다.

006

제1류 위험물의 수납 시 주의사항 2가지를 쓰시오.

① 무기과산화물(알칼리금속과산화물): 화기주의, 충격주의, 가연물접촉주의, 물기엄금
② 그 밖의 것: 화기주의, 충격주의, 가연물접촉주의

007

제1류 위험물 중 무기과산화물(알칼리금속과산화물)의 종류 5가지를 쓰시오.

과산화나트륨(Na_2O_2), 과산화칼륨(K_2O_2), 과산화마그네슘(MgO_2), 과산화칼슘(CaO_2), 과산화바륨(BaO_2)

008
□□□
대통령령으로 정하는 제2류 위험물의 지정수량에 따른 품명 및 위험등급을 각각 쓰시오.

01 지정수량 100kg

02 지정수량 500kg

03 지정수량 1,000kg

---

01 황화린, 적린, 유황, 위험Ⅱ등급

02 마그네슘, 철분, 금속분, 위험Ⅲ등급

03 인화성 고체, 위험Ⅲ등급

☑ 참고 • 금속분: 알루미늄분, 아연분, 안티몬분
 • 인화성고체: 락카퍼티, 고무풀, 고형알코올, 메타알데히드, 제3부틸알코올

009
□□□
「위험물안전관리법」에 대한 설명을 읽고 옳으면 O, 옳지 않으면 X로 답하시오.

01 제2류 위험물의 대표적 성질은 가연성 고체 또는 수소를 가까이 하는 환원성 고체이다.

02 유황은 순도가 50wt% 이상이어야 한다.

03 인화성 고체는 고형 알코올, 그 밖에 1atm에서 인화점이 40℃ 이하인 반고체이다.

---

01 O 제1류 위험물의 특징은 산소 [O], 수소 [X], 수용성, 산화성이며, 제2류 위험물의 특징은 산소 [X], 수소 [O], 비수용성, 환원성이다.

02 X 유황은 순도가 60wt% 이상이어야 한다.

03 X 인화성 고체는 고형 알코올, 그 밖에 1atm에서 인화점이 40℃ 미만인 고체를 말한다.

010
□□□
제2류 위험물의 공통성질에 대한 설명을 읽고 옳으면 O, 옳지 않으면 X로 답하시오.

01 비교적 낮은 온도에서 인화되기 쉬운 이연성 및 속연성 물질이다.

02 대부분 물보다 무겁고 물에 녹지 않는다.

03 모두 무기화합물이며, 강력한 환원성 물질이다.

04 강력한 산화제로서 산소(O_2)와 결합이 용이하여 산화되기 쉽고 저농도의 산소에서도 결합한다.

05 모두 가연성 물질이므로 무기과산화물과 혼합한 것은 소량의 수분에 의해 발화한다.

06 유독한 것 또는 연소 시 유독가스를 발생하는 것도 있다.

07 마그네슘(Mg), 알루미늄(Al), 아연(Zn), 철(Fe)은 찬물과 반응 시 가연성가스인 수소가스가 발생한다.

08 금속분, 철분, 마그네슘은 제2류 위험물인 가연성 고체로서 지정수량이 300kg이며 분진폭발이 가능하다.

---

01 X 비교적 낮은 온도에서 착화(발화)하기 쉬운 이연성 및 속연성 물질이다.

02 O

03 X 인화성 고체를 제외한 모두가 무기화합물이자 강력한 환원성 물질이며, 다만 인화성 고체는 유기화합물이다.

04 X 강력한 환원제로서 산소와 결합이 용이하여 산화하기 쉽고 저농도의 산소에서도 결합한다.

05 O

06 O

07 X • 마그네슘(Mg), 알루미늄(Al), 아연(Zn), 철(Fe): 끓는 물과 반응 시 수소가 발생한다.
　　 • 리튬(Li), 칼륨(K), 칼슘(Ca), 나트륨(Na): 찬물과 반응 시 수소가 발생한다.
　　 • 코발트(Co), 니켈(Ni), 주석(Sn), 납(Pb): 묽은 산과 반응 시 수소가 발생한다.

08 X 금속분, 철분, 마그네슘은 제2류 위험물인 가연성 고체이며, 지정수량은 500kg이다.

011
□□□

인화성 고체의 종류 5가지를 쓰시오.

고무풀, 고형알코올, 메타알데히드, 락카퍼티, 제3부틸알코올

012
□□□

제2류 위험물의 저장 및 취급방법에 대한 설명을 읽고 옳으면 O, 옳지 않으면 X로 답하시오.

01 가열과 화기를 피하고 불티, 고온체와의 접촉을 피한다.

02 제1류 위험물 및 제6류 위험물 같은 산화제와 혼합하여 저장한다.

03 철분, 마그네슘, 금속분은 물, 습기, 습한 공기, 산과의 접촉을 피하여 저장한다.

04 저장용기는 밀봉하여 용기의 파손과 위험물의 누출을 방지한다.

---

01 O

02 X 제1류 위험물 및 제6류 위험물 같은 산화제와의 혼합, 혼촉을 방지한다.

03 O

04 O

013

제2류 위험물의 소화방법에 대한 설명을 읽고 옳으면 O, 옳지 않으면 X로 답하시오.

01 제2류 위험물의 대부분 가장 적합한 소화방법은 부촉매소화이다.

02 마그네슘의 화재 시 소화방법은 이산화탄소 및 할론소화약제가 가장 적합하다.

03 인화성 고체 화재 시 석유류 화재와 같이 질식소화를 한다.

04 삼황화린, 오황화린, 칠황화린 화재 시 소화방법은 주수에 의한 냉각소화이다.

---

01 X 제2류 위험물의 소화방법은 주수에 의한 냉각(주수)소화 또는 질식소화이다.

02 X 마그네슘은 이산화탄소와 화학반응에 의해 분해된 C(흑연)를 내면서 연소하고 유독성이면서 가연성 가스인 일산화탄소를 방출한다. 이것이 마그네슘의 화재 시 이산화탄소소화약제를 사용할 수 없는 이유이다. 철분, 마그네슘, 금속분은 마른모래, 팽차질석, 팽창진주암, 드라이파우더 등으로 질식소화한다.

$$2Mg + CO_2 \rightarrow 2MgO + C$$
$$Mg + CO_2 \rightarrow MgO + CO \uparrow$$

03 O 주수소화에 의한 냉각소화가 가능은 하지만 포소화약제를 방사하여 질식소화하는 게 제일 좋은 방법이다.

04 X 황화린(삼황화린, 오황화린, 칠황화린)은 물과 반응 시 유독성이면서 가연성 가스인 황화수소(유화수소)가 발생한다. 황화린은 마른 모래, 팽창질석, 팽창진주암, 드라이파우더 등으로 질식소화한다.

014

각 제2류 위험물의 수납 시 주의사항을 쓰시오.

01 철분, 금속분, 마그네슘 또는 이를 함유한 것

02 인화성 고체

03 그 밖의 것

---

01 화기주의, 물기엄금

02 화기엄금

03 화기주의

015
☐☐☐

「위험물안전관리법」에 대한 설명이 옳으면 O, 옳지 않으면 X로 답하시오.

"자연발화성 물질 및 금수성물질"은 고체 또는 액체로서 공기 중에서 발화의 위험이 있거나 물과 접촉하여 발화하거나 가연성 가스가 발생할 위험성이 있다.

O

016
☐☐☐

대통령령으로 정하는 제3류 위험물의 지정수량에 따른 각 품명과 행정안전부령으로 정하는 위험물을 쓰시오.

01 지정수량 10kg

02 지정수량 20kg

03 지정수량 300kg

04 행정안전부령으로 정하는 위험물

---

01 칼륨, 나트륨, 알킬알루미늄, 알킬리튬

02 황린

03 금속의 수소화물, 금속의 인화물, 칼슘 또는 알루미늄의 탄화물

04 염소화규소화합물

017
☐☐☐

제3류 위험물의 공통성질에 대한 설명을 읽고 옳으면 O, 옳지 않으면 X로 답하시오.

01 제3류 위험물은 자연발화성 물질 및 물과 반응하여 가연성 가스를 발생하는 물질로서 복합적인 위험성을 가진다.

02 모두 무기화합물로 구성된다.

03 모두 물보다 무겁다.

04 모두 물과 반응성이 풍부하여 물과 접촉하면 발열·발화한다.

05 제3류 위험물 중 자연발화성 물질은 분해열에 의한 자연발화를 한다.

---

01 O

02 X 칼륨, 나트륨, 황린, 알칼리금속, 알칼리토금속인화합물, 칼슘 또는 알루미늄의 탄화물은 무기화합물이며 알킬알루미늄, 알킬리튬과 유기 금속화합물은 유기화합물이다. 그래서 유기화합물과 무기화합물로 구성되어 있다.

03 X 칼륨, 나트륨, 알킬알루미늄, 알킬리튬은 물보다 가볍고 나머지 품명은 물보다 무겁다.

04 X 황린을 제외하면 모두 물과 반응하여 화학적으로 활성화되고 물에 대해 위험한 반응을 초래하는 물질이다.

05 X 제3류 위험물 중 자연발화성물질은 산화열에 의한 자연발화를 한다.

018

□□□

제3류 위험물의 저장 및 취급방법에 대한 설명을 읽고 옳으면 O, 옳지 않으면 X로 답하시오.

01 황린은 자연발화를 억제하고, 유독성인 오산화인의 백색 연기와 가연성·유독성인 포스핀가스의 발생을 억제하기 위하여 강알칼리성 물에 저장한다.

02 저장용기는 완전히 밀폐하여 공기와의 접촉을 방지한다.

03 칼륨 및 나트륨은 석유, 등유 등의 물이 함유되지 않은 석유류에 저장한다.

04 대량저장 시 소화가 곤란하므로 소분하여 저장한다.

---

01 X 황린의 보호액은 약알칼리성(pH9) 물이다.

02 X 저장용기는 완전히 밀폐하여 공기와의 접촉을 방지하고 물, 수분, 물의 변형된 형태(눈, 얼음, 우박 등)의 침투·접촉을 엄금하여야 한다. 제3류 위험물은 금수성 물질 및 자연발화성 물질이다.

03 O 석유류(등유, 경우, 파라핀유, 벤젠) 속에 저장한다.

04 O 제3류 위험물과 제5류 위험물은 대량 저장 시 소화가 곤란하므로 소분하여 저장한다.

019

□□□

제3류 위험물의 위험성에 대한 설명을 읽고 옳으면 O, 옳지 않으면 X로 답하시오.

01 황린(P_4)은 백색 또는 담황색 고체로서 자연발화성 및 금수성 물질이다.

02 황린(P_4)은 발화점 및 인화점이 낮기 때문에 외부에서 가열하면 액화하면서 쉽게 발화한다.

03 황린(P_4)은 고온, 다습할 경우 발화점이 약 34℃이다.

04 황린(P_4)은 공기와의 접촉 시 수소를 발생하기 때문에 물 속에 저장한다.

05 금속칼륨과 금속나트륨은 공기 또는 물과 접촉하면 가연성 가스인 수소가스를 발생한다.

06 탄화칼슘은 물과 반응 시 가연성 가스인 아세틸렌가스를 발생한다.

---

01 X 황린(P_4)은 자연발화성 물질이다.

02 X 황린(P_4)은 발화점이 낮기 때문에 외부에서 가열하면 액화하면서 쉽게 발화한다.

03 O

04 X 황린(P_4)은 공기와의 쉽게 산화반응하기 때문에 산화열에 의한 자연발화 억제를 위하여 물 속에 저장한다.

05 X 금속칼륨과 금속나트륨이 물과 접촉하면 가연성 가스인 수소가스가 발생한다. 공기와 접촉하면 산화열에 의한 자연발화한다.

06 O 탄화칼슘
- 탄화칼슘(카바이트)[CaC_2] + 물[H_2O] → 수산화칼슘과 아세틸렌가스(C_2H_2) 발생
- 탄화칼슘(카바이트) 아세톤에 저장 또는 질소가스 등 불연성 가스 봉입
- $CaC_2 + 2H_2O \Rightarrow Ca(OH)_2 + C_2H_2 + Q\uparrow$

020

□□□

제3류 위험물의 위험성에 대한 설명을 읽고 옳으면 O, 옳지 않으면 X로 답하시오.

01 탄화알루미늄은 물과 반응 시 가연성 가스인 포스핀가스를 발생한다.

02 알킬알루미늄은 금수성 및 자연발화성 물질이다.

03 알킬알루미늄은 탄소 수가 1~3까지 분해열에 의한 자연발화한다.

04 산화칼슘은 제3류 위험물은 아니지만 물과 반응 시 발열한다.

05 제3류 위험물 게시판은 모두 물기엄금이다.

01 X 탄화알루미늄은 물과 반응 시 가연성 가스인 메탄가스를 발생한다.
- 탄화알루미늄[Al_4C_3] + 물[H_2O] → 메탄가스(CH_4) 발생
- $Al_4C_3 + 12H_2O \Rightarrow 4Al(OH)_3 + 3CH_4 + Q\uparrow$

02 O

03 X 알킬알루미늄은 탄소수가 1~4까지 산화열에 의한 자연발화한다.

04 O 산화칼슘
- 산화칼슘은 물과 반응 시 발열한다.
- 산화칼슘(생석회)[CaO]은 위험물이 아니다.
- $CaO + H_2O \Rightarrow Ca(OH)_2 + Q\uparrow$

05 X 제3류 위험물의 대표적인 성질은 금수성 및 자연발화성 물질이다. 황린은 자연발화성 물질로 물 속 저장한다. 즉, 황린은 물과의 반응이 없다.
- 자연발화성 물질: 화기엄금, 공기접촉엄금
- 금수성 물질: 물기엄금

📖 **개념정리** 알킬알루미늄(R_3Al): 알킬기[R: (C_nH_{2n+1})$_3$]와 알루미늄(Al)의 화합물

종류	화학식	상태	물과 접촉 시 생성가스
트리메틸알루미늄	$(CH_3)_3Al$	무색 액체	메탄(CH_4)
트리에틸알루미늄	$(C_2H_5)_3Al$	무색 액체	에탄(C_2H_6)
트리프로필알루미늄	$(C_3H_7)_3Al$	무색 액체	프로판(C_3H_8)
트리부틸알루미늄	$(C_4H_9)_3Al$	무색 액체	부탄(C_4H_{10})

- n은 탄소수를 말한다.
- 탄소수 $C_1 \sim C_4$까지는 공기 중에서 자연발화하고, $C_5 \sim$부터는 자연발화가 일어나지 않는다.
- 트리펜틸알루미늄(C_5H_{11})$_3$Al부터는 자연발화가 일어나지 않는다.

021 위험물에 대한 설명을 읽고 빈칸에 알맞은 답을 쓰시오.

01 _____ 은/는 융점(63.6℃)이 낮고 비중(S = 0.86)이 물보다 가벼우며 은백색의 광택이 있는 경금속으로, 연하여 칼로 자르기 쉽다.

02 _____ 은/는 융점(97.8℃)이 낮고 비중(S = 0.97)이 물보다 가벼우며 은백색의 광택이 있는 경금속으로, 칼로 자르기 쉽다.

03 _____ 은/는 무색투명한 액체로서 외관은 등유와 비슷하며 가연성이고, 융점(-46℃)이 낮기 때문에 상온에서 액체 상태이며, 비중(S = 0.83)은 물보다 가볍다.

---

01 칼륨
02 나트륨
03 알킬알루미늄

022 제3류 위험물의 소화방법에 대한 설명을 읽고 옳으면 O, 옳지 않으면 X로 답하시오.

01 황린은 주수에 의한 냉각소화를 한다.

02 금속칼륨 및 금속나트륨은 연쇄반응을 차단하는 부촉매소화를 한다.

03 알킬알루미늄은 상온에서 액체이기 때문에 주수에 의한 냉각소화를 한다.

04 황린을 제외한 나머지 물질은 가스계 소화약제 및 건조사, 팽창질석, 팽창진주암으로 소화한다.

---

01 O 황린은 냉각소화이며, 나머지는 질식소화(마른모래, 팽창질석, 팽창진주암, 드라이파우더 등) 한다.

02 X 금속칼륨 및 금속나트륨은 마른모래(건조사), 팽창질석, 팽창진주암, 드라이파우더를 이용한 질식소화를 한다.

03 X 황린을 제외하고 절대 주수를 엄금하여야 한다.

04 X 황린은 제외한 나머지 물질은 특별한 소화수단이 없으므로 연소 시 건조사(마른모래), 팽창질석, 팽창진주암, 드라이파우더로 연소확대 방지에 주력하여야 한다. 즉, 황린은 주수소화, 나머지는 질식소화한다.

023 제3류 위험물의 수납 시 주의사항을 쓰시오.

01 자연발화성 물질
02 금수성 물질

---

01 화기엄금, 공기접촉엄금
02 물기엄금

024
☐☐☐

「위험물안전관리법」에서 정한 류별 인화점 기준 및 위험등급을 쓰시오.

01 특수인화물류

02 제1석유류

03 제2석유류

04 제3석유류

05 제4석유류

06 동·식물류

---

01 1기압에서 발화점이 100℃ 이하인 것 또는 인화점이 영하 20℃ 이하이고 비점이 40℃ 이하인 것 (위험 I 등급)

02 1기압에서 인화점이 21℃ 미만인 것(위험 II 등급)

03 1기압에서 인화점이 21℃ 이상 70℃ 미만인 것(위험 III 등급)

04 1기압에서 인화점이 70℃ 이상 200℃ 미만인 것(위험 III 등급)

05 1기압에서 인화점이 200℃ 이상 250℃ 미만인 것(위험 III 등급)

06 1기압에서 인화점이 250℃ 미만인 것(위험 III 등급)

025
☐☐☐

제4류 위험물의 지정수량과 지정수량에 따른 지정품명을 쓰시오.

01 특수인화물의 지정수량, 지정품명 2가지

02 제1석유류의 지정수량(비수용성), 지정품명 2가지, 지정품명 2가지에 대한 인화점

03 제2석유류의 지정수량(비수용성), 지정품명 2가지, 지정품명 2가지에 대한 인화점

04 제3석유류의 지정수량(비수용성), 지정품명 2가지

05 제4석유류의 지정수량(비수용성), 지정품명 2가지

06 알코올류의 지정품명 3가지, 지정품명 3가지에 대한 인화점

01 • 지정수량: 50L
   • 지정품명: 디에틸에테르, 이황화탄소
02 • 지정수량(비수용성): 200L
   • 지정품명: 가솔린, 벤젠
   • 인화점: 가솔린 영하 43~영하 20℃, 벤젠 영하 11℃
03 • 지정수량(비수용성): 1000L
   • 지정품명: 등유, 경유
   • 인화점: 등유 40~70℃, 경유 50~70℃
04 • 지정수량(비수용성): 2000L
   • 지정품명: 중유, 클레오소트유(타르유)
05 • 지정수량(비수용성): 6000L
   • 지정품명: 기어유, 실린더유
06 • 지정품명: 메틸알코올, 에틸알코올, 프로필알코올
   • 인화점: 메틸알코올 11℃, 에틸알코올 13℃, 프로필알코올 15℃

026

□□□

제4류 위험물의 공통성질에 대한 설명이 옳으면 O, 옳지 않으면 X로 답하시오.

01 인화 및 발화되기가 대단히 쉽다.
02 대부분이 물보다 가볍고 물에 녹기 어렵다.
03 증발된 증기는 모두 공기보다 무겁다.
04 증기는 공기와 약간 혼합되어도 연소의 우려가 있다.
05 인화점 낮은 석유류는 반드시 발화점도 낮다.
06 대부분 연소범위의 상한이 높다.
07 상온에서 액체 또는 고체이다.
08 전기 부도체(절연체, 불량도체)이다.
09 제3석유류 또는 제4석유류는 물보다 가볍고, 증기는 공기보다 무겁다.

01 X 인화되기만 대단히 쉽다.
02 O
03 X 대부분 물보다 가볍지만(이황화탄소 제외), 증기비중은 공기보다 무겁다.(시안화수소 제외)
04 O 가솔린은 연소범위(1.4~7.6) 하한이 낮으므로 약간의 증기만 있어도 연소가 가능하다. 대부분 연소하한과 연소상한이 낮다.
05 X 인화점이 낮은 석유류라고 모두 발화점이 낮은 것은 아니다.
06 X 대부분 연소범위의 상한이 낮다.
07 X 상온에서 액체이다.
08 O 제4류 위험물인 인화성 액체는 비전도성(부도체)이므로 정전기 축적에 주의하여야 한다.
09 X 제3석유류(중유, 클레오소트유) 또는 제4석유류(기어유, 실린더유)는 물보다 무겁고, 증기는 공기보다 무겁다.

027
□□□

제4류 위험물의 저장 및 취급방법에 대한 설명이 옳으면 O, 옳지 않으면 X로 답하시오.

01 용기는 밀전하여 통풍이 잘 되는 찬 곳에 저장한다.

02 화기 및 점화원으로부터 먼 곳에 저장한다.

03 인화점 이하로 가열하여 취급하지 말아야 한다.

04 정전기의 발생에 주의하여 저장, 취급한다.

05 증기는 낮은 곳으로 배출한다.

01 O

02 O

03 X 인화점 이상으로 가열하여 취급하지 말아야 한다.

04 O

05 X 증기는 높은 곳으로 배출해야 한다.

028
□□□

제4류 위험물의 소화방법에 대한 설명을 읽고 옳으면 O, 옳지 않으면 X로 답하시오.

01 비수용성 소규모 화재는 물분무, CO_2, 불활성가스, 건조분말에 의한 질식소화가 유효하다.

02 수용성의 대형화재는 알코올포 방사에 의한 질식소화가 유효하다.

03 비수용성의 대형화재는 폼방사(알코올 폼 제외)에 의한 질식소화가 유효하다.

04 이황화탄소는 고정된 탱크나 밀폐용기 중의 화재인 경우 표면에 조심스럽게 주수하여 물로 채움으로써 냉각소화할 수 있다.

05 아세톤은 알코올형 포소화약제로 소화하거나 대량의 물로 희석소화한다.

01 O

02 O

03 O

04 X 이황화탄소는 고정된 탱크나 밀폐용기 중의 화재인 경우 표면에 조심스럽게 주수하여 물로 채워 질식소화할 수 있다.

05 O

029
□□□

제4류 위험물의 수납 시 주의사항을 쓰시오.

화기엄금

030
☐☐☐

「위험물안전관리법 시행령」상 제5류 위험물의 범위 및 한계에 관한 설명을 읽고 빈칸에 알맞은 답을 쓰시오.

자기반응성 물질이란 고체 또는 액체로서   또는   의 격렬함을 판단하기 위하여 고시로 정하는 시험에서 고시로 정하는 성질과 상태를 나타내는 것을 말한다.

폭발의 위험성, 가열분해

031
☐☐☐

제5류 위험물의 공통성질에 대한 설명이 옳으면 O, 옳지 않으면 X로 답하시오.

01 유기질소화합물 및 무기질소화합물로 구성된다.

02 모두 가연성 물질이고 자체 분자 내에서 연소할 수 있으며, 분해는 단시간 내에 이루어진다.

03 일부 품명은 액체이고 대부분이 고체이며, 모두 물보다 가볍다.

04 대부분 물에 잘 녹으며, 물과의 직접적인 반응 위험성은 적다.

05 지정수량이 가장 적은 물질은 유기과산화물과 질산에스테르류이다.

06 시간의 경과에 따라 자연발화의 위험성을 갖는다.

07 유기질소화합물은 불안정하여 분해가 용이하고, 공기 중에서 장시간에 걸쳐 산화열이 축적되면 자연발화하는 것도 있다.

08 질산에스테르류(니트로셀룰로오스, 니트로글리세린, 질산메틸, 질산에틸)의 경우 자연발화의 분해열에 의한 분해폭발로, 화학적 폭발에 속한다.

09 유기과산화물은 물질 자체에 산소가 함유되어 있어 외부로부터의 산소공급 없이도 점화원만 있으면 연소·폭발이 가능하다.

10 클로로벤젠, 니트로벤젠의 지정수량은 200kg이며 히드라진의 지정수량은 100kg 이다.

---

01 X 유기화합물[C], 유기질소화합물[C, N] 및 무기질소화합물[N]로 구성된다.

02 O

03 X 일부 품명은 액체(유기과산화물)이고 대부분이 고체이며, 모두 물보다 무겁다.

04 X 대부분 물에 잘 녹지 않으며, 물과의 직접적인 반응 위험성은 적다.

05 O 유기과산화물, 질산에스테르류는 위험 I 등급이며, 지정수량은 10kg이다.

06 O

07 X 유기질소화합물은 불안정하여 분해가 용이하고, 공기 중에서 장시간에 걸쳐 분해열이 축적되면 자연발화하는 것도 있다.

08 O

09 O

10 X · 클로로벤젠(지정수량은 1000L) - 제2석유류[비수용성]
· 니트로벤젠(지정수량은 2000L) - 제3석유류[비수용성]
· 히드라진(지정수량은 2000L) - 제2석유류[수용성]은 제4류 위험물의 품명에 해당된다.

032

□□□

제5류 위험물의 저장 및 취급방법에 대한 설명이 옳으면 O, 옳지 않으면 X로 답하시오.

01 화염, 불꽃 등의 점화원의 엄금, 가열, 충격, 타격, 마찰 등을 피한다.
02 직사광선은 차단, 적정 습도를 유지하고 통풍이 양호한 찬 곳에 저장한다.
03 강산화제, 강산류, 기타 물질과 혼입하여 저장한다.
04 가급적 소분하여 저장하고 용기의 파손 및 위험물의 누출을 방지한다.

01 O
02 O
03 X 강산화제, 강산류 기타물질과 혼입하지 않는다.
04 O

033

□□□

제5류 위험물의 소화방법에 대한 설명이 옳으면 O, 옳지 않으면 X로 답하시오.

01 질식소화는 효과가 없다.
02 분말, CO_2, 할로겐화합물 소화약제에 의한 질식소화가 효과적이다.
03 일반적으로 다량의 주수에 의한 냉각소화가 효과적이다.
04 밀폐공간 내 화재발생 시 반드시 공기호흡기를 착용하여 유독가스에 질식되는 일이 없도록 한다.

01 O
02 X 분말, CO_2, 할로겐화합물 소화약제는 질식소화에 적응하지 않는 소화약제이므로 사용해서는 안되며, 대량주수에 의한 냉각소화가 효과적이다.
03 O
04 O 제5류 위험물로 질식소화는 못하지만 사람은 질식할 수 있으므로 반드시 공기호흡기를 착용하여야 한다.

034

□□□

제5류 위험물의 수납 시 주의사항을 쓰시오.

화기엄금, 충격주의

035
□□□

「위험물안전관리법 시행령」상 제6류 위험물의 범위와 한계에 관한 설명이 옳으면 O, 옳지 않으면 X로 답하시오.

01 과산화수소는 그 농도가 30%(W%) 이상이어야 한다.

02 질산은 비중이 1.4 이상이어야 한다.

03 대표적인 성질은 산화성 액체이다.

04 제6류 위험물의 지정품명, 지정수량 및 위험등급을 쓰시오.

---

01 X 과산화수소는 그 농도가 36%(W%) 이상이어야 한다.

02 X 질산은 비중이 1.49 이상이어야 한다.

03 O

04 과염소산: 300kg(Ⅰ등급), 과산화수소: 300kg(Ⅰ등급), 질산: 300kg(Ⅰ등급)

036
□□□

제6류 위험물의 공통성질에 대한 설명이 옳으면 O, 옳지 않으면 X로 답하시오.

01 일반적으로 불연성이며, 강산화제(과산화수소 제외)이다.

02 모두 유기화합물이다.

03 물보다 무겁고, 물에 녹기 쉽다.

04 모두 강산성 물질이며, 수용액도 강산작용을 나타낸다.

05 모두 물과 만나면 심한 발열을 한다.

06 과산화수소를 제외하고 분해 시 유독성가스를 발생한다.

07 과산화수소는 물과 반응하지 않는다.

---

01 O

02 X 모두 무기화합물이다.

03 O

04 X 과산화수소는 제외한다.

05 X 과산화수소는 제외한다.

06 O

07 O 과산화수소는 물과 반응하지 않으므로 다량의 물로 희석한다.

037
□□□

제6류 위험물의 위험성에 대한 설명을 읽고 옳으면 O, 옳지 않으면 X로 답하시오.

01 스스로는 불연성 물질이지만 강력한 환원제로 가열하면 산소가 발생하며, 따라서 다른 가연성 물질을 착화, 연소하는 조연성이 크다.

02 가연성 위험물인 제2류 위험물, 제3류 위험물, 제4류 위험물, 제5류 위험물 및 강환원제, 일반가연물과 혼합하는 것은 직접 혼촉발화하거나 가열 등에 의해 위험한 상태로 변한다.

03 가열되거나 제1류 위험물과 혼합 시 산화성이 현저하게 증가한다.

01 X 스스로는 불연성 물질이지만 강력한 산화제로 가열하면 산소를 발생한다. 따라서 다른 가연성 물질을 착화, 연소하는 조연성이 크다.

02 O

03 O

038

제6류 위험물의 저장 및 취급방법에 대한 설명이 옳으면 O, 옳지 않으면 X로 답하시오.

01 물, 가연물, 유기물 및 고체인 산화제와의 접촉을 피해야 한다.

02 제1류 위험물과의 혼재를 방지하여야 한다.

03 화기 및 분해를 촉진하는 물기 엄금, 직사광선 차단, 가열을 피해야 한다.

04 용기는 내산성의 것을 사용하고 용기의 밀전, 파손방지, 전도방지, 용기변형방지에 주의한다.

05 질산(초산)은 햇빛에 분해되어 자극성의 과산화질소를 만들기 때문에 햇빛을 차단하는 갈색병에 보관한다.

01 O 고체의 산화제(산화성고체)는 제1류 위험물이다.

02 X 제6류 위험물과 제1류 위험물은 혼촉·접촉을 방지해야 하지만 혼재는 가능하다.

03 O

04 O

05 O

039

제6류 위험물의 소화방법에 대한 설명이 옳으면 O, 옳지 않으면 X로 답하시오.

01 소량일 때는 가스계 소화약제로 질식소화를 한다.

02 대량일 때는 주수소화에 따른 냉각소화를 한다.

01 X 주수에 의한 냉각소화는 적당하지 않다. 과산화수소는 양의 대소와 관계없이 다량의 물로 희석소화하고, 나머지(과염소산, 질산)는 소량인 경우 다량의 물로 희석하며 기타는 마른모래, 팽창질석, 팽창진주암, 건조분말(드라이파우더) 등으로 질식소화한다. 소화 후에는 다량의 물로 씻어낸다.

02 X 과염소산, 질산은 마른모래, 팽창질석, 팽창진주암, 드라이파우더로 질식소화하며, 과산화수소는 화재의 양과 관계없이 다량의 물로 희석소화한다.

040

제6류 위험물의 수납 시 주의사항을 쓰시오.

가연물 접촉주의

001

□□□

「소방의 화재조사에 관한 법률」에 대해 O, X로 답하거나 알맞은 답을 쓰시오.

01 소방관서장은 화재가 발생하였을 때에는 화재조사를 하여야 한다.

02 화재조사범위 6가지를 쓰시오.

03 화재조사관이란 화재조사에 전문성을 인정 받아 화재조사를 수행하는 소방공무원을 말한다.

---

01 O

02 ① 화재원인에 관한 사항

② 화재로 인한 인명·재산피해상황

③ 대응활동에 관한 사항

④ 소방시설 등의 설치·관리 및 작동 여부에 관한 사항

⑤ 화재발생건축물과 구조물, 화재유형별 화재위험성 등에 관한 사항

⑥ 그 밖에 대통령령으로 정하는 사항

03 O

002

□□□

화재 강제조사권에 대한 설명을 읽고 옳으면 O, 옳지 않으면 X로 답하시오.

01 소방관서장은 화재조사를 하기 위하여 필요하면 관계인에게 보고 또는 자료제출을 명할 수 있다.

02 해당 관할 시·도지사는 화재조사를 하기 위하여 화재조사관으로 하여금 관계 장소에 출입하여 화재조사와 관련된 질문을 할 수 있다.

03 화재조사를 하는 화재조사관은 그 권한을 표시하는 증표를 지니고 이를 관계인에게 보여주어야 한다.

04 화재조사를 하는 화재조사관은 관계인의 정당한 업무를 방해하거나 화재조사를 수행하면서 알게 된 비밀을 다른 사람에게 누설하여서는 아니 된다. 만약 어길 경우 200만 원 이하의 벌금을 내야 한다.

05 관계인은 화재조사를 하기 위한 화재조사관의 출입 또는 조사를 거부할 수 있다.

06 수사기관이 방화 또는 실화 혐의가 있어 이미 피의자를 체포하였거나 증거물이 압수하였을 때 화재조사는 그 피의자의 증언과 증거물로 대체할 수 있다.

01 O 강제조사권은 화재조사를 하기 위한 소방관서장(소방청장, 소방본부장, 소방서장)의 권한이다.
- 관계인에게 보고 및 자료제출 명령권
- 화재조사관에게 출입조사권(화재조사)
- 관계인에게 질문권

02 X 소방관서장(소방청장, 소방본부장, 소방서장)은 화재조사를 하기 위하여 화재조사관으로 하여금 관계 장소에 출입하여 화재조사와 관련된 질문을 하도록 할 수 있다.

03 O

04 X 벌칙
- 300만 원 이하 벌금: 관계인의 정당한 업무를 방해하거나 화재조사를 수행하면서 알게 된 비밀을 다른 사람에게 누설한 사람
- 200만 원 이하 벌금: 화재조사를 하기 위한 관계 공무원의 출입 또는 조사를 거부·방해 또는 기피한 자
- 200만 원 이하 과태료: 화재조사에 필요한 보고 또는 자료 제출을 하지 아니하거나 거짓으로 보고 또는 자료 제출을 한 자

05 X 관계인은 화재조사를 하기 위한 화재조사관의 출입 또는 조사를 거부할 수 없다(강제조사권).

06 X 수사기관이 방화 또는 실화 혐의가 있어 이미 피의자를 체포했거나 증거물을 압수했을 때 화재조사를 위하여 필요한 경우 수사에 지장을 주지 아니하는 범위에서 그 피의자 또는 압수된 증거물에 대한 조사를 할 수 있다.

003
☐☐☐

「화재조사 및 보고규정」상 용어의 정의를 읽고 옳으면 O, 옳지 않으면 X로 답하시오.

01 "발화지점"이란 열원과 가연물이 상호작용하여 화재가 시작된 지점을 말한다.

02 "감정"이란 화재원인의 판정을 위하여 전문적인 지식, 기술, 경험을 활용하여 주로 시각에 의한 종합적인 판단으로 구체적인 사실관계를 명확하게 규정하는 것을 말한다.

03 "감식"이란 화재와 관계되는 물건의 형상, 구조, 재질, 성분, 성질 등 이와 관련된 모든 현상에 대해 과학적 방법에 의한 필요한 실험을 행하고 그 결과를 근거로 화재원인을 밝히는 모든 자료를 얻는 것을 말한다.

04 "초진"이라 함은 소방대에 의한 소화활동의 필요성이 사라진 상태를 말한다.

05 "완진"이라 함은 소방대의 소화활동으로 화재확대의 위험이 현저하게 줄어들거나 없어진 상태를 말한다.

01 O
02 X "감식"에 대한 설명이다.
03 X "감정"에 대한 설명이다.
04 X "완진"에 대한 설명이다.
05 X "초진"에 대한 설명이다.

004

「화재조사 및 보고규정」상 용어의 정의를 읽고 알맞은 답을 쓰시오.

01 피해물의 경제적 내용연수가 다한 경우 잔존하는 가치의 재구입비에 대한 비율

02 화재 당시에 피해물의 재구입비에 대한 현재가의 비율

03 119종합상황실(이하 "상황실"이라 한다)에서 유·무선 전화 또는 다매체를 통하여 화재 등의 신고를 받는 것

04 화재를 진압한 후, 잔불을 점검하고 처리하는 것을 말하며, 이 단계에서는 열에 의한 수증기나 화염 없이 연기만 발생하는 연소현상을 포함될 수 있다.

05 화재를 진화한 후 화재가 재발되지 않도록 감시조를 편성하여 일정 시간 동안 감시하는 것

---

01 최종잔가율   **02** 잔가율
03 접수   **04** 잔불정리
05 재발화감시

005

조사 실시상 원칙에 대한 설명을 읽고 옳으면 O, 옳지 않으면 X로 답하시오.

01 조사는 물적, 인적 증거를 통한 과학적인 방법에 의한 합리적인 사실 규명을 원칙으로 한다.

02 조사를 실시함에 있어 관계자 등의 입회하에 현장과 기타 관계있는 장소에 출입하는 것을 원칙으로 한다.

03 질문을 할 때에는 시기, 장소 등을 고려하여 피질문자의 사실적 진술을 얻도록 하여야 한다.

04 질문을 할 때는 기대나 희망하는 진술내용을 얻기 위하여 상대방에게 암시하는 등의 방법으로 유도하여 진술내용을 얻어야 한다.

05 소문 등에 의한 사항은 그 사실을 직접 경험한 사람의 진술을 얻도록 하여야 한다.

06 관계자 등에 대한 질문사항은 질문기록서에 작성하여 그 증거를 확보한다.

---

01 X 조사는 물적 증거를 통한 과학적인 방법에 의한 합리적인 사실 규명을 원칙으로 한다.
02 O
03 X 질문을 할 때에는 시기, 장소 등을 고려하여 피질문자의 임의진술을 얻도록 하여야 한다.
04 X 질문을 할 때에 기대나 희망하는 진술내용을 얻기 위하여 상대방에게 암시하는 등의 방법으로 유도하여서는 아니 된다.
05 O
06 O

006
□□□

화재건수의 결정 및 조사업무처리에 대한 설명을 읽고 옳으면 O, 옳지 않으면 X로 답하시오.

01 1건의 화재란 1개의 발화열원으로부터 확대된 것으로 발화부터 진화까지를 말한다.

02 동일범이 아닌 각기 다른 사람에 의한 방화, 불장난은 동일 대상물에서 발화하였더라도 각각 별건의 화재로 한다.

03 동일 소방대상물에 지진, 낙뢰 등 자연현상에 의한 다발화재는 각각 별건의 화재로 본다.

04 발화지점이 한 곳인 화재현장이 둘 이상의 관할구역에 걸친 화재에 대해서는 화재가 진화된 소재를 관할하는 소방서에서 1건의 화재로 산정한다. 다만, 발화지점 확인이 어려운 경우에는 화재피해금액이 큰 관할구역 소방서의 화재 건수로 산정한다.

05 화재가 복합하여 발생한 경우에는 화재의 구분을 화재피해액이 많은 것으로 한다.

06 화재피해액이 같은 경우 또는 화재피해액이 큰 것으로 구분하는 것이 사회 관념상 적당치 않을 경우에는 발화 장소로 화재를 구분한다.

07 소방본부장 또는 서장은 화재현장조사를 위해 소방활동구역을 설정할 경우 필요한 최대범위로 설정한다.

---

01 X 1건의 화재란 1개의 발화지점으로부터 확대된 것으로 발화부터 진화까지를 말한다.

02 O

03 X 동일 소방대상물에 지진, 낙뢰 등 자연현상에 의한 다발화재는 1건의 화재로 본다.

04 X 발화지점이 한 곳인 화재현장이 둘 이상의 관할구역에 걸친 화재는 발화지점이 속한 소방서에서 1건의 화재로 산정한다. 다만, 발화지점 확인이 어려운 경우에는 화재피해금액이 큰 관할구역 소방서의 화재 건수로 산정한다.

05 O

06 O

07 X 소방본부장 또는 서장은 화재현장조사를 위하여 소방활동구역을 설정하는 경우 필요한 최소범위로 설정한다.

007

☐☐☐

화재피해 산정액에 대한 설명을 읽고 옳으면 O, 옳지 않으면 X로 답하시오.

01 건물 등 자산에 대한 최종 잔가율의 경우 건물, 부대설비, 구축물, 가재도구는 30%로 하며, 그 외의 자산은 10%로 정한다.

02 건물의 소실면적은 입체면적으로 산정하고, 다만 화재피해 범위가 건물의 6면 중 2면 이하인 경우 6면 중의 피해면적의 합에 5분의 1을 곱한 값을 소실면적으로 한다.

---

01 X 내용연수, 최종 잔가율 기준
- 내용연수: 고정자산을 사용할 수 있는 최대 연한
- 최종 잔가율 기준: 내용연수를 경과하여 사용하던 자산 등에 대하여 처분가액의 재구입비에 대한 비율
  - 건물, 부대설비, 구축물, 가재도구: 20%
  - 그 외 자산: 10%

02 X 건물의 소실면적 산정은 소실바닥면적을 기준으로 한다.

008

☐☐☐

화재현장의 사상자 및 부상자 정도에 대한 설명을 읽고 옳으면 O, 옳지 않으면 X로 답하시오.

01 사상자는 화재현장에서 사망 또는 부상당한 사람을 말하고, 다만 화재현장에서 부상당한 후 48시간 이내에 사망한 경우에는 당해 화재로 인한 사망으로 본다.

02 부상의 정도 중 의사의 진단을 기초로 중상은 4주 이상의 입원치료를 필요로 하는 부상을 말한다.

03 화재조사관은 화재의 인지와 동시에 조사활동을 개시하여야 한다.

---

01 X 사상자는 화재현장에서 사망 또는 부상당한 사람을 말한다. 단, 화재현장에서 부상을 당한 후 72시간 이내에 사망한 경우에는 당해 화재로 사망한 것으로 본다.

02 X 부상의 정도 중 의사의 진단을 기초로 중상은 3주 이상의 입원치료를 필요로 하는 부상을 말한다.

03 O 화재조사는 화재조사관이 화재사실을 인지하는 즉시 장비를 활용하여 실시되어야 한다(화재인지시간).

009

☐☐☐

화재현장조사에 대한 설명이 옳으면 O, 옳지 않으면 X로 답하시오.

감식 등 화재현장조사는 어떤 상황과 관계없이 주간에만 실시하는 것을 원칙으로 한다.

X 감식 등 화재현장조사는 화재 시 및 진화 후에 걸쳐 실시하는 것을 원칙으로 한다. 다만, 정확한 조사를 위해 본부장 또는 서장이 필요하다고 인정할 경우에는 다음날 주간에 화재현장조사를 실시할 수 있다.

010
□□□

소방관서장은 영 제7조 제1항에 해당하는 화재가 발생한 경우에 화재합동조사단을 구성하여 운영하는 것을 원칙으로 한다. 각 물음에 알맞은 답을 쓰시오.

01 소방청장: 사상자가 _____ 명 이상이거나 2개 시·도 이상에 걸쳐 발생한 화재(임야화재는 제외한다)

02 소방본부장: 사상자가 _____ 명 이상이거나 2개 시·군·구 이상에 발생한 화재

03 소방서장: 사망자가 5명 이상이거나 사상자가 10명 이상 또는 재산피해액이 _____ 이상 발생한 화재

01 30
02 20
03 100억원

011
□□□

화재조사의 특징 7가지를 쓰시오.

① 화재조사는 현장성을 갖는다.
② 화재조사는 신속성을 유지해야 한다.
③ 화재조사는 정밀과학성을 요구해야 한다.
④ 화재조사는 보존성을 갖는다.
⑤ 화재조사는 안전성이 반드시 보호되어야 한다.
⑥ 화재조사는 강제성을 지닌다.
⑦ 화재조사는 프리즘식으로 진행된다.

☑ **참고** 창조성, 경제성은 화재조사의 특징이 아니다.

012

☐☐☐

화재패턴에 대한 설명을 읽고 빈칸에 알맞은 답을 쓰시오.

01 ▨▨▨▨▨▨▨▨▨ 패턴은 화재가 발생하면 주위 공기가 뜨거워져 연소가스와 공기가 위로 올라가고 더불어 화염도 위로 향하면서 주변으로 확대되는 연소형태로서 가장 일반적인 화재패턴이다.

02 ▨▨▨▨▨▨▨▨▨ 패턴은 유동성이 있는 가연성(인화성)액체에서 발생하는 연소형태로, 불기둥이 천장에 도달하지 않을 때 발생한다.

03 ▨▨▨▨▨▨▨▨▨ 패턴은 유동성이 있는 가연성(인화성)액체에서 발생하는 연소형태로, 천장이 낮아서 천장에 불기둥이 도달하면 발생한다.

01 V형
02 역 V형
03 모래시계형

05 재난관리론

1 재난관리론

001
□□□

재난의 분류에 대한 설명을 읽고 옳으면 O, 옳지 않으면 X로 답하시오.

01 존스(Jones)의 재난 분류는 자연재해, 준자연재해, 인위재해로 삼분한다.

02 아네스(Anesth)의 재난 분류는 인위재해와 자연재해로 이분한다.

03 현행법상 재난의 분류는 자연재난과 사회재난으로 이분한다.

04 아네스(Anesth)의 재난 분류에서 지질학적 재해는 지진, 화산, 쓰나미 등이다.

05 존스(Jones)의 재난 분류에서 계획적 재해는 테러, 폭동, 전쟁 등이다.

06 현행법상 재난 분류에서 황사, 미세먼지 등으로 인한 피해는 자연재난으로 구분하며, 전쟁은 사회재난으로 구분한다.

---

01 O

02 O

03 O

04 X 존스(Jones)의 재난 분류에 대한 설명이다.

05 X 아네스(Anesth)의 재난 분류에 대한 설명이다.

06 X 현행법상 재난 분류에서 황사는 자연재난, 미세먼지는 사회재난이며 전쟁은 재난에 속하지 않는다.

☑ **참고** 황사, 미세먼지의 재난관리주관기관은 환경부이다.

002
□□□

자연재난과 사회(인위)재난의 비교에 대한 설명을 읽고 옳으면 O, 옳지 않으면 X로 답하시오.

01 자연재난은 가시적으로 환경의 손상을 초래한다.

02 사회(인위)재난은 가시적으로 피해가 나타나지 않는 경우가 존재한다.

03 자연재난은 사전예측이 거의 불가능하여 피난의 여지가 거의 없다.

04 자연재난은 비교적 장기 지속적이며, 사회(인위)재난은 단기 또는 장기 지속적이다.

---

01 O

02 O

03 X 자연재난은 사전예측이 가능하고 어느 정도 경고가 가능하나, 사회(인위)재난은 사전예측이 거의 불가능하고 피난의 여지가 거의 없다.

04 O

003
□□□

재난의 특성은 4가지로 분류할 수 있다. 빈칸에 알맞은 답을 쓰시오.

01   : 재난이 발생할 때 그로 인해 일정한 유형의 피해자가 초래된다는 사실은 알려져 있지만 실제로 재해가 발생할 확률, 규모, 시기는 사전에 알려지지 않은 상태를 말한다.

02   : 재난은 우리가 인식할 수 있는 결과의 발생 전에 오랜 시간 누적된 위험요인들이 특정한 시점에 밖으로 표출된 결과를 말한다.

03   : 실제로 재난이 발생한 경우 재해 자체와 피해주민, 피해지역의 기반시설이 서로 영향을 미치면서 여러 사건이 전개될 수 있음을 의미한다. 결국 이러한 상호작용에 의해 총체적인 피해 강도와 범위가 정해진다.

04   : 위험에 대한 체감도는 각 조직마다, 각 개인마다 다르다(언어학적 관련).

---

01 불확실성
03 상호작용성(복잡성)
02 누적성
04 인지성

004
□□□

재난관리의 단계별 정의에 관한 설명을 읽고 빈칸에 알맞은 답을 쓰시오.

01   은/는 미래에 발생할 가능성이 있는 재난을 사전 예방하고, 재난 발생 가능성을 감소시키며, 발생 가능한 재난의 피해를 최소화하기 위한 활동단계이다.

02   은/는 일단 재해가 발생한 경우 신속한 대응활동을 통해 재해로 인한 인명 및 재산피해를 최소화하고 재해의 확산을 방지하며 순조롭게 복구가 이루어지도록 하기 위한 활동단계이다.

03   은/는 재해 상황이 어느 정도 안정된 후에 취하는 활동단계로, 재해로 인한 피해지역을 재해 이전의 상태로 회복하는 활동단계이다.

04   은/는 재난 발생 확률이 높아진 경우, 재해 발생 후에 효과적으로 대응할 수 있도록 사전에 대응활동을 위한 메커니즘을 구성하는 등의 운영적인 대비장치 등을 갖추는 단계이다.

---

01 재난예방
03 재난복구
02 재난대응
04 재난대비

005 재난관리 단계별 활동내용을 읽고 빈칸에 알맞은 재난관리 단계를 쓰시오.

☐☐☐

01 ＿＿＿＿＿＿＿＿＿＿은/는 위험요인과 지역을 조사하여 위험지역을 표시한 위험지도를 작성하는 단계이다.

02 ＿＿＿＿＿＿＿＿＿＿은/는 효율적인 재난관리를 위한 기능별 재난대응 활동계획을 수립하는 단계이다.

03 ＿＿＿＿＿＿＿＿＿＿은/는 비상연락망, 통신망을 정비하여 유사시 활동 가능한 경보 시스템을 구축하는 단계이다.

04 ＿＿＿＿＿＿＿＿＿＿은/는 각종 재난관리계획을 실행하는 단계이다.

05 ＿＿＿＿＿＿＿＿＿＿은/는 재난으로 발생한 폐기물, 위험물을 제거하는 단계이다.

06 ＿＿＿＿＿＿＿＿＿＿은/는 수해상습지구의 설정과 수해방지시설의 공사를 하는 단계이다.

07 ＿＿＿＿＿＿＿＿＿＿은/는 일반 국민에 대한 홍보 및 대응요원에 대한 훈련을 하는 단계이다.

08 ＿＿＿＿＿＿＿＿＿＿은/는 특별 재난지역 선포를 하는 단계이다.

09 ＿＿＿＿＿＿＿＿＿＿은/는 긴급 대피계획 실천, 긴급 의약품 조달, 생필품 공급, 피난처 제공, 이재민 수용 및 보호, 후송, 탐색 및 구조의 활동을 하는 단계이다.

10 ＿＿＿＿＿＿＿＿＿＿은/는 임시주민시설을 마련하는 단계이다.

11 ＿＿＿＿＿＿＿＿＿＿은/는 부족한 대응자원에 대한 보강작업을 하는 단계이다.

12 ＿＿＿＿＿＿＿＿＿＿은/는 재난안전대책본부의 활동을 개시하는 단계이다.

13 ＿＿＿＿＿＿＿＿＿＿은/는 재난·재해 보험에 가입하는 단계이다.

---

01 재난예방
02 재난대비(기능별 재난대응 계획 실행은 재난대응 단계)
03 재난대비 　　　　　　　　　　　**04** 재난대응
05 재난복구 　　　　　　　　　　　**06** 재난예방
07 재난대비 　　　　　　　　　　　**08** 재난복구(재난사태 선포는 재난대응 단계)
09 재난대응 　　　　　　　　　　　**10** 재난복구
11 재난대비 　　　　　　　　　　　**12** 재난대응
13 재난예방

---

006 2가지 재난관리 방식(분산관리 방식, 통합관리 방식)에 대한 설명을 읽고 옳으면 O, 옳지 않으면 X로 답하시오.

☐☐☐

01 분산관리 방식은 책임성이 분산된다.

02 분산관리 방식은 제도적 장치가 간편하다.

03 통합관리 방식의 활동범위는 모든 재난에 해당된다.

04 통합관리 방식은 자원동원과 신속한 대응성이 확보된다.

01 ○

02 X 분산관리 방식은 제도적 장치가 복잡하다.

03 ○

04 ○

📖 **개념정리** 재난관리 방식 비교

구분	분산관리 방식	통합관리 방식
성격	유형별 관리	통합적 관리
관련부처(기관)의 수	다수 부처(기관)	소수 부처(기관)
책임성	책임의 분산	과도한 책임(부담)
활동범위	특정 재난	모든 재난
정보의 전달(지휘체계)	다양화	단일화(일원화)
제도적 장치(관리체계)	복잡	비교적 간편
장점	• 하나의 부처가 지속적으로 담당하여 전문성이 높음 • 업무의 과다 방지	• 자원동원과 신속한 대응성 확보 • 가용자원(인적자원)의 효과적인 활용
단점	• 각 부처 간 업무 중복, 연계 미흡 • 복잡한 재난에 대한 대처능력의 한계 • 재원마련과 배분의 복잡성	• 종합관리체계의 구축이 어려움(전문성이 떨어짐) • 업무와 책임 과도

007
☐☐☐

하인리히의 재해 구성 비율을 완성하시오.

01 중대재난 사고(대형 재난, 사망, 중상사고)

02 중소규모 재난 사고(경상사고)

03 아차 사고(무상해 사고)

01 1

02 29

03 300

☑ **참고** 하인리히의 법칙

• 의의

위기는 어느 날 갑자기 찾아오는 것이 아니며, 1건의 중대한 위기가 발생하기 전에 반드시 경미한 사건이 29건 터지면서 경고하고 그 29건의 사건 이면에는 300건의 잠재적인 위험요인이 수없이 반복되어서 나타난다고 하였다. 이를 하인리히의 법칙, 1 : 29 : 300이라고 한다.

• 하인리히의 도미노 이론의 사고발생 5단계

 – 1단계: 사회적 또는 가정적(유전적) 결함

 – 2단계: 개인적 결함

 – 3단계: 불안전한 상태 또는 거동(불안전한 행동)

 – 4단계: 사고

 – 5단계: 재난(재해)

008

프랭크 버드의 재해(사고) 구성 비율을 완성하시오.

01 상해 또는 질병

02 경상(물적, 인적상해)

03 무상해 사고(물적손실 발생)

04 무상해 무사고 고장(위험순간)

01 1

02 10

03 30

04 600

☑ 참고 프랭크 버드의 법칙: 1 : 10 : 30 : 600

009

버드(F. Bird)의 수정 도미노 이론은 제어의 부족 → 직접원인 → 기본원인 → 사고 → 재해 순이다.

X

☑ 참고 버드의 수정도미노이론

- 1단계: 제어부족(관리부재)
- 2단계: 기본원인(기원)
- 3단계: 직접원인(징후)
- 4단계: 사고(접촉)
- 5단계: 재해, 상해(손실)

010

재해원인 분석방법 중 하나인 4M이란 Man, Machine, Manner, Management을 말한다.

O

☑ 참고 4M

- Man(인적, 사람, 작업자, 인간적 요인): 인간 때문에 재난 발생
- Machine(기계): 기계 때문에 재난 발생
- Media(정보): 매체(정보) 때문에 재난 발생
- Management(관리): 관리 때문에 재난 발생

011
☐☐☐

용어의 정의 및 재난관리주관기관의 사고유형에 대한 설명을 읽고 옳으면 O, 옳지 않으면 X로 답하시오.

01 재난은 국민의 생명, 신체, 재산과 국가에 피해를 주거나 줄 수 있는 것으로서 자연재난과 사회재난으로 구분한다.

02 사회재난 중 대통령령으로 정하는 규모 이상의 피해를 주는 재난은 에너지, 정보통신, 교통수송, 보건의료 등을 말한다.

03 사회재난 중 교통사고는 육로에서의 사고인 차량사고, 철도사고, 지하철사고를 말한다.

04 해외재난은 대한민국의 영역 밖에서 대한민국 국민의 생명, 신체, 재산에 피해를 주거나 줄 수 있는 재난이다.

05 자연 및 인공우주물체의 추락·충돌은 자연재난에 해당되며 대통령령으로 정하는 다중운집인파사고는 사회재난에 해당된다.

- -

01 O

02 X

03 X 사회재난 중 교통사고는 해상사고와 항공사고를 포함한다.

04 X 해외재난은 대한민국의 영역 밖에서 대한민국 국민의 생명, 신체 및 재산에 피해를 주거나 줄 수 있는 재난으로서 정부차원에서 대처할 필요가 있는 재난을 말한다.

05 X 자연우주물체의 추락·충돌은 자연재난에 해당되며 인공우주물체의 추락·충돌은 사회재난에 해당된다. 다중운집인파사고는 사회재난에 해당된다.

📖 개념정리 **사회재난**

- 대통령령으로 정하는 규모 이상의 피해를 주는 재난: 화재, 붕괴, 폭발, 교통사고(항공사고, 해상사고 포함), 화생방사고, 환경오염사고, 다중운집인파사고 등
- 사회재난 종류 중 국가핵심기반은 에너지, 정보통신, 교통수송, 보건의료 등 국가경제, 국민의 안전·건강, 정부의 핵심기능에 중대한 영향을 미칠 수 있는 시설, 정보기술시스템, 자산 등
- 감염병 또는 가축전염병의 확산
- 미세먼지 등으로 인한 피해
- 인공우주물체의 추락·충돌 등으로 인한 피해

012

용어의 정의에 대한 설명을 읽고 옳으면 O, 옳지 않으면 X로 답하시오.

01 "재난관리"란 재난의 예방, 대비, 대응 및 복구를 위하여 하는 모든 활동을 말한다.

02 "안전관리"란 각종 시설 및 물질 등의 제작, 유지관리 과정에서 안전을 확보할 수 있도록 적용하여야 할 기술적 기준을 체계화한 것을 말한다.

03 "재난관리책임기관"이란 재난 및 안전관리업무를 하는 기관을 말한다.

04 "재난관리주관기관"이란 재난이나 그 밖의 각종 사고에 대하여 그 유형별로 예방, 대비, 대응 및 복구 등의 업무를 주관하여 수행하는 행정안전부를 말한다.

01 O

02 X "안전관리"란 재난이나 그 밖의 각종 사고로부터 사람의 생명, 신체 및 재산의 안전을 확보하기 위하여 하는 모든 활동을 말한다.

03 X "재난관리책임기관"이란 재난관리업무를 하는 기관을 말한다.

04 X "재난관리주관기관"이란 재난이나 그 밖의 각종 사고에 대하여 그 유형별로 예방, 대비, 대응, 복구 등의 업무를 주관하여 수행하도록 대통령령으로 정하는 관계 중앙행정기관을 말한다.

013

재난 관련 용어의 정의에 대한 설명을 읽고 옳으면 O, 옳지 않으면 X로 답하시오.

01 "안전취약계층"이란 어린이, 노인, 장애인, 저소득층 등 신체적·사회적·경제적 요인으로 인하여 안전에 취약한 사람을 말한다.

02 "재난관리정보"란 재난관리를 위하여 필요한 재난상황정보, 동원 가능 자원정보, 시설물정보, 지리정보를 말한다.

03 "재난안전의무보험"이란 재난이나 그 밖의 각종 사고로 사람의 생명·신체 또는 재산에 피해가 발생한 경우 그 피해를 보상하기 위한 보험 또는 공제(共濟)로서 이 법 또는 다른 법률에 따라 일정한 자에 대하여 가입을 강제가 아닌 보험 또는 공제를 말한다.

04 "재난안전통신망"이란 재난관리책임기관·긴급구조기관 및 긴급구조지원기관이 재난 및 안전관리업무에 이용하거나 재난현장에서의 통합지휘에 활용하기 위하여 구축·운영하는 통신망을 말한다.

05 "국가핵심기반"이란 에너지, 정보통신, 교통수송, 보건의료 등 국가경제, 국민의 안전·건강 및 정부의 핵심기능에 중대한 영향을 미칠 수 있는 시설, 정보기술시스템 및 자산 등을 말한다.

01 X 안전이 아닌 재난에 취약한 사람이다.

02 O

03 X "재난안전의무보험"이란 재난이나 그 밖의 각종 사고로 사람의 생명, 신체 또는 재산에 피해가 발생한 경우 그 피해를 보상하기 위한 보험 또는 공제(共濟)로서 이 법 또는 다른 법률에 따라 일정한 자에 대하여 가입을 강제하는 보험 또는 공제를 말한다.

04 O

05 O

014

□□□

각 재난 관련 담당기관에 대한 설명을 읽고 옳으면 O, 옳지 않으면 X로 답하시오.

01 가스 수급 및 누출 사고 시 재난관리주관기관은 산업통상자원부이다.

02 가축질병 시 재난관리주관기관은 보건복지부이다.

03 도로터널 사고 시 재난관리주관기관은 국토교통부이다.

---

01 O

02 X 가축질병 시 재난관리주관기관은 농림축산식품부이다.

03 O

015

□□□

재난관리책임기관을 쓰시오.

- 중앙행정기관 및 지방자치단체
- 지방행정기관, 공공기관, 공공단체 및 재난관리의 대상이 되는 중요시설의 관리기관 등

016

□□□

긴급구조기관을 쓰시오.

소방청 및 해양경찰청, 소방본부 및 지방해양경찰청, 소방서 및 해양경찰서

 참고 긴급구조지원기관

긴급구조지원기관은 긴급구조에 필요한 인력·시설 및 장비, 운영체계 등 긴급구조능력을 보유한 기관이나 단체로서 대통령령으로 정하는 기관과 단체를 말한다.

예 각 부처, 군부대, 대한적십자사, 종합병원, 구급차운용자, 전국재해구호협회 등

017
☐☐☐

안전관리기구 및 기능에 대한 설명을 읽고 빈칸에 알맞은 기능에 따른 위원회의 기호를 쓰시오.

가. 중앙안전관리위원회	나. 안전정책조정위원회

01 _____는 재난 및 안전관리에 관한 중요 정책에 관한 사항을 심의한다.

02 _____는 중앙행정기관의 장이 수립·시행하는 계획, 점검, 검사, 교육, 훈련, 평가, 안전기준 등 재난 및 안전관리업무의 조정에 관한 사항에 대한 사전 조정을 한다.

03 _____는 재난사태의 선포에 관한 사항을 심의한다.

04 _____는 국가핵심기반의 지정에 관한 사항을 심의한다.

05 _____는 재난 및 안전관리 사업 관련 중기사업계획서, 투자 우선순위 의견 및 예산요구서에 관한 사항을 심의한다.

06 _____는 재난이나 그 밖의 각종 사고가 발생하거나 발생할 우려가 있는 경우에 이를 수습하기 위한 관계기관 간 협력에 관한 중요 사항에 대한 사전 조정을 한다.

07 _____는 특별재난지역의 선포에 관한 사항을 심의한다.

08 _____는 국가안전관리기본계획에 관한 사항을 심의한다.

09 _____는 재난 및 안전관리기술 종합계획을 심의한다.

10 _____는 집행계획을 심의한다.

11 _____는 「재난안전산업 진흥법」 제5조에 따른 기본계획에 관한 사항을 심의한다.

12 _____는 재난안전의무보험의 관리·운용 등에 관한 사항을 심의한다.

13 _____는 안전기준관리에 관한 사항을 심의한다.

01 가		**02** 나	
03 가		**04** 나	
05 가		**06** 나	
07 가		**08** 가	
09 나		**10** 나	
11 가		**12** 가	
13 가			

☑ 참고 재난 및 안전관리기술 종합계획의 심의는 안전정책조정위원회의 심의와 국가과학기술자문회의 심의를 거쳐야 한다.

☑ 참고 관계 중앙행정기관의 장이 행정안전부장관에게 제출하는 재난 및 안전 관리 사업
• 중기사업계획서 ⇨ 1월 31일까지 행정안전부장관에게 제출
• 투자우선순위 의견 ⇨ 1월 31일까지 행정안전부장관에게 제출
• 예산요구서 ⇨ 5월 31일까지 행정안전부장관에게 제출
행정안전부장관은 중기사업계획서, 투자우선순위 의견 및 예산요구서를 검토하고, 중앙위원회의 심의를 거쳐 매년 6월 30일까지 기획재정부장관에게 통보하여야 한다.

018

□□□

안전관리기구 및 기능에 관한 설명을 읽고 O, X로 답하거나 알맞은 답을 쓰시오.

01 행정안전부 소속으로 중앙위원회를 둔다.

02 중앙위원회 위원장은 행정안전부장관이다.

03 중앙위원회 위원장은 중앙위원회를 대표하며, 중앙위원회의 업무를 총괄한다.

04 중앙위원회에 간사 1명을 두며, 간사는 재난안전관리본부장이 된다.

05 중앙위원회의 위원장이 사고 또는 부득이한 사유로 직무를 수행할 수 없을 시의 직무 대행 순서

06 조정위원회 위원장은 행정안전부장관이다.

07 조정위원회 간사는 행정안전부차관이다.

08 중앙위원회 업무를 효율적으로 처리하기 위하여 중앙위원회에 실무위원회를 둘 수 있다.

09 지역위원회 위원장인 시·도 안전관리위원회 위원장과 시·군·구 안전관리위원회 위원장

10 지역위원회 회의에 부칠 의안을 검토하고 재난 및 안전관리에 관한 관계기관 간의 협의, 조정 등을 위하여 지역위원회에 두는 안전기구

---

01 X 국무총리 소속으로 중앙위원회를 둔다.

02 X 중앙위원회 위원장은 국무총리이다.

03 O

04 X 중앙위원회에 간사 1명을 두며, 간사는 행정안전부장관이 된다.

05 행정안전부장관, 대통령령으로 정하는 중앙행정기관의 장 순서

06 O

07 X 조정위원회 간사는 행정안전부의 재난안전관리사무를 담당하는 본부장(재난안전관리본부장)이 된다.

08 X 조정위원회 업무를 효율적으로 처리하기 위하여 조정위원회에 실무위원회를 둘 수 있다.

09 ① 시·도 안전관리위원회 위원장: 시·도지사
② 시·군·구 안전관리위원회 위원장: 시장, 군수, 구청장

10 안전정책실무조정위원회
설치목적은 시·도 위원회와 시·군·구 위원회의 회의에 부칠 의안을 검토하고 재난안전관리에 관한 관계 기관 간 협의, 조정 등을 하기 위함이다.

019

안전관리기구에 대한 설명을 읽고 빈칸에 알맞은 답을 쓰시오.

01 재난에 관한 예보, 경보, 통지 또는 응급조치, 재난관리를 위한 재난방송이 원활하게 수행될 수 있도록 ▮▮▮▮▮▮▮▮ 에 ▮▮▮▮▮▮▮▮▮▮ 을/를 둘 수 있다.

02 지역 차원에서는 재난에 대한 예보, 경보, 통지 또는 응급조치, 재난방송이 원활하게 수행될 수 있도록 ▮▮▮▮▮▮▮▮ 에 ▮▮▮▮▮▮▮▮▮▮ 을/를 둘 수 있다.

03 ▮▮▮▮▮▮▮▮▮▮▮ 은/는 재난 및 안전관리에 관한 민관 협력관계를 원활히 하기 위하여 ▮▮▮▮▮▮▮▮▮▮ 을/를 구성·운영할 수 있다.

----

01 중앙위원회, 중앙재난방송협의회
02 지역위원회, 지역재난방송협의회
03 조정위원회 위원장, 중앙민관협력위원회

020

중앙재난안전대책본부에 관한 설명을 읽고 O, X로 답하거나 알맞은 답을 쓰시오.

01 중앙대책본부는 대통령령으로 정하는 대규모 재난의 예방, 대비, 대응, 복구(이하 수습이라 함) 등에 관한 사항을 총괄, 조정하고 필요한 조치를 하기 위한 수습기구이다.
▮▮▮▮▮▮

02 중앙대책본부의 소속 ▮▮▮▮▮▮▮▮

03 중앙대책본부장 ▮▮▮▮▮▮▮▮

04 중앙대책본부의 부서 구성
▮▮▮▮▮▮▮▮

05 해외재난의 경우 중앙대책본부장의 업무 권한대행자 ▮▮▮▮▮▮

06 방사능재난의 경우 중앙대책본부장의 업무 권한대행자
▮▮▮▮▮▮▮▮

07 중앙대책본부장의 수습업무 권한 2가지
▮▮▮▮▮▮▮▮

08 재난의 효과적인 수습을 위하여 국무총리가 범정부적 차원의 통합 대응이 필요하다고 인정하는 경우에는 대통령이 중앙대책본부장의 권한을 행사할 수 있다. ▮▮▮▮▮

01 X 중앙대책본부는 대통령령으로 정하는 대규모 재난의 대응, 복구 등에 관한 사항을 총괄, 조정하고 필요한 조치를 하기 위한 수습기구이다.

02 행정안전부

03 행정안전부장관

04 차장, 총괄조정관, 대변인, 통제관, 부대변인, 담당관, 특별대응단장 등

05 외교부장관

06 중앙방사능방재대책본부의 장(원자력안전위원회 위원장)

07 중앙대책본부의 업무 총괄, 필요하다고 인정하면 중앙재난안전대책본부회의 소집

08 X 재난의 효과적인 수습을 위하여 국무총리가 범정부적 차원의 통합 대응이 필요하다고 인정하는 경우에는 국무총리가 중앙대책본부장의 권한을 행사할 수 있다.

☑ 참고 **중앙대책본부의 구성**
- 본부장: 행정안전부장관
- 차장, 총괄조정관, 대변인, 통제관, 담당관: 행정안전부 소속 공무원 중에서 행정안전부장관이 지명하는 사람
- 부대변인: 재난관리주관기관 소속 공무원 중에서 소속 기관의 장의 추천을 받아 행정안전부장관이 지명하는 공무원
- 특별대응단장 등: 해당 재난과 관련한 민간전문가 중에서 행정안전부장관이 위촉하는 사람

021
☐☐☐

중앙수습본부에 관한 설명을 읽고 옳으면 O, 옳지 않으면 X로 답하시오.

01 재난관리주관기관의 장은 재난이 발생하거나 발생할 우려가 있는 경우에는 재난상황을 효율적으로 관리하고 재난을 수습하기 위한 중앙사고수습본부(이하 수습본부라 함)를 신속하게 설치, 운영하여야 한다.

02 중앙사고수습본부장은 해당 재난관리책임기관의 장이 된다.

01 O

02 X 중앙사고수습본부장은 해당 재난관리주관기관의 장이 된다.

022
☐☐☐

지역재난안전대책본부에 관한 설명을 읽고 O, X로 답하거나 알맞은 답을 쓰시오.

01 지역재난안전대책본부는 해당 관할 구역에서 재난의 수습 등에 관한 사항을 총괄·조정하고 필요한 조치를 하기 위하여 설치하는 수습기구이다.

02 지역대책본부의 소속

03 지역대책본부의 장

04 재난현장에서의 총괄 조정 및 지원을 위한 통합지원본부의 설치, 운영권자는 시·도대책본부장이다.

05 재난현장에서 통합지원본부의 장은 관할 시장, 군수, 구청장이며 실무반을 편성하여 운영할 수 있다.

01 O

02 시·도, 시, 군, 구

03 시·도 대책본부장(시·도지사), 시, 군, 구 대책본부장(시장, 군수, 구청장)

04 X 재난현장에서의 총괄 조정 및 지원을 위한 통합지원본부의 설치, 운영권자는 시, 군, 구 대책본부장(시장, 군수, 구청장)이다.

05 X 재난현장에서 통합지원본부의 장은 관할 시, 군, 구의 부단체장(부시장, 부군수, 부구청장)이 되며 실무반을 편성하여 운영할 수 있다.

023
☐☐☐

재난안전상황실 등에 관한 설명을 읽고 옳으면 O, 옳지 않으면 X로 답하시오.

01 행정안전부장관은 재난이 발생하면 대응 및 복구를 하기 위하여 재난정보의 수집, 전파, 상황 관리, 재난 발생 시 초동조치 및 지휘 등의 업무를 수행하기 위하여 필요하면 중앙재난안전상황실을 설치·운영한다.

02 시·도지사 및 시장, 군수, 구청장은 재난정보의 수집 전파, 상황관리 재난발생 시 초동조치 및 지휘 등의 업무를 수행하기 위하여 시·도별 및 시·군·구별 상시 재난안전상황실을 설치, 운영하여야 한다.

---

01 X 행정안전부장관은 재난이 발생하면 대응 및 복구를 하기 위하여 재난정보의 수집 전파, 상황 관리, 재난발생 시 초동조치 및 지휘 등의 업무를 수행하기 위하여 상시 중앙재난안전상황실을 설치, 운영하여야 한다.

02 O

📖 **개념정리 재난안전상황실 설치·운영자**

상시	필요 시
• 행정안전부장관: 중앙재난안전상황실 • 시·도지사: 시·도별 재난안전상황실 • 시장, 군수, 구청장: 시, 군, 구별 재난안전상황실	• 중앙행정기관의 장 • 재난관리책임기관의 장

024
☐☐☐

안전관리계획에 관한 다음 표를 완성하시오.

구분	국가안전관리기본계획	집행계획
기간		
수립지침		
작성		
심의		
승인		
확정		

구분	국가안전관리기본계획	집행계획
기간	5년	1년 - 매년 10월 31일까지 작성
수립지침	국무총리	-
작성	국무총리	관계중앙행정기관의 장
심의	중앙위원회	조정위원회
승인	-	국무총리
확정	국무총리	관계중앙행정기관의 장

개념정리 국가안전관리기본계획의 수립지침 작성 및 확정, 집행계획

수립지침 작성 및 확정	국무총리	수립지침 작성
	국무총리	관계중앙행정기관의 장에게 통보
	관계중앙행정기관의 장	시달 받은 수립지침에 따라 그 소관에 속하는 재난 및 안전관리 업무에 관한 기본계획 작성
	관계중앙행정기관의 장	국무총리에게 제출
	국무총리	관계중앙행정기관의 장이 제출한 기본계획을 종합하여 중앙위원회의 심의를 거쳐 확정한 후 관계중앙행정기관의 장에게 통보
집행계획	관계중앙행정기관의 장	시달 받은 국가안전관리기본계획에 따라 그 소관업무에 관한 집행계획을 작성하고, 조정위원회의 심의를 거쳐 국무총리의 승인을 받아 확정

025

□□□

「재난 및 안전관리 기본법」 및 동법 시행령에 따라 수립해야 하는 계획의 내용을 읽고 빈칸에 알맞은 답을 쓰시오.

01 ▨▨▨▨▨▨▨▨▨▨▨▨ 은/는 재난 및 안전관리에 관한 과학기술의 진흥을 위하여 ▨▨▨ 년마다 관계중앙행정기관의 재난 및 안전관리기술 개발에 관한 계획을 종합하여 안전정책조정위원회의 심의와 「국가과학기술자문회의법」에 따른 국가과학기술자문회의의 심의를 거쳐서 재난 및 안전관리기술개발종합계획을 수립하여야 한다.

02 ▨▨▨▨▨▨▨ 은/는 중앙안전관리위원회의 심의를 거쳐 국가안전관리기본계획을 ▨▨▨ 년마다 수립해야 한다.

01 행정안전부장관, 5
02 국무총리, 5

026
□□□

재난관리 단계별 활동 내용 중 예방단계에 포함되어야 할 재난관리책임기관의 장의 재난예방조치 사항에 해당하면 O, 해당하지 않으면 X로 답하시오.

01 재난에 대응할 조직의 구성 및 정비

02 재난의 예측 및 예측정보 등의 제공, 이용에 관한 체계의 구축

03 재난 발생에 대비한 교육·훈련과 재난관리예방에 관한 홍보

04 재난이 발생할 위험이 높은 분야에 대한 안전관리체계의 구축 및 안전관리규정의 관리

05 제26조에 따라 지정된 국가핵심기반의 지정

06 제27조 제2항에 따른 특정관리대상지역에 관한 조치

07 제29조에 따른 재난방지시설의 점검, 관리

08 제34조에 따른 재난관리자원의 비축, 관리

---

01 O

03 O

05 X 국가핵심기반의 지정이 아닌 관리이다.

07 O

02 O

04 X 안전관리규정의 관리가 아닌 제정이다.

06 O

08 X 재난관리자원의 관리

027
□□□

재난 예방조치에 관한 다음 사항을 읽고 옳으면 O, 옳지 않으면 X로 답하시오.

관계중앙행정기관의 장은 소관·관리대상 업무의 분야에서 재난발생을 사전에 방지하기 위한 재난예방조치를 취하여야 한다.

X   재난관리책임기관의 장에 대한 설명이다.

028
□□□

국가핵심기반의 지정 및 관리 등에 관한 설명을 읽고 옳으면 O, 옳지 않으면 X로 답하시오.

01 국가핵심기반은 에너지, 정보통신, 교통수송, 보건의료 등의 국가경제, 국민의 안전·건강 및 정부의 핵심기능에 중대한 영향을 미칠 수 있는 시설, 정보기술시스템 및 자산 등을 말한다.

02 국가핵심기반의 지정 및 취소권자는 행정안전부장관이다.

03 국가핵심기반의 지정 및 취소를 하기 위해서는 중앙위원회 심의를 거쳐야 한다.

---

01 O

02 X 국가핵심기반의 지정 및 취소권자는 관계 중앙행정기관의 장이다.

03 X 국가핵심기반의 지정 및 취소를 하기 위해서는 조정위원회 심의를 거쳐야 한다.

029

☐☐☐

특정관리대상지역의 지정 및 관리 등에 관한 설명을 읽고 옳으면 O, 옳지 않으면 X로 답하시오.

중앙행정기관의 장 또는 지방자치단체의 장은 재난이 발생할 위험이 높거나 재난예방을 위하여 계속적으로 관리할 필요가 있다고 인정되는 지역을 대통령령으로 정하는 바에 따라 특정 관리대상지역(이하 특정관리대상지역이라 함)으로 지정하여야 한다.

O 특정관리대상지역의 지정 및 해제권자는 중앙행정기관의 장 또는 지방자치단체의 장이며, 특정관리대상지역 등의 조치권자는 재난관리책임기관의 장이다.

030

☐☐☐

재난방지시설의 관리에 관한 설명을 읽고 옳으면 O, 옳지 않으면 X로 답하시오.

재난관리책임기관의 장은 관계법령 또는 시·도 및 시·군·구 안전관리계획에서 정하는 바에 따라 대통령령으로 정하는 재난방지시설을 지정 및 점검, 관리하여야 한다.

X 재난관리책임기관의 장은 관계법령 또는 시·도 및 시, 군, 구 안전관리계획에서 정하는 바에 따라 대통령령으로 정하는 재난방지시설을 점검, 관리하여야 한다.

📄참고
- 국가핵심기반: 심의, 지정, 점검, 관리
- 특정관리대상지역: 지정, 점검, 관리
- 재난방지시설: 점검, 관리

031

☐☐☐

재난예방을 위한 긴급안전점검에 관한 설명을 읽고 옳으면 O, 옳지 않으면 X로 답하시오.

01 행정안전부장관 또는 재난관리책임기관의 장(행정기관만을 말함)은 대통령령으로 정하는 시설 및 지역에 재난이 발생할 우려가 있는 등의 대통령령으로 정하는 긴급한 사유가 있으면 소속 공무원으로 하여금 긴급안전점검하게 한다.

02 긴급안전점검을 하는 공무원은 관계인에게 필요한 질문을 하거나 관계 서류 등을 열람할 수 있다.

03 긴급안전점검을 하는 공무원은 그 권한을 표시하는 증표를 지니고 이를 관계인에게 보여주어야 한다.

04 정당한 사유 없이 긴급안전점검을 거부 또는 기피하거나 방해한 자는 500만 원 이하의 벌금에 처한다.

01 O 실시권자는 행정안전부장관 또는 재난관리책임기관의 장(행정기관만을 말함)이며, 실시자는 소속 공무원이다.

02 O

03 O

04 X 정당한 사유 없이 긴급안전점검을 거부 또는 기피하거나 방해한 자는 1년 이하의 징역 또는 1천만 원 이하의 벌금에 처한다.

032
□□□

재난예방을 위한 안전조치에 관한 설명을 읽고 옳으면 O, 옳지 않으면 X로 답하시오.

행정안전부장관 또는 재난관리책임기관의 장(행정기관을 말한다)은 특정관리대상지역 등으로 지정된 시설에 대한 안전점검결과 또는 긴급안전점검결과 재난 발생의 위험이 높다고 인정되는 시설 또는 지역에 대하여는 대통령령으로 정하는 바에 따라 그 소유자, 관리자 또는 점유자에게 안전조치를 할 것을 명할 수 있다.

O

033
□□□

재난관리체계 등에 대한 평가에 관한 설명을 읽고 옳으면 O, 옳지 않으면 X로 답하시오.

01 행정안전부장관은 대통령령으로 정하는 바에 따라 재난관리체계를 정기적으로 평가할 수 있다.

02 공공기관에 대하여는 재난관리책임기관의 장이 재난관리체계를 정기적으로 평가한다.

01 O

02 X 공공기관에 대하여는 관할 중앙행정기관의 장이 재난관리체계를 정기적으로 평가한다.

📖 **개념정리 재난관리체계 등에 대한 평가**

- 재난관리체계 평가, 공공기관에 대한 재난관리체계 평가, 시·군·구에 대한 재난관리 평가
- 평가사항
  - 대규모재난의 발생에 대비한 단계별 예방·대응 및 복구과정
  - 재난에 대응할 조직의 구성 및 정비 실태
  - 안전관리체계 및 안전관리규정
  - 재난관리기금의 운용 현황
- 재난관리체계 평가 실시권자: 행정안전부 장관
- 공공기관에 대한 재난관리체계 평가 실시권자: 관할 중앙행정기관의 장
- 시·군·구에 대한 재난관리 평가 실시권자: 시·도지사

034

□□□

재난관리 실태 공시 등에 관한 설명을 읽고 옳으면 O, 옳지 않으면 X로 답하시오.

시장, 군수, 구청장은 재난관리 실태를 매년 1회 이상 관할 지역 주민에게 공시하여야 한다.

O

📖 **개념정리 실태공시**

1. 시장·군수·구청장(③의 경우에는 시·도지사를 포함한다)은 다음의 사항이 포함된 재난관리 실태를 매년 1회 이상 관할지역 주민에게 공시하여야 한다.
   ① 전년도 재난의 발생 및 수습 현황
   ② 재난예방조치 실적
   ③ 재난관리기금의 적립 및 집행 현황
   ④ 현장조치 행동매뉴얼의 작성 · 운용 현황
   ⑤ 그 밖에 대통령령으로 정하는 재난관리에 관한 중요 사항
2. 시장·군수·구청장은 매년 3월 31일까지 1.에 따른 재난관리실태를 해당 지방자치단체의 인터넷 홈페이지 또는 공보에 공고해야 한다.

035

재난대비훈련 실시에 관한 설명을 읽고 알맞은 답을 쓰거나 O, X로 답하시오.

01 재난대비훈련 주관기관

02 재난대비훈련 참여기관

03 훈련주관기관의 장은 대통령령으로 정하는 바에 따라 정기적으로 또는 수시로 훈련 참여기관과 합동으로 재난대비훈련을 연 2회 이상 실시할 수 있다.

---

01 ① 행정안전부
② 중앙행정기관
③ 시·도
④ 시, 군, 구
⑤ 긴급구조기관
02 재난관리책임기관, 긴급구조지원기관, 군부대 등 관계 기관
03 X 훈련주관기관의 장은 관계 기관과 합동으로 참여하는 재난대비훈련을 각각 소관 분야별로 주관하여 연 1회 이상 실시하여야 한다.

036

국가재난관리기준, 위기관리 매뉴얼 등에 관한 설명을 읽고 알맞은 답을 쓰시오.

01 국가재난관리기준 제정·고시자(운영자)
02 기능별 재난대응활동계획 작성·활용, 위기관리 매뉴얼 작성·운용자

03 은/는 국가적 차원에서 관리가 필요한 재난에 대하여 재난 관리체계와 관계 기관의 임무와 역할을 규정한 문서이고, 은/는 재난현장에서 임무를 직접 수행하는 기관의 행동조치 절차를 구체적으로 수록한 문서이다.

---

01 행정안전부장관
02 재난관리책임기관의 장
03 위기관리 표준매뉴얼, 현장조치 행동매뉴얼

📖 개념정리 위기관리 매뉴얼

구분	작성·운용자	내용
위기관리 매뉴얼	재난관리책임기관의 장	–
위기관리 표준매뉴얼	재난관리주관기관의 장	• 국가적 차원에서 관리가 필요한 재난에 대하여 재난관리 체계와 관계 기관의 임무와 역할을 규정한 문서로, 위기대응 실무매뉴얼의 작성기준이 됨 • 다만, 다수의 재난관리주관기관이 관련되는 재난에 대해서는 관계 재난관리주관기관의 장과 협의하여 행정안전부장관이 위기관리 표준매뉴얼을 작성할 수 있음
위기대응 실무매뉴얼	재난관리주관기관의 장과 관계 기관의 장	• 위기관리 표준매뉴얼에서 규정하는 기능과 역할에 따라 실제 재난대응에 필요한 조치사항 및 절차를 규정한 문서 • 이 경우, 재난관리주관기관의 장은 위기대응 실무매뉴얼과 위기관리 표준매뉴얼을 통합하여 작성할 수 있음
현장조치 행동매뉴얼	위기대응 실무매뉴얼을 작성한 기관의 장이 지정한 기관의 장	• 재난현장에서 직접 임무를 수행하는 기관의 행동조치 절차들을 구체적으로 수록한 문서 • 다만, 시장·군수·구청장은 재난 유형별 현장조치 행동매뉴얼을 통합하여 작성할 수 있음(현장조치 행동매뉴얼 작성 기관의 장이 다른 법령에 따라 작성한 계획·매뉴얼 등에 재난유형별 현장조치 행동매뉴얼에 포함될 사항이 모두 포함되어 있는 경우 해당 재난유형에 대해서는 현장조치 행동매뉴얼이 작성된 것으로 본다)

037

☐☐☐

재난사태 선포에 관한 설명을 읽고 빈칸에 알맞은 답을 쓰거나 O, X로 답하시오.

01 ＿＿＿＿＿＿＿＿ 은/는 대통령령으로 정하는 재난이 발생하거나 발생할 우려가 있는 경우 사람의 생명, 신체 및 재산에 미치는 중대한 영향이나 피해를 줄이기 위하여 긴급한 조치가 필요하다고 인정하면 ＿＿＿＿＿＿＿ 의 심의를 거쳐 ＿＿＿＿＿＿ 을/를 선포할 수 있다.

02 다만 ＿＿＿＿＿＿＿＿ 은/는 재난상황이 긴급하여 ＿＿＿＿＿＿＿ 의 심의를 거칠 시간적 여유가 없다고 인정하는 경우 ＿＿＿＿＿＿＿＿ 의 심의를 거치지 아니하고 ＿＿＿＿＿＿ 을/를 선포할 수 있다.

03 ＿＿＿＿＿＿＿＿ 은/는 **01**의 단서에 따라 재난사태를 선포한 경우 지체 없이 중앙위원회의 승인을 받아야 하고 승인을 받지 못하면 선포된 재난사태를 즉시 해제하여야 한다.

04 **01**의 단서에 불구하고 ＿＿＿＿＿＿＿＿ 관할 구역에서 재난이 발생하거나 발생할 우려가 있는 등 대통령령으로 정하는 경우 사람의 생명·신체 및 재산에 미치는 중대한 영향이나 피해를 줄이기 위하여 긴급한 조치가 필요하다고 인정하면 ＿＿＿＿＿＿＿ 를 거쳐 재난사태를 선포할 수 있다. 이 경우 시·도지사는 지체 없이 그 사실을 행정안전부장관에게 통보하여야 한다.

05 재난사태지역 조치사항에서 해당 지역에 대한 여행 등 이동 자제를 금지할 수 있고, 휴업명령 및 휴원·휴교 처분을 권고·요청할 수 있다. ＿＿＿＿＿＿

---

01 행정안전부장관, 중앙위원회, 재난사태

02 행정안전부장관, 중앙위원회, 중앙위원회, 재난사태

03 행정안전부장관

04 시·도지사, 시·도심의위원회의 심의

05 X 재난사태지역 조치사항에서 해당 지역에 대한 이동 자제를 권고할 수 있고, 휴업명령 및 휴원·휴교 처분을 요청할 수 있다.

📖 **개념정리 재난사태지역 조치사항**

- 재난경보의 발령, 인력·장비 및 물자의 동원, 위험구역 설정, 대피명령, 응급지원 등 법에 따른 응급조치
- 해당 지역에 소재하는 행정기관 소속 공무원의 비상소집
- 해당 지역에 대한 여행 등 이동 자제 권고
- 휴업명령 및 휴원·휴교 처분의 요청
- 그 밖에 재난예방에 필요한 조치

038 응급조치권자를 쓰시오.

━━━━━━━━━━━━━━━━━━━━━━━━━━━━━━━━━━━

지역통제단장(소방본부장, 소방서장)과 시장, 군수, 구청장

---

039 지역통제단장의 응급조치사항에 해당하면 O, 해당하지 않으면 X로 답하시오.

01 경보의 발령 또는 전달이나 피난의 권고 또는 지시

02 진화

03 긴급수송 및 구조 수단의 확보

04 급수 수단의 확보, 긴급피난처 및 구호품 등 재난관리자원의 확보

05 현장지휘통신체계의 확보

06 수방, 지진방재, 그 밖의 응급조치와 구호

07 피해시설의 응급복구 및 방역과 방범, 그 밖의 질서 유지

---

01 X   **02** O

03 O   **04** X

05 O   **06** X

07 X

☑ 참고   지역통제단장(소방본부장, 소방서장)의 응급조치사항은 '진화, 긴급수송 및 구조 수단의 확보, 현장지휘통신체계의 확보'이다.

---

040 위기경보의 발령 등에 관한 설명을 읽고 O, X로 답하거나 알맞은 답을 쓰시오.

01 재난관리책임기관의 장은 대통령령으로 정하는 재난에 대한 징후를 식별하거나 재난발생이 예상되는 경우에는 그 위험수준, 발생가능성 등을 판단하여 그에 부합되는 조치를 할 수 있도록 위기경보를 발령할 수 있다.

02 위기경보의 4가지 구분

---

01 X   재난관리주관기관의 장

02 관심(Blue), 주의(Yellow), 경계(Orange), 심각(Red)

☑ 참고 위기경보의 구분(재난 상황의 심각성에 따른 구분)

관심(Blue)	• 징후가 있으나 그 활동수준이 낮음 • 가까운 기간 내에 국가위기로 발전할 가능성도 비교적 낮은 상태
주의(Yellow)	• 징후활동이 비교적 활발함 • 국가위기로 발전할 수 있는 일정 수준의 경향성이 나타나는 상태
경계(Orange)	• 징후활동이 매우 활발하고 전개속도, 경향성 등이 현저한 수준 • 국가위기로의 발전 가능성이 농후한 상태
심각(Red)	• 징후활동이 매우 활발하고 전개속도, 경향성 등이 심각한 수준 • 위기 발생이 확실시되는 상태

재난관리주관기관의 장은 심각경보를 발령 또는 해제할 경우 행정안전부장관과 사전에 협의하여야 한다.

041

□□□

재난 대응에 관해 알맞은 답을 쓰시오.

01 동원명령권자

02 대피명령권자

03 강제대피조치권자

04 응원요청권자

05 통행제한요청권자

06 위험구역 설정권자

07 응급부담

---

01 중앙대책본부장과 시장, 군수, 구청장　　02 시장, 군수, 구청장과 지역통제단장

03 시장, 군수, 구청장과 지역통제단장　　04 시장, 군수, 구청장

05 시장, 군수, 구청장과 지역통제단장　　06 시장, 군수, 구청장과 지역통제단장

07 시장, 군수, 구청장과 지역통제단장

042

□□□

시·도지사가 실시 가능한 응급조치사항 등을 모두 쓰시오.

동원명령 등, 대피명령, 위험구역의 설정, 강제대피조치, 통행제한 등, 응원, 응급부담

☑ 참고 '재난사태 선포, 응급조치, 위기경보 발령 등, 재난예보·정보체계 구축·운영'은 시·도지사가 실시 가능한 응급조치사항 등이 아니다.

043

□□□

중앙통제단에 관한 설명을 읽고 O, X로 답하거나 알맞은 답을 쓰시오.

01 긴급구조에 관한 사항의 총괄 조정, 긴급구조기관 및 긴급구조지원기관이 하는 긴급구조 활동의 역할분담과 지휘 통제를 위하여 행정안전부에 중앙통제단을 둔다.

02 중앙통제단의 소속

03 중앙통제단의 단장

04 중앙통제단의 부단장

05 중앙통제단의 부서 구성

01 X 중앙통제단은 소방청에 둔다.

02 소방청

03 소방청장

04 소방청 차장

05 대응계획부, 현장지휘부, 자원지원부

044

□□□

지역통제단에 관한 설명을 읽고 O, X로 답하거나 알맞은 답을 쓰시오.

01 지역별 긴급구조에 관한 사항의 총괄 조정, 해당지역에 소재하는 긴급구조기관 및 긴급구조지원기관 간의 역할분담과 재난현장에서의 지휘 통제를 위하여 시·도의 소방본부에 시·도 긴급구조통제단을 두고 시, 군, 구의 소방서에 시, 군, 구 긴급구조통제단을 둔다.

02 지역통제단의 소속

03 지역통제단의 단장

01 O

02 시·도 소방본부, 시, 군, 구 소방서

03 소방본부장, 소방서장

045

□□□

재난현장에서의 현장지휘가 가능한 자를 쓰시오.

- 시·군·구 긴급구조통제단장: 소방서장 - 재난현장에서 시·군·구 긴급구조통제단장이 긴급구조활동 지휘
- 시·도 긴급구조통제단장: 소방본부장 - 필요하다고 인정하면 직접 현장지휘
- 중앙통제단장: 소방청장 - 대규모 재난이 발생하거나 그 밖에 필요하다고 인정하면 직접 현장지휘
- 통제단장의 사전명령에 따라 현장지휘를 하는 소방관서 선착대장 또는 긴급구조지휘대의 장

046

□□□

통제단장의 재난현장 지휘사항에 해당하면 O, 해당하지 않으면 X로 답하시오.

01 재난현장에서 인명의 탐색·구조

02 긴급구조기관 및 자원봉사자의 긴급구조요원·긴급구조지원요원 및 재난관리자원의 배치와 운용

03 추가 재난의 방지를 위한 응급조치

04 긴급구조지원기관 및 자원봉사자 등에 대한 임무의 부여

05 사상자의 응급처치 및 의료기관으로의 이송

06 긴급구조에 필요한 물자의 관리

07 현장접근 통제, 현장 주변 교통정리, 그 밖에 긴급구조활동을 효율적으로 하기 위해 필요한 사항

---

01 O

02 X 긴급구조기관 및 긴급구조지원기관의 긴급구조요원·긴급구조지원요원 및 재난관리자원의 배치와 운용

03 O **04** O

05 O **06** X 긴급구조에 필요한 재난관리자원의 관리

07 O

047

□□□

기능별 긴급구조대응계획에 관한 설명을 읽고 빈칸에 알맞은 답을 쓰시오.

01 _____은/는 긴급구조체제 및 중앙통제단과 지역통제단의 운영체계 등에 관한 사항이다.

02 _____은/는 긴급대피, 상황전파, 비상연락 등에 관한 사항이다.

03 _____은/는 인명 수색 및 구조, 화재진압 등에 관한 사항이다.

04 _____은/는 오염 노출 통제, 긴급 감염병 방제 등 재난현장 공중보건에 관한 사항이다.

05 _____은/는 재난현장 접근 통제 및 치안 유지 등에 관한 사항이다.

06 _____은/는 긴급구조활동을 원활하게 하기 위한 긴급구조차량 접근도로 복구 등에 관한 사항이다.

---

01 지휘통제 **02** 비상경고

03 구조진압 **04** 긴급오염통제

05 현장통제 **06** 긴급복구

048

□□□

재난유형별 긴급구조대응계획에 해당하면 O, 해당하지 않으면 X로 답하시오.

01 재난 발생 단계별 주요 긴급구조대응활동 사항

02 주요 재난유형별 대비매뉴얼에 관한 사항

03 비상경고 방송메시지 작성 등에 관한 사항

04 긴급구조대응계획의 운영책임에 관한 사항

---

01 O

02 X 주요 재난유형별 대응매뉴얼에 관한 사항이다.

03 O

04 X 기본계획의 운영책임에 관한 사항이다.

📖 **개념정리 긴급구조대응계획의 수립**

- 기본계획
  - 긴급구조대응계획의 목적 및 적용범위
  - 긴급구조대응계획의 기본방침과 절차
  - 긴급구조대응계획의 운영책임에 관한 사항
- 기능별 긴급구조대응계획
  - 지휘통제: 긴급구조체제 및 중앙통제단과 지역통제단의 운영체계 등에 관한 사항
  - 비상경고: 긴급대피, 상황 전파, 비상연락 등에 관한 사항
  - 대중정보: 주민보호를 위한 비상방송시스템 가동 등 긴급 공공정보 제공에 관한 사항 및 재난상황 등에 관한 정보 통제에 관한 사항
  - 피해상황분석: 재난현장상황 및 피해정보의 수집·분석·보고에 관한 사항
  - 구조·진압: 인명 수색 및 구조, 화재진압 등에 관한 사항
  - 응급의료: 대량 사상자 발생 시 응급의료서비스 제공에 관한 사항
  - 긴급오염통제: 오염 노출 통제, 긴급 감염병 방제 등 재난현장 공중보건에 관한 사항
  - 현장통제: 재난현장 접근 통제 및 치안 유지 등에 관한 사항
  - 긴급복구: 긴급구조활동을 원활하게 하기 위한 긴급구조차량 접근도로 복구 등에 관한 사항
  - 긴급구호: 긴급구조요원 및 긴급대피 수용주민에 대한 위기 상담, 임시 의식주 제공 등에 관한 사항
  - 재난통신: 긴급구조기관 및 긴급구조지원기관 간 정보통신체계 운영 등에 관한 사항
- 재난유형별 긴급구조대응계획
  - 재난 발생 단계별 주요 긴급구조대응활동 사항
  - 주요 재난유형별 대응매뉴얼에 관한 사항
  - 비상경고 방송메시지 작성 등에 관한 사항

긴급구조지휘대 구분 및 현장응급의료소 설치 등에 관한 설명을 읽고 옳으면 O, 옳지 않으면 X로 답하시오.

01 소방서현장지휘대는 119안전센터별로 설치·운영한다.

02 방면현장지휘대는 2개 이상 4개 이하의 소방서별로 소방서장이 1개를 설치·운영한다.

03 소방본부현장지휘대는 소방본부별로 현장지휘대를 설치·운영한다.

04 권역현장지휘대는 2개 이상 4개 이하의 소방본부별로 소방본부장이 1개를 설치·운영한다.

05 현장응급의료소를 설치·운영하는 자는 통제단장이며, 현장응급의료소 소장은 지역을 관할하는 보건소장이다.

06 현장응급의료소에는 소장 1명과 분류반, 응급처치반, 이송반을 둔다.

07 현장응급의료소는 응급의학전문의를 포함한 의사 3명, 간호사 3명 또는 1급 응급구조사 4명, 지원요원 1명 이상으로 편성한다.

---

01 X 소방서현장지휘대는 소방서별로 설치·운영한다.

02 X 방면현장지휘대는 2개 이상 4개 이하의 소방서별로 소방본부장이 1개를 설치·운영한다.

03 O

04 X 권역현장지휘대는 2개 이상 4개 이하의 소방본부별로 소방청장이 1개를 설치·운영한다.

05 O 통제단장은 소방청장, 소방본부장, 소방서장이다.

06 O

07 X 현장응급의료소 인원은 응급의학전문의를 포함한 의사 3명, 간호사 4명 또는 1급 응급구조사 4명, 지원요원 1명 이상으로 편성한다.

050 □□□ **특별재난지역 선포에 관한 설명을 읽고 OX 및 알맞은 답을 쓰시오.**

01 특별재난지역 선포에 대한 건의권자는 중앙대책본부장이다.

02 특별재난지역 선포에 대한 심의기구는 중앙대책본부이다.

03 특별재난지역 선포권자

04 특별재난지역 지원

01 O

02 X 중앙위원회

03 대통령

04 국가나 지방자치단체

☑참고 **특별재난지역**

중앙대책본부장(행정안전부장관)이 중앙위원회의 심의를 거쳐 해당 지역을 특별재난지역으로 선포할 것을 대통령에게 건의하고, 건의 받은 대통령이 해당 지역을 특별재난지역으로 선포할 수 있다.

051 □□□ **다음 표를 완성하시오.**

구분	재난사태지역	특별재난지역
재난관리		
심의		
선포		

구분	재난사태지역	특별재난지역
재난관리	대응	복구
심의	중앙안전관리위원회	중앙안전관리위원회
선포	행정안전부장관	대통령

052 □□□ **국민안전의 날 등의 날짜를 쓰시오.**

01 국민안전의 날

02 안전점검의 날

03 방재의 날

04 의용소방대의 날

01 매년 4월 16일

02 매월 4일

03 매년 5월 25일

04 매년 3월 19일

☑참고 국민안전의 날은 2014년 4월 16일 발생한 세월호 침몰 사고 이후 안전의 중요성을 되새기자는 의미로 제정된 날이다.

주어진 지문을 읽고 각 사례에 해당하는 벌칙의 기호를 쓰시오.

> 가. 3년 이하의 징역 또는 3천만 원 이하의 벌금
> 나. 2년 이하의 징역 또는 2천만 원 이하의 벌금
> 다. 1년 이하의 징역 또는 1천만 원 이하의 벌금
> 라. 500만 원 이하의 벌금

01 정당한 사유 없이 안전점검을 하지 아니한 소유자, 관리자 또는 점유자

02 안전점검에 따른 안전조치명령을 이행하지 아니한 자

03 정당한 사유 없이 토지건축물, 인공구조물, 그 밖의 소유물의 일시사용 또는 장애물의 변경이나 거부 또는 방해한 자

04 정당한 사유 없이 위험구역에 출입하는 행위나 그 밖의 행위의 금지명령 또는 제한명령을 위반한 자

05 긴급안전점검에 따른 안전조치 명령을 이행하지 아니한 자

06 정당한 사유 없이 긴급안전점검을 거부 또는 기피하거나 방해한 자

07 재난관리정보의 처리를 하는 종사자가 직무상 알게 된 재난관리정보를 누설하거나 권한 없이 다른 사람이 이용하도록 제공하는 등 부당한 목적으로 사용한 자

08 정당한 사유 없이 중앙대책본부장 또는 지역대책본부장의 요청에 따르지 아니한 자

09 재난 대응 이외의 목적으로 정보를 사용하거나 업무가 종료되었음에도 해당 정보를 파기하지 아니한 자

10 업무상 알게 된 재난안전의무보험 관련 자료 또는 정보를 누설하거나 권한 없이 다른 사람이 이용하도록 제공하는 등 부당한 목적으로 사용한 자

---

01 다		**02** 가	
03 라		**04** 다	
05 가		**06** 다	
07 라		**08** 다	
09 나		**10** 다	

001

☐☐☐

소방시설 분류에 관한 설명을 읽고 옳으면 O, 옳지 않으면 X로 답하시오.

01 소방시설의 종류는 소화설비, 경보설비, 피난구조설비, 소화용수설비, 소화활동설비로 분류되며 그 중에서도 소화설비는 소화기구, 자동소화장치, 옥내소화전설비, 스프링클러설비 등, 물분무등 소화설비, 옥외소화전설비로 구성된다.

02 소화기구의 종류는 소화기, 간이소화용구, 자동확산소화기이다.

03 물분무등 소화설비의 종류는 물분무소화설비, 미분무소화설비, 포소화설비, 이산화탄소소화설비, 할론소화설비, 할로겐화합물 및 불활성기체 소화설비, 분말소화설비, 고체에어로졸소화설비, 스프링클러소화설비 등이다.

04 인명구조기구의 종류는 방열복, 공기호흡기, 인공소생기이다.

05 소화활동설비의 종류는 제연설비, 연결송수관설비, 연결살수설비, 비상콘센트설비, 무선통신보조설비, 연소방지설비이다.

06 단독경보형 감지기, 통합감시시설, 화재알림설비는 경보설비에 해당한다.

07 소화용수설비란 화재진압 시 물을 공급하거나 저장하는 설비이다.

---

01 O

02 O

03 X 소화설비의 종류
- 물분무등 소화설비의 종류는 물분무소화설비, 미분무소화설비, 포소화설비, 이산화탄소소화설비, 할론 소화설비, 할로겐화합물 및 불활성기체 소화설비, 분말소화설비, 강화액소화설비, 고체에어로졸소화설비이며, 질식소화가 가능한 설비를 물분무등 소화설비라 한다.
- 물분무등 소화설비가 아닌 것은 옥내·외소화전설비, 스프링클러설비 등이다.

04 X 인명구조기구의 종류는 방열복, 방화복(안전모, 보호장갑 및 안전화를 포함한다), 공기호흡기, 인공소생기이다.

05 O

06 O

07 O

📑 **개념정리 경보경비**

• 단독경보형 감지기	• 비상경보설비(비상벨설비, 자동식사이렌설비)
• 시각경보기	• 자동화재탐지설비
• 비상방송설비	• 자동화재속보설비
• 통합감시시설	• 누전경보기
• 가스누설경보기	• 화재알림설비

002

☐☐☐

소방기구에 관한 설명을 읽고 옳으면 O, 옳지 않으면 X로 답하시오.

01 소화기는 사람이 자동으로 조작하여 소화하는 기구를 말한다.

02 소형소화기는 능력단위가 1단위 이상이고 대형소화기의 능력단위 미만인 소화기이다.

03 대형소화기는 화재 시에 기계가 운반할 수 있도록 운반대와 바퀴가 설치되고, 능력단위가 A급 10단위 이상, B급 20단위 이상인 소화기를 말한다.

04 가정에서 사용하는 축압식 분말소화기의 능력단위는 A3, B5, C2이며 지시압력계가 녹색 부분에 있으면 정상이다.

05 주거용 자동소화장치는 가연성 가스 등의 누출을 자동으로 차단하고, 소화약제를 방사하여 소화하는 소화장치를 말한다.

01 X 소화기는 사람이 수동으로 조작하여 소화하는 기구를 말한다.

02 O

03 X 대형소화기는 함은 화재 시 사람이 운반할 수 있도록 운반대와 바퀴가 설치되고, 능력단위가 A급 10단위 이상, B급 20단위 이상인 소화기를 말한다.

04 X 가정에서 사용하는 분말소화기의 능력단위는 A3, B5, C이다. C급 화재(전기화재)는 능력단위를 표현하지 않고 전기화재 적응성으로 표현한다.

05 O 경보 → 가스차단 → 소화약제방사 기능
- 가스누설 → 경보 → 가스차단
- 화재발생 → 경보 → 가스차단 → 소화약제방사 기능

📖 **개념정리 분말소화기**

- 가압식 소화기는 지시압력계가 없고, 축압식 소화기는 지시압력계가 있다.
  - 황색 부분: 압력부족
  - 녹색 부분: 정상
  - 적색 부분: 압력과다
- 가압식 소화기는 폭발의 우려가 있어 1999년부터 생산이 중단되었고, 현재 사용하는 소화기는 축압식 소화기이다.

003

□□□

옥내소화전설비에 관한 설명을 읽고 O, X로 답하거나 알맞은 답을 쓰시오.

01 옥내소화전의 위치를 알려주는 위치표시등은 항상 점등상태(적색등)이고 펌프작동을 알려주는 기동표시등은 평소에는 소등이고 펌프작동 시 점등(적색등)상태가 된다.

02 압을 가하여 물을 송수하는 장치인 가압송수장치의 방식 4가지

03 펌프의 체절운전 시 수온이 상승하여 펌프 및 모터에 무리가 발생하므로 순환배관상의 릴리프밸브를 통해 과압을 방출하여 수온상승을 방지하고자 순환배관을 펌프토출측 체크밸브 이전에 설치한다.

04 펌프성능시험기준에 따라 소화펌프의 성능은 체절운전 시 정격토출압력의 140%를 초과하지 아니하고 정격토출량의 150%로 운전 시 정격토출압력의 65% 이상이어야 한다.

05 펌프성능시험배관은 유량측정장치를 기준으로 전단 직관부에는 유량조절밸브를, 후단 직관부에는 개폐밸브를 설치한다.

06 공동현상(Cavitation)이란 수원의 위치가 펌프보다 높을 경우에만 발생하며 펌프에 기포가 생성되는 현상을 말한다.

07 수격방지기(Water Hammer Cushion)를 설치하는 이유는 배관의 수격흡수를 방지하기 위해 배관의 굴절지점·펌프 토출측 및 입상관 상층부에 설치한다.

01 O 옥내소화전

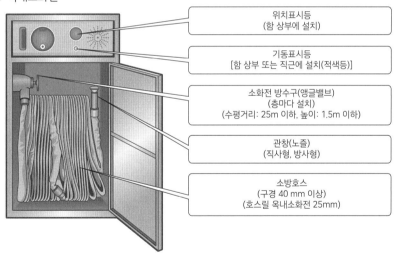

위치표시등
(함 상부에 설치)

기동표시등
[함 상부 또는 직근에 설치(적색등)]

소화전 방수구(앵글밸브)
(층마다 설치)
(수평거리: 25m 이하, 높이: 1.5m 이하)

관창(노즐)
(직사형, 방사형)

소방호스
(구경 40 mm 이상)
(호스릴 옥내소화전 25mm)

02 고가수조방식, 펌프수조방식(지하수조방식), 압력수조방식, 가압수조방식

가압송수장치의 방식

펌프수조방식	고가수조방식	압력수조방식	가압수조방식
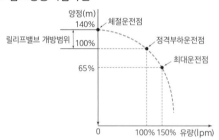			
펌프방식, 즉 토출압력으로 급수[현장은 거의 일반수조(저수조)]	자연낙차방식	압력으로 가압하는 방식	가압원인 압축공기, 불연성 압축가스방식

03 O 체절운전은 펌프토출측배관이 모두 막힌 상태로 물이 전혀 방출되지 않고 펌프가 계속 작동되어 압력을 낼 수 있는 최상점으로, 압력이 더 올라갈 수 없는 상태에서 펌프가 공회전하는 것이다.

04 O **펌프성능시험곡선**

05 X 펌프성능시험배관은 유량측정장치(유량계)를 기준으로 전단 직관부에는 개폐밸브를, 후단 직관부에는 유량조절밸브를 설치한다.

06 X 공동현상(Cavitation)이란 수원의 위치가 펌프보다 낮을 경우에만 발생하며 펌프에 기포가 생성되는 현상을 말한다.

07 O

004
□□□

스프링클러설비에 관한 설명을 읽고 옳으면 O, 옳지 않으면 X로 답하시오.

01 스프링클러설비의 전체 종류는 습식, 건식, 준비작동식, 일제살수식이다.

02 감지기를 사용하는 스프링클러설비는 습식, 건식, 준비작동식, 부압식이다.

03 폐쇄형 헤드의 구성은 프레임, 반사판(디플렉터), 감열체이다.

04 유수검지장치는 습식유수검지장치(패들형 포함), 건식유수검지장치, 준비작동식유수 검지장치를 말하며 본체 내의 유수현상을 자동적으로 검지하여 신호 또는 경보를 발 하는 장치이다.

05 교차배관은 가지배관과 스프링클러헤드를 연결하는 배관으로서 구부림이 용이하고 유연성을 가진다.

---

01 X 스프링클러설비 종류는 습식, 건식, 준비작동식, 일제살수식, 부압식이다.

02 X 감지기를 사용하는 스프링클러설비는 준비작동식, 일제살수식, 부압식이며 그 중 준비작동식, 일제살수식은 교차회로(가위, X)방식이고, 부압식은 교차회로(가위, X)방식이 아니다.

03 O 폐쇄형 헤드 구성

04 O 일제개방밸브는 개방형 스프링클러헤드에 설치되는 유수검지장치를 말한다.

05 X 신축배관에 대한 설명이다.

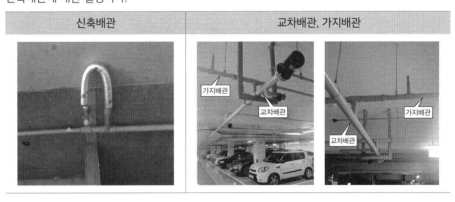

신축배관	교차배관, 가지배관

005

□□□

스프링클러설비에 관한 설명을 읽고 옳으면 O, 옳지 않으면 X로 답하시오.

01 습식스프링클러설비의 밸브는 습식밸브로서 2차측이 가압수로 채워지고, 건식스프링클러설비의 밸브는 건식밸브로서 2차측이 대기압으로 채워진다.

02 준비작동식스프링클러설비의 밸브는 준비작동식밸브로서 2차측이 대기압으로 채워지며, 일제살수식스프링클러설비의 밸브는 일제개방밸브로서 2차측이 대기압으로 채워진다.

03 습식스프링클러설비 구성기기 중에서 지연장치가 내장된 압력스위치 또는 리타딩체임버(retarding chamber)의 기능은 오동작방지이다.

04 건식스프링클러설비 구성기기 중 2차측의 압축공기를 빨리 배출하기 위하여 급속개방장치인 엑셀레이터(가속기), 익죠시터(공기배출기)를 사용한다.

05 준비작동식·일제살수식 및 부압식 스프링클러설비 구성기기 중 화재를 수동으로 동작하는 수동기동장치(SVP)를 설치한다.

06 폐쇄형 스프링클러헤드를 사용하는 스프링클러설비로는 일제살수식, 준비작동식, 건식, 습식 설비가 있다.

---

01 X 습식스프링클러설비의 밸브는 습식밸브로 2차측이 가압수로 채워져 있으며, 건식스프링클러설비의 밸브는 건식밸브로서 2차측이 압축공기 또는 질소가스로 채워져 있다.

02 O 준비작동식밸브의 2차측은 저압(무압)과 대기압이며, 일제개방밸브의 2차측은 대기압이다.

03 O

04 O

05 O 수동기동장치(SVP)

06 X 폐쇄형 스프링클러헤드를 사용하는 방식은 습식, 건식, 준비작동식, 부압식이고, 개방형 스프링클러헤드를 사용하는 방식은 일제살수식 설비이다.

물분무, 포, 옥외소화설비에 관한 설명을 읽고 옳으면 O, 옳지 않으면 X로 답하시오.

01 물분무소화설비는 스프링클러설비의 방수압력보다 고압으로 방사하여 물의 입자를 미세하게 분무시켜 물방울의 표면적을 넓게 함으로써 유류화재, 전기화재 등에도 적응성이 뛰어나도록 한 소화설비이다.

02 포(Foam)는 물과 오일(oil)보다 더 높은 밀도인 작은 거품의 안정된 집합체로서 평면을 덮는 끈끈한 성질을 갖는 물질이다.

03 발전기실, 엔진펌프실, 변압기, 전기케이블실, 유압설비에 적용 가능한 포소화설비는 압축공기포소화설비이다.

04 특수가연물을 저장·취급하는 공장 또는 창고에 적용 가능한 포소화설비는 포워터스프링클러설비, 포헤드설비, 고정포방출설비(고발포), 압축공기포소화설비, 호스릴포소화설비이다.

----

01 O

📖 **개념정리 주수방법에 따른 구분**

봉상, 무상	고압
적상	저압
봉상 및 무상 주수	옥내·외 소화전설비, 연결송수관설비
적상	스프링클러설비, 연결살수설비, 연소방지설비
무상	물분무소화설비, 미분무소화설비

02 X 포는 물 또는 기름보다 낮은 밀도인 작은 거품의 안정된 집합체로서 평면을 덮는 끈끈한 성질을 가진다.

$$밀도 = \frac{질량}{부피}$$

03 O   **04** X

📖 **개념정리 소방대상물과 적용 포소화설비**

소방대상물	적용 포소화설비	
특수가연물을 저장·취급하는 공장 또는 창고	• 포워터스프링클러설비 • 고정포방출설비(고발포)	• 포헤드설비 • 압축공기포소화설비
차고 또는 주차장	• 포워터스프링클러설비 • 고정포방출설비(고발포) • 호스릴포소화설비	• 포헤드설비 • 압축공기포소화설비 • 옥내포소화전설비
항공기 격납고	• 포워터스프링클러설비 • 고정포방출설비(고발포) • 호스릴포소화설비	• 포헤드설비 • 압축공기포소화설비
발전기실, 엔진펌프실, 변압기, 전기케이블실, 유압설비	압축공기포소화설비	

007

수계소화설비에 관한 설명을 읽고 알맞은 답을 쓰거나 O, X로 답하시오.

01 유류화재 B급(물론 A급 가능)에 적용 가능한 포소화설비 방식 5가지

02 옥내소화전설비의 방사량, 방사압

03 스프링클러설비의 방사량, 방사압

04 옥외소화전설비의 방사량, 방사압

05 라이트워터는 가스계 소화설비에 해당된다.

---

01 펌프 프로포셔너, 라인 프로포셔너, 프레져 프로포셔너, 프레져 사이드 프로포셔너, 압축공기포 믹싱챔버

02 방사량: 최소 130L/min　방사압: 최소 0.17MPa 이상 최대 0.7MPa 이하

03 방사량: 최소 80L/min　방사압: 최소 0.1MPa 이상 최대 1.2MPa 이하

04 방사량: 최소 350L/min　방사압: 최소 0.25MPa 이상 최대 0.7MPa 이하

05 X　라이트워터(수성막포)는 수계 소화설비에 해당된다.

008

가스계 소화설비, 가스계 소화약제에 관한 설명을 읽고 옳으면 O, 옳지 않으면 X로 답하거나 알맞은 답을 쓰시오.

01 사이렌의 설치목적은 약제가 방출되니 대피경보이며, 방출표시등의 설치위치는 실내 출입구 상부이다.

02 이산화탄소소화약제 저장용기의 개방밸브 개방방식은 기계식, 전기식, 가스압력식이 있다.

03 이산화탄소소화설비의 소화약제 방출방식으로는 전역방출방식, 국소방출방식, 호스릴방식이 있다.

04 이산화탄소, 할론, 할로겐화합물 및 불활성기체, 분말소화약제의 저장용기는 온도가 40℃ 이하이여야 한다.

05 이산화탄소 기동용기의 가스는 선택밸브와 저장용기를 개방하는 역할을 하고, 압력스위치는 방출표시등을 점등하는 역할을 한다.

06 분말약제 특성상 고압의 가압원이 필요하므로 분말약제 저장용기의 내부압력이 설정압력으로 되었을 때 주밸브를 개방하는 장치로서 소화약제를 적절히 내보내기 위한 정압작동장치가 필요하다.

07 가스계 소화설비는 화재감지기, 선택밸브, 방출표시등, 사이렌, 수동조작함 등으로 구성된다.

01 X 방출표시등은 실외 출입구 상부에 설치해야 한다.

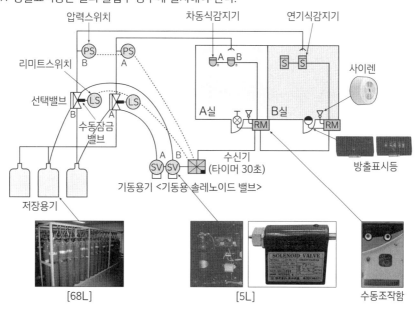

[68L] [5L] 수동조작함

기구	설치위치	설치목적
수동조작함(RM) [기동스위치]	조작자 누르고 쉽게 피난할 수 있는 위치(실외 출입구 근처)	약제를 수동으로 기동
수동조작함(RM) [방출지연스위치]	기동스위치 근처에 설치	약제를 지연하기 위해서
음향경보장치 (사이렌)	실 안(방호구역 안)	약제가 방출되니 실외로 대피경보
방출표시등	실외 출입구 상부	약제가 방출되니 실내 진입금지

02 O

03 O 소화약제 방출방식
- 전역방출방식: 고정식 이산화탄소 공급장치에 배관 및 분사헤드를 고정 설치하여 밀폐 방호구역 내에 이산화탄소를 방출하는 설비를 말한다.
- 국소방출방식: 고정식 이산화탄소 공급장치에 배관과 분사헤드를 설치하여 화점에 직접 이산화탄소를 방출하는 설비로 소화약제를 화재발생 부분에만 집중적으로 방출하는 방식을 말한다.
- 호스릴방식: 분사헤드가 배관에 고정되지 않고 소화약제 저장용기에 호스를 연결하여 사람이 화점에 직접 소화약제를 방출하는 이동식 소화설비를 말한다.

04 X 이산화탄소, 할론, 분말소화약제의 저장용기는 온도가 40℃ 이하, 할로겐화합물 및 불활성기체 소화약제의 저장용기는 온도가 55℃ 이하여야 한다.

05 O

06 O

07 O

009
☐☐☐

경보설비에 대한 설명을 읽고 옳으면 O, 옳지 않으면 X로 답하시오.

01 비상경보설비의 종류는 경종으로 발하는 자동식사이렌설비, 사이렌으로 발하는 비상벨설비가 있다.

02 복합형감지기는 화재발생상황을 단독으로 감지하여 기기 자체에 내장된 음향장치로 경보하는 감지기이다.

03 발신기는 수동누름버튼 등의 작동으로 화재신호를 발신하는 장치이며 감지기는 열, 연기, 불꽃 또는 연소생성물을 자동적으로 감지하여 수신기에 발신하는 장치이다.

04 시각경보장치는 자동화재탐지설비에서 발하는 화재신호를 시각경보기에 전달하여 시각장애인에게 점멸형태의 시각경보를 하는 것이다.

01 X 비상경보설비의 종류는 경종으로 발하는 비상벨설비, 사이렌으로 발하는 자동식사이렌설비가 있다.

02 X 단독경보형 감지기는 화재발생상황을 단독으로 감지하여 자체에 내장된 음향장치로 경보하는 감지기이다.

03 O

04 X 시각경보장치는 청각장애인에게 점멸형태의 시각경보를 한다.

☑ 참고 **단독경보형 감지기, 시각경보장치**

단독경보형 감지기	시각경보장치

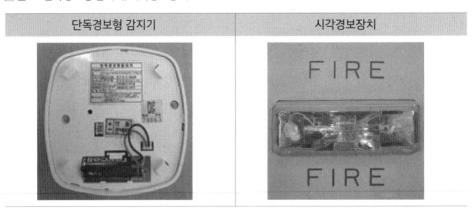

010

□□□

경보설비에 대한 설명을 읽고 알맞은 답을 쓰거나 O, X로 답하시오.

01 열감지기와 연기감지기의 종류

02 정온식 감지선형 감지기는 주위 온도가 일정한 온도 이상이 되는 경우 작동하는 것으로, 외관이 전선으로 되어 있지 않은 감지기이다.

03 차동식 스포트형 감지기는 주위 온도가 일정 상승률 이상이 되는 경우 작동하는 것으로, 일국소에서의 열효과에 의하여 작동하는 감지기이다.

04 정온식 감지기는 감도에 따라 1종, 2종, 3종으로 분류한다.

05 차동식 스포트형 감지기(공기팽창방식)에는 비화재보를 방지(오동작방지)하는 리크 구멍이 있다.

---

01 • 열감지기: 차동식, 정온식, 보상식
 • 연기감지기: 이온화식, 광전식

02 X 정온식 감지기는 주위 온도가 일정한 온도 이상이 되는 경우에 작동하는 것으로서 외관이 전선으로 되어 있지 않은 스포트형과 외관이 전선으로 되어 있는 감지선형이 있다.

03 O 차동식 스포트형 감지기는 일정 상승률 이상(급격한 온도변화율)이 되는 경우 동작하고, 천천히 오르는 열에는 작동하지 않는다.

04 X 정온식 감지기는 감도에 따라 특종, 1종, 2종으로 분류한다.

05 O 차동식 스포트형 감지기(공기팽창방식)
 • 구조: 감열실, 다이아 프레임, 리크구멍, 접점 등으로 구분
 • 동작원리: 화재 시 온도 상승 → 감열실 내의 공기가 팽창 → 다이아프램을 압박 → 회로접점 접촉하여 수신기에 보냄

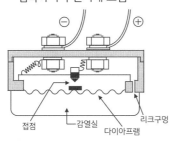
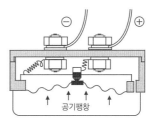

011

경보설비에 대한 설명을 읽고 옳으면 O, 옳지 않으면 X로 답하시오.

01 감지기 배선방식은 송배전식이며, 감지기 단선을 확인하기 위하여 회로도통시험을 한다.

02 수신기는 감지기나 발신기에서 발하는 화재신호를 직접 수신하거나 중계기를 통해 수신하여 화재발생을 표시·경보하는 장치이며, 수신기의 종류는 개별신호방식인 P형 (고유신호)과 다중전송방식인 R형(공통신호)이다.

03 P형 수신기는 별도의 배관, 배선, 기기 증설이 어려우나, R형 수신기는 증설이 용이하다.

01 O
02 X 수신기의 종류로는 P형(공통신호)과 R형(고유신호)이 있다.
03 O

012

경보설비에 대한 설명을 읽고 옳으면 O, 옳지 않으면 X로 답하시오.

01 광전식 감지기는 스포트형, 분리형, 공기흡입형으로 분류한다.
02 차동식 분포형 감지기는 공기관식, 열전대식, 열반도체식으로 분류한다.
03 자동화재속보설비는 화재발생 시 소방관서로 통보하는 설비이다.
04 차동식 스포트형 감지기와 정온식 스포트형 감지기의 성능을 겸한 것으로서 두 성능 중에 어느 하나가 작동되면 화재신호를 발하는 것을 열·연기 스포트형 감지기라고 한다.
05 차동식 스포트형 감지기는 일반적으로 사무실에 설치, 정온식 스포트형 감지기는 일반적으로 주방에 설치, 연기감지기는 일반적으로 복도 및 계단에 설치한다.

06 시장알림설비는 전통시장에 설치하여 화재발생 시 시장상인에게 화재통보 및 소방서로 통보하는 설비를 말한다.

01 O
02 O
03 O
04 X 차동식 스포트형 감지기와 정온식 스포트형 감지기의 성능을 겸한 것으로 두 성능 중 어느 하나가 작동되면 화재신호를 발하는 것을 보상식 스포트형 감지기라고 한다.
05 O
06 X 화재알림설비는 전통시장에 설치하여 화재발생 시 시장상인에게 화재통보 및 소방서로 통보하는 설비를 말한다.

013

☐☐☐

경보설비에 대한 설명을 읽고 옳으면 O, 옳지 않으면 X로 답하시오.

01 하나의 경계구역의 면적은 600m² 이하로 하고, 한 변의 길이는 50m 이하로 해야 한다. 다만 해당 특정소방대상물의 주된 출입구에서 그 내부 전체가 보이는 것에 있어서는 한 변의 길이가 100m의 범위 내에서 1,000m² 이하로 할 수 있다.

02 지하 3층~지상 11층인 빌딩의 1층에서 발화하는 경우 지상 1, 2, 3, 4, 5층 및 지하 1, 2, 3층에 경보를 발한다.

- -

01 X 주된 출입구에서 그 내부 전체가 보이는 것에 있어서는 한 변의 길이가 50m의 범위 내에서 1,000m² 이하로 할 수 있다.

02 O 층수가 11층(공동주택 16층) 이상인 특정소방대상물(직상발화경보방식)

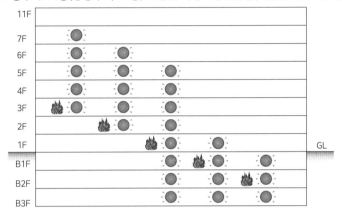

화재층	경보를 발하는 층
2층 이상의 층	발화층, 그 직상4개층
1층	발화층, 그 직상4개층 및 지하층
지하층	발화층, 그 직상층, 그 밖의 지하층

014

☐☐☐

피난구조, 소화활동, 소화용수설비에 관한 설명을 읽고 옳으면 O, 옳지 않으면 X로 답하시오.

01 간이완강기는 사용자의 몸무게에 따라 자동적으로 내려올 수 있는 기구 중 사용자가 교대하여 연속적으로 사용할 수 있는 것을 말한다.

02 공기안전매트는 화재발생 시 사람이 건축물 내에서 외부로 긴급히 뛰어내릴 때 충격을 흡수하여 안전하게 지상에 도달할 수 있도록 포지에 공기 등을 주입하는 구조로 되어 있는 것을 말한다.

03 다수인피난장비는 화재 시에 3인 이상의 피난자가 동시에 해당층에서 지상 또는 피난층으로 하강할 수 있는 피난기구를 말한다.

04 완강기는 사용자의 몸무게에 의하여 자동으로 하강하고, 내려서면 스스로 상승하여 연속적으로 사용할 수 있는 무동력 피난기구를 말한다.

05 통로유도등의 종류는 복도통로유도등, 거실통로유도등, 계단통로유도등이다.

06 피난유도선은 어두운 상태에서 피난을 유도할 수 있도록 띠 형태로 설치되어 있다.

07 휴대용 비상조명등은 화재발생 등에 따른 정전 시 안전하고 원활한 피난활동을 할 수 있도록 거실, 피난통로 등에 설치되어 자동 점등되는 조명등을 말한다.

08 제연설비는 기계제연방식인 제1종, 제2종, 제3종으로 구분하며, 제1종 기계제연방식은 화재가 발생한 실의 급기구에 송풍기를 설치하여 화재실로 새로운 공기를 유입하고, 화재실의 상부에 설치된 배기구에 배출기를 설치하여 실내부에 충만되어 있는 연기를 옥외로 배출하도록 설치된 제연설비이다 .

09 무선통신보조설비 방식은 누설동축케이블 방식, 안테나 방식, 누설동축케이블과 안테나 혼합 방식이 있다.

01 X 완강기에 대한 설명이다.

02 O

03 X 다수인피난장비는 화재 시 2인 이상의 피난자가 동시에 해당층에서 지상 또는 피난층으로 하강하는 피난기구를 말한다.

04 X 승강식피난기에 대한 설명이다.

05 O

06 O 피난유도선은 축광식과 광원점등식이 있다.

07 X 휴대용비상조명등은 화재발생 등으로 인한 정전 시 안전하고 원활한 피난을 위해 피난자가 휴대할 수 있는 조명등이다.

08 O

09 O

📖 **개념정리 제1종, 제2종, 제3종 제연방식**

제1종 제연방식	• 송풍기+배출기 방식으로 화재실의 연기를 누설되지 않게 하여 계단전실 등의 피난로를 확보할 수 있는 장점이 있음 • 급기와 배기 모두 기계력에 의존하기 때문에 장치가 복잡하고 풍량조절에 주의해야 하는 단점이 있음
제2종 제연방식	• 송풍기+배기구 방식으로 가압방연방식 또는 가압차연방식이라고 부름 • 과잉공기가 공급되면 화재실의 화재를 확대할 우려가 있고 열기류나 연기류가 복도로 역류하여 위험해지므로 일반적으로 사용하지 않음
제3종 제연방식	송풍구+배출기 방식으로 자연제연방식, 스모크타워제연방식과 함께 국내의 소방법·건축법에서 요구하는 제연설비의 형태

07 소방역사 등

001

한국소방의 역사에 관한 설명을 읽고 빈칸에 알맞은 시기의 기호를 쓰시오.

가. 삼국시대	나. 통일신라시대	다. 고려시대
라. 조선시대(전기)	마. 조선시대(갑오경장 전후)	바. 일제 강점기
사. 미군정시대(1945~1948)		

01 _____에 소방(消防)을 소재(消災)라 하고 화통도감을 신설하였으며, 별도의 소방조직(금화조직)은 없었으나 금화제도는 시행하였다.

02 _____에 소방이라는 용어가 처음으로 등장하였으며 화재보험회사가 설립되고, 소화전이 설치되었다.

03 _____에 소방부 및 소방위원회를 설치하고 소방조직 및 업무를 경찰로부터 완전 독립하여 자치소방체제로 전환하였다. 한편 소방위원회는 중앙소방위원회, 각 도 소방위원회로 구분하여 운영되었다.

04 _____에 상비소방수제도를 시행(소방관 배치)하고, 소방조 소속의 상비소방수와 경무부 소속의 상비소방수를 배치하였다.

05 _____에 금화도감(병조 소속), 수성금화도감(공조 소속), 5가 작통제를 두었다.

06 _____에 도시와 성곽이 발달하기 시작하면서 대형화재도 발생하였고 화재를 사회적 재앙으로 인식하여 국가적 관심사로 보았다.

07 _____에 헌강왕 시대에 초가를 기와로 교체했으며, 나무를 사용하지 않고 숯을 사용하여 밥을 지었다.

08 _____에 우리나라 최초 소방서인 경성소방서를 설치하였다.

09 _____에 소방청을 설치, 소방청에는 청장 1인과 서기장 1인을 두고 군정자문 1인을 배치하여 총무과, 소방과, 예방과를 두었다.

01 다 **02** 마 **03** 사 **04** 바 **05** 라 **06** 가 **07** 나 **08** 바 **09** 사

📖 **개념정리 우리나라 소방조직의 역사**

- 1925년에 우리나라 최초 소방서인 경성소방서를 설치하였다.
- 1946년 군정법 제66호에 따라 소방부 및 소방위원회를 설치하고 소방조직 및 업무를 경찰로부터 완전 독립하여 자치소방체제로 전환하였다. 한편 소방위원회는 중앙소방위원회, 각 도소방위원회로 구분하여 운영되었다.
- 1947년 남조선 과도정부 후에는 동 위원회의 집행기구로 소방청을 설치. 소방청에는 청장 1인과 서기장 1인을 두고 군정자문 1인을 배치하여 총무과, 소방과, 예방과를 두었다.

소방역사에 관한 설명을 읽고 옳으면 O, 옳지 않으면 X로 답하시오.

01 1948년 3월 11일 소방법이 제정·공포되었다.

02 1972년 6월 서울과 부산에 소방본부를 설치하여 자치소방체제를 유지하였고, 기타 시·도는 정부 수립 이후 초창기처럼 국가에서 관리하는 국가소방체제를 유지하였다.

03 1975년 7월 내무부 민방위본부를 신설하는 동시에 민방위본부 내에 소방국을 설치, 운영하였다.

04 1992년 소방사무의 책임을 시·군에서 시·도로 전환하는 광역자치소방체제로 운영하였다.

05 1994년 성수대교 붕괴 이후 대형 재난사고를 관리하기 위하여 1994년 12월에 방재계획과, 재난대책과, 재난복구과를 구성하여 방재국을 신설하였다.

06 1995년 삼풍백화점 붕괴사고를 계기로 재난관리법이 제정되었다.

07 2003년 대구 지하철 방화사건을 계기로 2003년 3월 11일에 재난 및 안전관리 기본법을 공포하였다.

08 2004년 6월 소방방재청, 2014년 11월 국민안전처 소속 중앙소방본부, 2017년 7월 소방청체제로 변화하였으며, 소방방재청·중앙소방본부 및 소방청은 광역소방체제 운영되었으나 2020년 4월 소방청은 국가소방체제로 변화하였다.

09 광복 이후 1946년 소방위원회, 1948년 치안국 및 경찰국 소방과, 1975년 내무부 민방위본부내 소방과, 1992년 시도 소방본부, 2004년 소방방재청, 2017년 소방청으로 변화하였다.

---

01 X 소방법은 1958년 3월 11일에 제정·공포되었다.

02 O 1970~1992년 국가자치이원체제

03 O

04 O

05 O

06 O

07 X 2004년 3월 11일에 재난 및 안전관리 기본법이 공포되었다.

08 O

09 X 광복 이후
- 1946: 중앙소방위원회, 도소방위원회
- 1948: 중앙 – 내무부 치안국 소방과, 지방 – 경찰국 소방과
- 1975: 내무부 민방위 본부 내 소방국
- 1992: 시·도소방본부
- 2004: 소방방재청
- 2014: 국민안전처 중앙소방본부
- 2017: 소방청

소방징계, 소방행정조직에 관한 설명을 읽고 옳으면 O, 옳지 않으면 X로 답하시오.

01 파면, 해임, 강등, 정직은 중징계이며 파면과 해임은 배제징계에 해당한다.

02 특수직공무원은 법관, 검사, 외무공무원, 경찰공무원, 소방공무원, 교육공무원, 군인, 군무원, 헌법재판소 헌법연구관, 국가정보원의 직원, 경호공무원과 특수 분야의 업무를 담당하는 공무원으로서 다른 법률에서 일반직공무원으로 지정하는 공무원을 말한다.

03 주의, 경고, 징계 강도의 순서는 주의 < 경고 < 견책 < 감봉 < 정직 < 강등 < 해임 < 파면 순이다.

04 소방정인 지방학교장에 대한 징계등 사건은 소방청에 설치된 소방공무원 징계위원회에 따른 사건을 심의·의결한다.

05 소방령 이상 소방공무원은 소방청장의 제청으로 국무총리를 거쳐 대통령이 임용한다. 소방총감은 대통령이 임명하고, 소방령 이상 소방준감 이하의 소방공무원에 대한 전보, 휴직, 직위해제, 강등, 정직 및 복직은 소방청장이 한다. 소방경 이하의 소방공무원은 소방청장이 임용한다.

06 의용소방대의 운영과 활동 등에 필요한 경비는 소방청장이 부담한다.

---

01 O 징계의 종류

02 X 경력직공무원
- 일반직공무원: 기술·연구 또는 행정 일반에 대한 업무를 담당하는 공무원
- 특정직공무원: 법관, 검사, 외무공무원, 경찰공무원, 소방공무원, 교육공무원, 군인, 군무원, 헌법재판소 헌법연구관, 국가정보원의 직원, 경호공무원과 특수 분야의 업무를 담당하는 공무원으로서 다른 법률에서 특정직공무원으로 지정하는 공무원, 즉 소방공무원은 경력직공무원 중 특정직공무원에 해당된다.

03 O

04 O

05 O 소방공무원 임용권자
- 소방령 이상: 소방청장의 제청으로 국무총리를 경유하여 대통령이 임용
- 소방총감: 대통령이 임명
- 소방경 이하: 소방청장이 임용
- 소방령 이상 소방준감 이하: 소방공무원에 대한 전보·휴직·직위해제·강등·정직 및 복직은 소방청장이 행함

06 X 의용소방대의 운영과 활동 등에 필요한 경비는 시·도지사가 부담한다.

소방행정조직에 관한 설명을 읽고 옳으면 O, 옳지 않으면 X로 답하시오.

01 위험물안전관리자가 해임 및 퇴직할 때에는 14일 이내에 선임하여야 하고, 7일 이내에 소방본부장 또는 소방서장에게 신고하여야 한다.

02 소방안전관리자를 두어야 하는 특정소방대상물은 특급, 1급, 2급, 3급 소방안전관리대상물로 구분된다.

03 소방신호의 종류는 경계, 발화, 해제, 훈련신호가 있으며, 게시판을 철거하거나 통풍대 또는 기를 내리는 것으로 소화활동이 해제되었음을 알린다.

04 소방기관은 소방청, 특별시·광역시·특별자치시·도·특별자치도(이하 시·도)와 중앙소방학교·중앙119구조본부·국립소방연구원·지방소방학교·서울종합방재센터·소방서·119특수대응단 및 소방체험관을 말한다.

05 시·도 소속 소방경 이하의 소방공무원에 대한 임용권은 소방청장이 시·도지사에게 위임할 수 있다.

06 화재예방강화지구 지정권자는 소방관서장이며, 화재예방조치 명령권자는 시·도지사이다.

---

01 X 위험물안전관리자가 해임 및 퇴직할 때에는 30일 이내에 선임하여야 하고, 14일 이내에 소방본부장 또는 소방서장에게 신고하여야 한다.

02 O

03 O 소방신호의 목적은 화재예방, 소방훈련, 소방활동이다.

04 O 소방본부는 지방자치단체의 직속기관이므로 소방기관이 아니다.

05 O 임용권 위임

임용권 위임	임용 사항
대통령 → 소방청장	소방공무원 중에 소방청과 그 소속기관의 소방정 및 소방령에 대한 임용권과 소방정인 지방소방학교장에 대한 임용권을 소방청장에 위임
대통령 → 시·도지사	시·도 소속 소방령 이상의 소방공무원(소방본부장, 지방소방학교장은 제외)에 대한 임용권을 시·도지사에 위임
소방청장 → 시·도지사	• 시·도 소속 소방령 이상 소방준감 이하의 소방공무원(소방본부장, 지방소방 학교장은 제외)에 대한 전보, 휴직, 직위해제, 강등, 정직 및 복직에 관한 권한 • 소방정인 지방소방학교장에 대한 휴직, 직위해제, 정직 및 복직에 관한 권한 • 시·도 소속 소방경 이하의 소방공무원에 대한 임용권

06 X 화재예방강화지구 지정권자는 시·도지사이며, 화재예방조치 명령권자는 소방관서장이다.

005

☐☐☐

소방행정조직에 관한 설명을 읽고 옳으면 O, 옳지 않으면 X로 답하시오.

01 소방공무원은 10계급으로 구분한다.

02 소방령 이상~소방감 이하는 연령정년, 계급정년이 있으며 소방경 이하, 소방정감, 소방총감은 연령정년이 있지만 계급정년은 없다.

03 소방조직의 기본원리는 계선의 원리, 계층제의 원리, 업무조정의 원리, 명령통일의 원리, 통합의 원리, 통솔범위의 원리이다.

04 소방장에서 소방위로는 해당 계급 6년 6개월 이상 근속자이며, 소방정의 계급정년은 11년이다.

05 소방청에 설치된 인사위원회의 위원장은 소방청 차장이, 시·도에 설치된 인사위원회의 위원장은 소방본부장이 되고, 위원은 인사위원회가 설치된 기관의 장이 소속 소방정 이상의 소방공무원 중에서 임명한다.

---

01 X 소방공무원은 '소방사 → 소방교 → 소방장 → 소방위 → 소방경 → 소방령 → 소방정 → 소방준감 → 소방감 → 소방정감 → 소방총감'의 11계급으로 구분한다.

02 O 소방공무원의 정년
- 연령정년: 만 60세
- 계급정년 ⇨

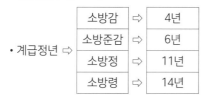

소방감	⇨	4년
소방준감	⇨	6년
소방정	⇨	11년
소방령	⇨	14년

 - 소방령 이상~소방감 이하는 연령정년, 계급정년이 있다.
 - 소방경 이하, 소방정감, 소방총감은 연령정년은 있지만, 계급정년은 없다.

03 X 소방조직의 기본원리
- 계선의 원리: 특정사안에 대한 결정에 있어 의사결정 과정에서는 개인의 의견이 참여되지만, 결정을 내리는 것은 개인이 아니라 그 소속기관의 자라는 것을 말한다.
- 계층제의 원리: 소방, 군대, 경찰 등과 같은 조직에서 권한 및 책임에 따른 상하의 계층을 형성하는 것을 말한다.
- 업무조정의 원리: 조직의 공통된 목표를 달성하기 위하여 전문화·분업화되어 있는 개인이나 조직을 통합하여 행동을 통일하는 것을 말한다.
- 명령통일의 원리: 하나의 조직이 한 사람의 상급자에게 명령을 받고 그에 따른 보고를 하는 것을 말한다.
- 분업의 원리(기능의 원리, 전문화의 원리): 한 가지의 주된 업무를 분담하는 것으로 한 사람이나 한 부서가 하나의 주 업무를 맡는 것을 말한다.
- 통솔범위의 원리: 한 명의 상관이 부하를 효과적으로 통솔할 수 있는 범위로, 통솔 가능한 범위는 7~12명이며 비상시에는 3~4명으로 더 적다.

04 O 근속승진
- 소방사 → 소방교: 4년 이상
- 소방교 → 소방장: 5년 이상
- 소방장 → 소방위: 6년 6개월 이상
- 소방위 → 소방경: 8년 이상

05 O

08 구조 및 구급

001
☐☐☐

구조·구급에 관한 설명을 읽고 옳으면 O, 옳지 않으면 X로 답하시오.

응급의사란 응급환자를 이송하기 위하여 구급차 등을 사용하는 경우 상담·구조·이송과 응급처치를 지도받기 위한 의사를 말한다.

X   지도의사에 대한 설명이다.

002
☐☐☐

각 설명에 해당하는 자를 쓰시오.

01 119구조·구급대를 편성·운영하는 자

02 국제구조·구급대를 편성·운영하는 자

03 119항공대를 편성·운영하는 자

04 119구조견대를 편성·운영하는 자

05 119구급상황관리센터를 설치·운영하는 자

01 소방청장 등(소방청장, 소방본부장, 소방서장)
02 소방청장
03 소방청장, 소방본부장
04 소방청장, 소방본부장
05 소방청장

003
☐☐☐

구조·구급에 관한 설명을 읽고 옳으면 O, 옳지 않으면 X로 답하시오.

01 119구조대는 각각 일반구조대, 특수구조대, 직할구조대, 테러대응구조대로 구분하여 설치하고, 119구급대는 일반구급대, 고속국도구급대로 구분하여 설치한다.

02 특수구조대는 소방본부에 설치하며 각각 화학구조대, 수난구조대, 산악구조대, 고속국 도구조대, 지하철구조대로 구분된다.

01 O
02 X 특수구조대는 소방서에 설치한다.

004

☐☐☐

119구급상황관리센터의 근무 자격기준(24시간 근무체제)에 해당하면 O, 해당하지 않으면 X로 답하시오.

01 의료인

02 1급 응급구조사 자격을 취득한 사람

03 2급 응급구조사 자격을 취득한 사람

04 소방청장이 실시하는 구급업무에 관한 교육을 받은 사람

01 O

02 O

03 O

04 X

> 📖 **개념정리 119구급상황관리센터 근무 자격기준(24시간 근무체제)**
>
> • 의료인
> • 1급 응급구조사 자격을 취득한 사람
> • 2급 응급구조사 자격을 취득한 사람
> • 응급의료정보센터에서 2년 이상 응급의료에 관한 상담 경력이 있는 사람

005

☐☐☐

구조·구급에 관한 설명을 읽고 옳으면 O, 옳지 않으면 X로 답하시오.

01 응급처치를 위한 환자이송 순위는 긴급 → 응급 → 비응급 → 지연의 4단계로 구분한다.

02 구조·구급 기본계획은 중앙 구조·구급정책협의회의 협의를 거쳐 5년마다 수립하여야 한다.

03 구조활동 절차순서는 구명 → 신체구출 → 고통경감 → 재산보전이다.

04 심폐소생술(CPR)은 의식유무 확인 → 도움요청 → 흉부압박(30회) → 기도유지 → 인공호흡(2회)의 순서로 한다.

05 부상자가 의식이 있는 상태에서 말을 못하고 기침, 호흡이 불가능할 때는 하임리히법(복부 밀쳐 올리기)을 실시한다.

01 O

02 O

03 X 구조활동 우선순위가 구명 → 신체구출 → 고통경감 → 재산보전이며, 구조활동 절차순서는 위험평가 → 수색 → 구조 → 응급의료의 순서이다.

04 O

05 O

☑ 참고 응급처치를 위한 환자이송 순위

치료 순서	색깔	심볼	부상 정도	특성 및 증상
1	적색	토끼	긴급	• 수 분, 수 시간 이내 응급처지를 요하는 환자 • 기도폐쇄, 호흡곤란(호흡정지), 심장마비가 인지된 심정지(심장이상), 조절 안 되는 출혈(대량출혈), 개방성 흉부, 긴장성 기흉, 골반골 골절을 동반한 복부손상, 심각한 두부손상, 쇼크, 기도화상을 동반한 중증의 화상, 내과적 이상, 경추손상이 의심되는 경우[척추손상(경추포함)], 저체온증, 지속적인 천식, 지속적인 경련 등
2	황색	거북이	응급	• 수 시간 이내 응급처지를 요하는 환자 • 중증의 출혈, 중증의 화상, 경추를 제외한 부위의 척추골절[척추손상(경추제외)], 다발성 주요골절, 단순 두부손상 등
3	녹색	구급차에 X 표시	비응급	• 수 시간, 수 일 후 치료해도 생명에 지장이 없는 환자 • 소량의 출혈, 경증의 화상, 타박상, 단순골절, 정신과적인 문제 등
4	흑색	십자가 표시	지연	• 사망, 생존 가능성이 없는 환자 • 20분 이상 호흡이나 맥박이 없는 환자, 두부나 몸체가 절단된 경우, 심폐소생술을 시도하여도 효과가 없다고 판단되는 경우

목표 점수 단번에 달성,
지텔프도 역시 해커스!

해커스 지텔프 교재 시리즈

유형 + 문제				
32점+	43점+	47~50점+	65점+	75점+

목표 점수에 맞는 교재를 선택하세요! ⬌ : 교재별 학습 가능 점수대

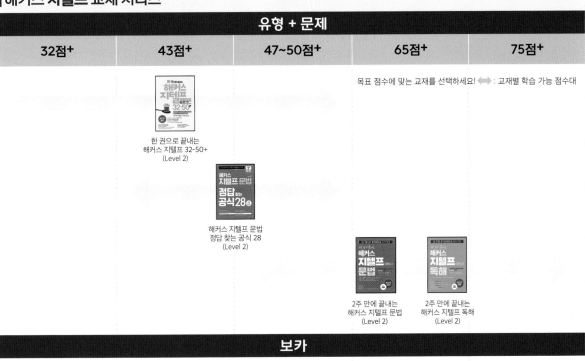

한 권으로 끝내는
해커스 지텔프 32-50+
(Level 2)

해커스 지텔프 문법
정답 찾는 공식 28
(Level 2)

2주 만에 끝내는
해커스 지텔프 문법
(Level 2)

2주 만에 끝내는
해커스 지텔프 독해
(Level 2)

보카

해커스 지텔프
기출 보카

기출 · 실전

지텔프 기출문제집
(Level 2)

지텔프 공식
기출문제집 7회분
(Level 2)

해커스 지텔프
최신기출유형
실전문제집 7회
(Level 2)

해커스 지텔프
실전모의고사
문법 10회
(Level 2)

해커스 지텔프
실전모의고사
독해 10회
(Level 2)

해커스 지텔프
실전모의고사
청취 5회
(Level 2)